Monnaie et capital : la nouvelle économie patrimoniale

Laurent Berrebi

Monnaie et capital : la nouvelle économie patrimoniale

Odile Jacob

15, rue Soufflot, 75005 Paris

www.odilejacob.fr

ISBN : 978-2-7381-5780-5

À mon père Hector Haï,
À ma mère Jacqueline Rivka.

Introduction

Un monde détonant

Le monde économique montre depuis la fin du siècle dernier des traits détonants qui ne se sont jamais démentis et qui se sont même affirmés. La crise provoquée par la pandémie n'a fait que les renforcer.

L'instabilité endémique inflationniste antérieure de nos systèmes a laissé place à une instabilité financière « non inflationniste » bien plus redoutable. Par rapport aux décennies précédentes, les bulles se succèdent de façon totalement « atypique », défiant, par leur durée de plusieurs années, les lois et la rationalité de l'économie classique et de la finance. Leur éclatement inévitable provoque des crises, qui se montrent de plus en plus menaçantes pour la survie du capitalisme.

La solution proposée par les autorités pour y faire face apparaît tout aussi surprenante et explosive. Tant qu'il n'y a pas d'inflation, les banques centrales alimentent le système de manière infinie en nouvelle monnaie. Tant qu'il n'y a pas d'inflation, on peut continuer à pratiquer cette politique monétaire quantitative : tel est le credo actuel des banques centrales. Où est donc passé le monétarisme qui guidait auparavant l'action des banques centrales et selon lequel l'abondance de monnaie était l'ennemi numéro un de nos économies ?

Par le biais d'une politique monétaire quantitative, les banques centrales peuvent dès lors financer des relances budgétaires gigantesques à des taux toujours très bas voire négatifs comme en zone euro. Portée par les banques centrales, l'explosion des dettes publiques n'est alors plus perçue comme un problème puisqu'elle est.

Pour autant, l'achat de titres de dette publique à des niveaux de taux « contraints » inférieurs au coût de l'épargne est-il réellement créateur de richesse ? Est-ce un hasard si la croissance mondiale de long terme s'est affaiblie sensiblement depuis la crise de 2007-2012 parallèlement à l'explosion de la dette publique dans les pays avancés comme dans les pays émergents ? La création de richesse par la sphère réelle n'est-elle pas inévitablement affectée par un niveau très élevé de dette publique ? Le Japon n'en est-il pas un exemple ?

Pire. Les banques centrales semblent ignorer les conséquences de leurs politiques monétaires quantitatives sur le gonflement durable des bulles sur les actifs. Comme si les bulles n'étaient pas un sujet, comme si les bulles ne généraient pas d'instabilité au sein de la communauté, comme si les bulles n'engendraient pas de désordres d'autant plus importants qu'elles sont durables, comme si les bulles allaient être régulées par notre système économique libéral qui ramènerait *in fine* le prix des actifs à leur « juste » niveau quand la monnaie injectée durant la crise se serait réorientée vers l'investissement et la sphère réelle. Mais, quelle théorie économique justifie cette approche ? Depuis quand les bulles sont-elles un bien pour la collectivité et annonciatrices de stabilité ? Depuis quand alimenter le système de manière infinie en monnaie est « bon » pour la création de richesse « réelle » et la stabilité de notre système économique ? Quelle théorie monétaire le justifie ? Notre réponse est franche : il n'y en a aucune et il n'y en aura aucune.

D'ailleurs, ces politiques monétaires ne font qu'aggraver le délitement de la communauté. Les injections de liquidité quantitatives, qui ne passent pas par le biais des crédits des banques, creusent les inégalités. Elles bénéficient en effet à ceux qui ont un patrimoine, et surtout aux détenteurs de hauts patrimoines. Les salariés de la classe moyenne n'en voient que des effets limités. Tous ceux qui ne possèdent toujours pas leur résidence principale sont même toujours plus pénalisés par les bulles immobilières.

Les politiques monétaires actuelles ne font qu'aggraver ce « paradoxe de la pauvreté dans l'abondance », qui a commencé à prendre une tournure exceptionnelle il y a maintenant deux décennies. À la suite de la révolution des nouvelles technologies de l'information, suite à l'ouverture du commerce mondial sur des énormes pays qui en étaient jusqu'alors exclus comme les pays d'Europe de l'Est et les grands émergents nommés BRIC (Brésil, Russie, Inde, Chine), l'économie et le monde ne se sont jamais autant enrichis : indubitablement, la production industrielle mondiale tout comme l'activité mondiale globale ont connu une expansion extraordinaire. Néanmoins, parallèlement, cette richesse extraordinaire s'est accompagnée d'une dégradation flagrante et incessante des conditions de vie et de travail de la classe moyenne, de moins en moins supportable, particulièrement dans les pays développés. Une part grandissante des salariés vivent de plus en plus mal cette période : la comparaison de leur situation à celle de ceux qui voient leur patrimoine grossir ne fait que renforcer leur rancœur grandissante vis-à-vis d'un système de plus en plus injuste qui ne semble qu'enrichir les plus riches.

À côté des laissés-pour-compte de cette relance monétaire « patrimoniale », qui, tout en cherchant à éviter les crises, continue à détruire la cohésion au sein de la communauté, il y a tous ceux, de plus en plus nombreux, qui ne croient plus au « libéralisme tel qu'il est présenté », y compris parmi les plus instruits, appelés à mauvais escient les « élites ».

La « finance-casino », encouragée par la politique monétaire des banques centrales, ôte tout sens au modèle libéral. Quelle est la signification de valorisations aussi élevées, en totale déconnexion avec les fondamentaux ? Quelle est la justification des prix immobiliers actuels, qui écartent la classe moyenne de la primo-accession, même avec des taux aussi bas ? Quelle est la signification d'un Bitcoin à plus de 60 000 dollars ? Quelle est la justification de ratios de valorisation historiquement élevés sur les marchés actions, en particulier aux États-Unis où ils sont bien supérieurs à ceux atteints à la veille du krach de 1929 ? Il n'y en a aucune y compris dans le « grand livre du libéralisme » et encore moins dans le « grand livre de la finance », puisque la finance est fondée sur la rationalité et le retour des prix des actifs à leur « niveau fondamental ».

L'instabilité croissante de notre système économique va même bien plus loin. La monétarisation opérée directement par les injections de liquidités patrimoniales par les banques centrales est en train d'en disloquer tous les organes vitaux. Ne conduit-elle pas paradoxalement à l'atrophie des banques commerciales ? Comment en effet assurer un métier de générateur de crédits, quand les taux sont aussi bas voire négatifs en Europe, qui suit la voie empruntée par le Japon ? Les banques commerciales, indispensables au fonctionnement normal de nos systèmes économiques, ne sont-elles pas en train de disparaître à cause de la politique monétaire actuelle ? Quant aux particuliers, qui ont besoin d'épargner, ne s'appauvrissent-ils pas en étant contraints de placer leur épargne sur des titres dont les niveaux de rémunération sont inférieurs au coût de leur épargne ?

Face à un système devenu si inéquitable et perdant totalement son sens et ses valeurs, face à l'affaiblissement de la croissance, les communautés nationales voire mondiales ne pourront que s'en désolidariser. Les désordres sociaux s'accentueront et le risque de ruptures politiques s'accroîtra inévitablement. Une partie croissante des membres de ces différentes communautés vont se polariser de manière « totalement rationnelle » vers les « extrêmes politiques » qui remettent en cause le système économique « libéral », qui ne fonctionne plus. Le risque de la montée au pouvoir de partis antisystème ne cessera de se renforcer : des surprises électorales dans les grands pays, des « ruptures » politiques et sociales au sein de leurs populations qui ne se reconnaissent plus dans un système devenu ingrat, injuste et inéquitable à leurs yeux, deviennent de plus en plus probables, voire inéluctables à mesure que ce monde s'accentue et dure.

Une fuite en avant des autorités à la hauteur du désarroi des économistes

D'un côté, les salariés de la classe moyenne perçoivent que le système leur en demande toujours plus tout en les rémunérant toujours moins. De l'autre – les autorités –, engagés dans une véritable fuite en avant qui n'empêche pas pour autant le système de dériver et qui n'a de ce fait aucune issue heureuse perceptible, sont en train de renier leurs principes libéraux. En ne cessant de creuser leurs déficits, les États vont à l'encontre de leur doctrine libérale qui demande une maîtrise de l'endettement public. En inondant le marché de nouvelle monnaie, les banques centrales, quant à elles, renient leur philosophie monétariste, qui avait assis l'objectivité de leur politique monétaire pendant des décennies. Les libéraux sont perdus : comment contrer l'opposition croissante des peuples à un système qui ne ressemble plus au libéralisme ? Comment continuer à défendre le libéralisme quand les autorités nous offrent un ersatz de libéralisme ?

Ce tohu-bohu économique, financier, social et politique est à l'image du désarroi actuel des économistes. La théorie (néo)classique, dont tout le corpus théorique actuel est issu, est devenue notoirement insuffisante pour expliquer un monde qui nous échappe dans sa compréhension. Selon elle, la concurrence devrait ramener, en permanence, l'économie à un état de plein-emploi même après chaque crise. Selon elle, « le libéralisme » devrait conduire au meilleur des mondes, où la force de travail sera pleinement utilisée et où chacun de ses éléments sera rétribué à hauteur de sa contribution à la production. Aujourd'hui rien de tel.

La crise des années 1930 avec toutes ses conséquences désastreuses en termes économiques, mais aussi sociaux et politiques, avait déjà auparavant balayé toutes ces certitudes. Les forces naturelles s'exprimant entre les acteurs libres de leurs choix dans un contexte concurrentiel avaient conduit inexorablement à la faillite du système, à la dépression. Même les esprits les plus grands et les plus libéraux avaient perdu confiance dans le système libéral. Le cas d'Irving Fisher est éloquent. Le célèbre économiste, qui croyait à la richesse que le progrès technique de l'époque devait amener, avait investi sa fortune sur le marché actions américain et, pour mille et une raisons sensées, il écartait une baisse durable des marchés actions lorsque le krach d'octobre 1929 est survenu. Il s'est retrouvé ruiné. La « main invisible » du libéralisme avait même à cette époque conduit à un désastre : la guerre.

Keynes avait alors forgé une vision totalement novatrice sur la dynamique économique, à partir de laquelle il avait érigé une « nouvelle théorie » qui s'opposait à la théorie néoclassique, fondement de la pensée libérale. Certains ont résumé à tort sa contribution à son désaveu des mesures de politique économique traditionnelle, devenues inefficaces, qu'il remplaçait par une politique de travaux publics financés par des déficits budgétaires. D'autres ont loué sa charge antilibérale voire antifinancière ou anticapitaliste. Mais l'apport fondamental de sa théorie est d'expliquer l'inexplicable du libéralisme : elle est aujourd'hui la seule thèse qui permette de comprendre comment la main invisible économique, le libéralisme, peut mener aux plus grandes catastrophes sociales et économiques et ce de façon répétée dans les économies développées. La faute en incombe selon Keynes aux marchés financiers et plus particulièrement à l'incertitude et à l'irrationalité qui les gouvernent et qui sont la cause potentielle des dépressions.

La théorie keynésienne a été néanmoins contredite par les faits économiques pendant toute la seconde moitié du XXe siècle. Au point que la contre-attaque, fondée, des néoclassiques et des monétaristes et de Friedman en particulier l'avait carrément balayée du corpus théorique depuis les années 1970. Mais depuis la crise de 2007-2012, une part croissante d'économistes l'ont remise au goût du jour. Pour eux, la dynamique économique est financière. La crise, voire la dépression, est provoquée par la chute du prix des actifs financiers qui déclenche une dégradation inouïe des bilans des agents économiques, susceptible de provoquer une réelle dépression. À l'origine de tout plongeon des prix des actifs, on retrouve les deux déclencheurs de crise de Keynes, à savoir l'incertitude et l'irrationalité, qui créent des mouvements de panique de foule sur les marchés financiers.

Pour empêcher cette dépression, la Banque centrale en tant que prêteuse en dernier ressort doit alors intervenir le plus rapidement possible en inondant le marché de liquidités, dès que la crise survient. De fait, le comportement actuel des banques centrales serait aujourd'hui dicté par le keynésianisme et non plus le monétarisme !

Cette théorie comme celle de Keynes s'avère néanmoins désarmante pour l'homme. Il est en effet quasi-impossible d'empêcher ces crises, tout comme Keynes le pensait. Étant le résultat de l'incertitude et de l'irrationalité, la chute des prix financiers est impossible à prévoir et surtout très difficile à éviter : il faudrait guetter, capter les signaux faibles sur les marchés financiers pour utiliser l'arme monétaire suffisamment tôt afin d'éviter leur effondrement. Mais, jusqu'à aujourd'hui, ces signaux faibles sont difficilement captables et, s'ils le sont, ils seront bien trop tardifs. De surcroît, ces théories sont frustrantes pour le scientifique. Pour exemple, aujourd'hui, afin que leurs modèles collent mieux à la réalité, les économistes s'en tirent en les traduisant par des chocs durables sur certains paramètres clefs économiques, qui seraient justifiés notamment par les imperfections « keynésiennes » de marché, mais dont l'origine demeure totalement inexpliquée au vu de l'historique économique : pourquoi ces chocs ont-ils été durables lors des crises citées précédemment, et non durant les autres crises ? Nous ne le savons pas, rien d'un point de vue global, rien dans le système économique ne l'explique, si ce n'est l'irrationalité et l'incertitude si chères à Keynes, selon ce courant.

Pourquoi l'irrationalité et l'incertitude seraient-elles la cause des crises actuelles (depuis celle de 2007-2012) et non des précédentes ? Pourquoi aujourd'hui y aurait-il des cycles financiers et pas durant la seconde moitié du XXe siècle ? Comment accepter pour un scientifique que l'irrationalité et l'incertitude, fondement de la théorie keynésienne, soient à l'origine de la dynamique économique, et en particulier des plus grandes crises ? Comment ne pas penser, en tant que financier, que la chute des prix n'est que la conséquence logique de sa hausse vertigineuse, autrement dit de la bulle, qui l'aura précédée ? Et dans ce cas, comment ne pas s'interroger sur les causes et les origines rationnelles de ces bulles ? Comment accepter l'absence des moyens à notre disposition pour éviter ces bulles ? Comment accepter l'impossibilité d'une régulation vertueuse du système ? Comment accepter que les autorités soient uniquement dans une politique de réaction, très coûteuse, qui ôte tout sens au système libéral et le détruit au fil du temps toujours davantage ? Comment accepter que leurs actions ne s'inscrivent plus dans une démarche « proactive » qui chercherait à éviter la crise, tout comme auparavant quand les banques centrales cherchaient à limiter la hausse de l'inflation ?

Un scientifique peut-il se satisfaire d'une théorie où la dynamique fondamentale est le fruit d'un mélange d'incertitude et d'irrationalité ? Clairement non. Être scientifique, c'est avoir foi en un déterminisme certain du système que l'on étudie, même si ce déterminisme n'est pas total. Keynes hante toutes les têtes alors même que sa théorie n'est pas défendable ni dans la continuité historique ni même dans son contenu scientifique, le déterminisme scientifique lui faisant cruellement défaut.

Or, une fois Keynes écarté, la théorie (macro)économique est incapable d'expliquer les plus grandes crises du capitalisme du siècle écoulé. La crise mondiale des années 1930 mais aussi la crise du Japon de la décennie 1990 qui lui a fait perdre toute une décennie de croissance, et enfin la dernière crise mondiale de 2007-2012, provoquée par la crise immobilière aux États-Unis, portant à l'origine sur une frange minime des crédits immobiliers : toutes ces crises obsèdent l'esprit des autorités monétaires et étatiques, qui les considèrent comme du domaine du possible. Mais toutes ces crises sont orphelines d'une théorie générale qui en rendrait compte. Les économistes s'en trouvent désemparés. La théorie économique connue jusqu'à aujourd'hui ne donne de fondement à aucune autre politique économique que celle menée depuis près de quinze ans qui est une politique réactive face à la dépression.

La réponse : la nouvelle économie patrimoniale

C'est face à ces enjeux économiques, scientifiques, sociaux, politiques actuels essentiels que se positionne cet ouvrage. Il y répond en développant « une nouvelle (macro)économie » qualifiée d'« économie patrimoniale ».

Le fonctionnement patrimonial de nos économies

L'économie patrimoniale extirpe le corpus théorique du carcan néoclassique qui pèse sur la science économique depuis la fin du XIXe siècle et qui confine l'économie à la seule sphère réelle productive, limitant tant l'équilibre que la dynamique économiques aux flux d'offre et de demande dans la sphère réelle productive. En dépit de tous ses efforts, Keynes ne s'en est jamais véritablement extrait, malgré la mise en avant du rôle patrimonial fondamental de la monnaie sur les marchés financiers.

Or, les flux d'offre et de demande dans la seule sphère réelle productive ne déterminent pas véritablement la dynamique du système, parce qu'ils sont le résultat de la dynamique patrimoniale au sein de la communauté. Telle est l'une des conclusions de cet ouvrage.

Dans la nouvelle économie patrimoniale, tant l'équilibre que les déséquilibres du système sont gouvernés par le patrimoine de la communauté : l'équilibre est patrimonial, la dynamique est patrimoniale, les crises sont patrimoniales. L'équilibre général ne fait plus référence à l'équilibre général classique qui concerne un équilibre entre l'offre et la demande de biens et services dans la sphère productive. Il est défini comme un équilibre général patrimonial du capital concomitant aux trois sphères canoniques qui composent nos systèmes économiques : la sphère réelle (la sphère productive), la sphère monétaire (la sphère bancaire) et enfin la sphère financière (les marchés financiers). L'économie patrimoniale ne laisse aucune sphère à l'écart de la dynamique économique, contrairement à la synthèse néoclassique.

La nouvelle économie patrimoniale ouvre des horizons tout à fait nouveaux, inédits dans la théorie économique en révélant la face cachée du réel fonctionnement de nos systèmes économiques. Elle montre pourquoi les désordres économiques expriment les désordres du capital dans ses dimensions réelle, financière ou monétaire : il ne s'agit dès lors plus de désordres au sein de la seule sphère réelle, s'y exprimant par un simple déséquilibre entre l'offre et la demande. Les crises révéleront alors leur vrai visage en s'apparentant finalement à la phase de destruction des désordres capitalistiques, indispensable, afin que le développement économique de la communauté puisse repartir sur des bases assainies. Cette physionomie caractéristique de l'accumulation capitalistique dans nos systèmes économiques, ainsi séquencée, formate les cycles économiques, de l'investissement, mais aussi de l'emploi et de la croissance : accumulation des désordres capitalistiques durant la phase de croissance, puis destruction des désordres capitalistiques, correspondant à la phase de récession.

Révélation d'un nouveau régime non-classique

La nouvelle économie patrimoniale dévoile également un nouveau régime économique, dans lequel ont basculé nos systèmes économiques : ce nouveau régime est inconnu de la théorie actuelle et il est qualifié à ce titre de non-classique.

Ce nouveau régime est un régime de plein-emploi, fondamentalement déflationniste, et très instable, car fait de « bulles ». Il arbore une dynamique économique financière, car soumise entièrement à l'évolution des prix des actifs, comme perçu aujourd'hui par les tenants du cycle financier. Mais, contrairement à la théorie d'inspiration keynésienne défendue par ces derniers, la dynamique du cycle financier dans le régime non-classique procède de mécanismes « tout à fait rationnels », déconnectés de toute incertitude. Tout en confirmant de nombreux pans de la vision de Keynes portant sur la crise des années 1930, le nouveau régime non-classique, développe une théorie radicalement différente. Il écarte en effet toute irrationalité et incertitude pour justifier des cycles financiers significatifs des phases de croissance et de récession voire de dépression.

L'« économie patrimoniale » intègre de ce fait les canons indéfectibles méthodologiques et théoriques de l'économie néoclassique fondés sur l'individualisme méthodologique et la rationalité individuelle. Elle aboutit certes à une approche totalement nouvelle de l'équilibre et de la dynamique économiques, relativement à la théorie néoclassique, mais tout en restant fondée entièrement sur le déterminisme et la rationalité de l'homme, si chère aux nouveaux classiques, et non sur l'incertitude ni l'irrationalité, si keynésiennes. À ce titre, elle est « antikeynésienne » et « proclassique » et s'affirme comme l'héritière de Walras et des nouveaux classiques et non de Keynes. Elle décrit comment la rationalité de l'homme peut conduire à l'effondrement du système et au désastre.

L'économie n'est pas une histoire de confiance, d'irrationalité et de convention. Fondue dans le moule de la rationalité humaine, elle est le résultat déterministe d'attracteurs, de processus élémentaires monétaires dynamiques et d'entropie, tous déterminés par le système. L'esprit animal de l'homme peut s'exprimer mais il ne peut pas se maintenir parce que le système impose « sa loi » à l'homme qui est incité à déchiffrer sa dynamique pour en tirer profit. Et c'est bien l'une des forces du libéralisme.

Les retombées remarquables de la nouvelle économie patrimoniale

POUR LA SCIENCE ÉCONOMIQUE : UN CORPUS THÉORIQUE FÉDÉRATEUR DE TOUTES LES GRANDES THÉORIES

Pour les sciences économiques, la nouvelle économie du patrimoine mènera à la nouvelle « Théorie générale de l'intérêt et de l'emploi » qui sera développée dans un prochain ouvrage. Elle sera générale parce qu'elle fournit un corpus théorique général qui appréhende toutes les grandes théories macroéconomiques connues aujourd'hui, néoclassique, keynésienne, monétariste, mais aussi walrassienne, marxienne, tout en intégrant le nouveau régime non-classique.

Elle explique toutes les pathologies agrégées qui assaillent les économies modernes mais aussi tous les types de grandes crises économiques, que le capitalisme a connues : récessions, stagnation, stagflation, inflation, bulles, dépressions. Elle fait des hyperinflations comme des économies de bulle, des états durables possibles dans lesquels nos économies peuvent se trouver plongées, avant d'en payer le prix lors de crises qui peuvent se transformer en grandes dépressions.

La « Théorie générale » qui sera issue de la nouvelle économie patrimoniale ne s'opposera ainsi nullement à la théorie néoclassique. Contrairement à Keynes qui a construit sa théorie dans une géométrie non euclidienne en rejetant le postulat d'Euclide (la théorie néoclassique), nous ne dénigrerons en effet rien des apports de la théorie néoclassique, ni d'ailleurs la théorie néoclassique en elle-même, à la seule réserve qu'elle correspond à une représentation scientifiquement admissible du seul régime classique.

Nous partageons avec la théorie classique et notamment avec Walras, le théoricien incontesté et incontestable du libéralisme et du néoclacissisme économique, le déterminisme qui portera tout autant sur l'équilibre que sur les désordres et la dynamique. Dans les régimes classiques comme non-classiques, l'équilibre économique, même instable, y est déterminé de manière unique. La dynamique de désordres qui donne au système toute son instabilité est aussi définie de façon précise, tout comme la nature et l'ampleur des désordres ainsi que leur processus de correction. L'économie patrimoniale ancre définitivement l'économie dans la science à part entière : en exhibant fondamentalement une part déterministe forte, la nouvelle économie patrimoniale montre que l'économie ne déroge pas à la règle, selon laquelle toute vérité scientifique intègre fondamentalement une part déterministe forte.

POUR LA COMMUNAUTÉ : UNE RÉGULATION ADÉQUATE POUR LE MIEUX-ÊTRE DE TOUS

Les conséquences pratiques de la nouvelle économie du patrimoine sont également remarquables. Limiter les crises demande de fait aux autorités de limiter l'accumulation des désordres capitalistiques durant la phase ascendante du cycle. Parce que l'économie patrimoniale identifie l'origine des désordres capitalistiques et mesure leur ampleur, elle est capable de proposer des programmes de contrôle des désordres capitalistiques, afin de limiter l'ampleur de la crise qui suivra et de rendre le monde meilleur. Ces programmes de contrôle constituent le fondement de la régulation : par ce biais, l'homme contrôlera la trajectoire du système afin d'en limiter son instabilité. Une réduction sensible de l'instabilité du libéralisme améliorera le bien-être des membres de la communauté.

La nouvelle économie patrimoniale spécifie en particulier la politique de régulation tout à fait nouvelle à appliquer à nos économies modernes, plongées actuellement dans le régime non-classique. Cette régulation permettra d'éliminer ces crises financières qui ne cessent de se répéter depuis la fin du XXe siècle, de plus en plus graves et de plus en plus menaçantes pour la survie de notre système économique. En corrigeant le « paradoxe de la pauvreté dans l'abondance », elle ramènera également la cohésion au sein de la communauté, même plongée dans le libéralisme. Enfin, elle rassurera les esprits « éclairés » et les gouvernements, aujourd'hui dans un désarroi croissant face à un monde qui leur échappe et à une économie de plus en plus clivante.

Contrairement à la théorie keynésienne, l'économie patrimoniale montre que l'homme peut agir en amont de la crise afin d'en limiter son ampleur. Keynes, c'est l'économie de la dépression, parce que c'est l'économie de la réaction, lorsque le système, échappant à l'homme, tombe dans une crise profonde. L'économie patrimoniale, c'est, en revanche, l'économie de la croissance ou de la (pro)action, parce qu'elle replace l'action de l'homme éclairé au centre du système, lui permettant de contrôler son instabilité, afin de réduire l'intensité des crises.

Monnaie et capital : la nouvelle économie patrimoniale

Avant de réaliser le corpus théorique général, il nous faut appréhender le fonctionnement patrimonial de notre système économique, qui paraît contre-nature par rapport à la vision économique du corpus théorique actuel. Nous ne l'imposerons pas de but en blanc. Il va au contraire naturellement s'imposer dans le cadre d'une description historique et narrative de l'évolution de nos systèmes économiques que nous mènerons tout au long de l'ouvrage. Nous y poserons les jalons de la nouvelle économie du patrimoine, à partir des réalités de nos économies modernes, comparativement notamment à nos systèmes économiques passés.

Pour cela, nous partirons du système naturel (livre I), où chaque communauté, sous l'autorité d'une équipe centralisatrice, éclairée et ingénieuse, se développe indépendamment de toute monnaie nationale : elle fabrique ce qui lui est le plus utile à partir de ses seules capacités de main-d'œuvre. Il n'y a ni entreprise, ni banque, ni marché financier au sein de la communauté. Dans ce système, la communauté est transcendante à l'individu : incarnée par l'équipe centralisatrice, elle cherche à atteindre le « bien-être matériel collectif » maximal au vu des ressources naturelles dont elle dispose. La notion d'individu n'existe pas si ce n'est par la capacité de chacun à apporter à la communauté ce qu'il sait faire de mieux par son travail. La répartition de la production est effectuée par l'équipe centralisatrice : elle peut être égalitaire au sein de chaque classe d'âge, mais peut tout autant obéir à une autre clef de répartition décidée par l'équipe en plein accord avec la communauté. Parallèlement, nous nous familiariserons avec les actes économiques élémentaires fondamentaux, leurs significations, leurs natures, leurs objectifs. Le système naturel nous permettra de comprendre le sens de l'économie, les tenants du développement économique et les ressorts de l'amélioration du bien-être matériel des individus.

Dans une seconde partie, nous comprendrons alors pourquoi les communautés, recherchant leur seul bien-être collectif, seront encouragées au libre-échange de marchandises entre elles et pour quelles raisons un marché financier international s'imposera naturellement par le biais du statut unique, universel et éternel de l'or. En d'autres termes, même dans ce modèle économique « naturel » interne, même sans entreprises, même sans système financier interne, même sans monnaie interne, un marché mondial des marchandises ainsi qu'un marché financier mondialisé se développeront. Nous saisirons les apports pour chaque communauté de ces marchés mondialisés ainsi que l'utilité première et originelle de l'or.

Le livre II décrit le système entrepreneurial et le libéralisme qui constituent nos systèmes économiques actuels, fondés sur la liberté individuelle de choix, de production, de travail et d'entreprise. Il appréhende la supériorité du libéralisme entrepreneurial sur le système naturel, dans la création de richesse et dans le développement du bien-être matériel de la communauté. Il explicite le statut social fondamental de l'entreprise, l'apport de l'entreprise et de la concurrence. L'intérêt individuel semble alors être supérieur à celui de la communauté, contrairement au système naturel. Pour autant, le système libéral est supérieur à l'individu : par la liberté, la rationalité et l'intelligence de l'individu, le système conduit à une création de richesse optimale pour la communauté et à sa distribution équitable entre tous ses membres. Optimalité et équité : telles sont les vertus essentielles du libéralisme.

Nous poursuivrons en mettant en évidence le fonctionnement patrimonial fondamental de la distribution de richesse au sein du système entrepreneurial, ce qui en fait toute la différence avec le système naturel. La comparaison de fonctionnement entre les deux systèmes va nous suivre tout au long du livre II : elle est significative de toute la différence entre la représentation par la nouvelle économie du patrimoine et celle par l'économie classique qui décrit en fait un système naturel où la clef de répartition serait équitable.

Nous comprendrons pourquoi l'entreprise doit être nécessairement plongée dans un environnement monétaire : l'entreprise étant indéfectiblement liée à la monnaie, le fonctionnement du système entrepreneurial est monétaire, contrairement au système naturel qui fonctionne sans monnaie. Nous expliciterons alors pourquoi c'est bien la monnaie qui est à l'origine de l'instabilité de nos systèmes économiques. Nous exhiberons les trois formes d'instabilité canoniques du système entrepreneurial, chacune résultant de l'un des rôles fondamentaux dominants de la monnaie : l'une classique, associée aux régimes inflationnistes dans nos économies modernes, l'autre non-classique, associée aux régimes déflationnistes de bulles de nos économies, et enfin la dernière, keynésienne, spécifique à la théorie que Keynes a défendue. Même si nous ne l'approuvons pas, nous avons en effet conservé dans l'ensemble du corpus théorique la théorie keynésienne. Et ce pour deux raisons : d'une part, cela nous permettra de cerner les différences du régime non-classique avec le régime keynésien, d'autre part ce livre ne serait probablement pas sans Keynes.

Nous expliciterons alors comment les nouvelles technologies de l'information et de la communication ont pu faire basculer nos économies du régime classique dans le nouveau régime non-classique, justement en raison du fonctionnement patrimonial du système entrepreneurial. Nous verrons pourquoi tous les phénomènes « atypiques », tant économiques, financiers que sociaux, face auxquels nous sommes en présence aujourd'hui et que nous avons décrits, sont l'expression du nouveau régime non-classique.

Nous comprendrons alors pourquoi, si puissantes qu'elles soient pour réguler un régime classique (monétarisme), les banques centrales sont désarmées pour faire face à l'instabilité du monde non-classique. Nous expliquerons en quoi continuer comme aujourd'hui à alimenter le système en nouvelle monnaie est une erreur fondamentale. Nous saisirons pourquoi cette politique, au lieu d'assurer la stabilité du système, aggrave au contraire son instabilité, contribuant même à dénaturer le libéralisme, aujourd'hui tout autant décrié pour de mauvaises raisons, que défendu par de mauvais arguments. Enfin, nous comprendrons comment et pourquoi le nouveau régime non-classique renverse totalement le paradigme « trop » libéral, fondé sur la philosophie du monétarisme qui a marqué la politique de régulation depuis le début des années 1980 : l'« État » est écarté de toute politique de régulation du cycle qui échoit à la seule Banque centrale depuis des décennies, excepté en cas de dépression potentielle.

Le régime non-classique redonne une place fondamentale à l'État dans la politique de régulation : seul, l'État pourra en effet conduire une nouvelle régulation qui évitera ce qui s'annonce comme l'une des plus grandes crises de l'histoire économique. Telle sera l'une des conclusions finales de cet ouvrage, qui sera détaillée et justifiée dans « La Nouvelle Théorie générale », objet du prochain ouvrage.

LIVRE I

LE SYSTÈME NATUREL

Nous allons ici développer le système naturel (partie 1) : sans monnaie nationale, sans entreprise, sans banque, chaque communauté se développe en fabriquant ce qui lui est le plus utile à partir de ses seules capacités de main-d'œuvre, sous l'autorité d'une équipe centralisatrice, éclairée et ingénieuse. Dans notre construction narrative et intuitive de notre système économique, nous allons partir du modèle économique le plus rudimentaire, que nous qualifions de « Robinson », où chaque communauté, à la recherche de son bien-être matériel maximal, serait isolée, livrée à elle-même, sans aucun échange avec les autres communautés. Nous pourrons alors nous familiariser avec les actes économiques élémentaires fondamentaux, saisir leurs natures, leurs objectifs, leurs significations, pour enfin comprendre le sens de « l'économie » et intégrer les ressorts fondamentaux du développement économique d'une communauté, que sont l'investissement, l'accumulation de capital et le progrès technique.

Dans un second temps, nous ouvrirons les communautés sur le reste du monde. Nous découvrirons comment s'imposent naturellement un marché mondialisé d'échanges de marchandises, ainsi qu'un marché financier globalisé même en l'absence d'entreprise et de banque : les échanges entre communautés, libres, s'y réalisent parce qu'ils apportent un supplément de bien-être mutuel. Nous comprendrons dès lors la fonction fondamentale des marchés financiers, de l'or et de la mondialisation. Nous aboutirons déjà à la fin du livre I à maints constats qui pourront désarçonner le lecteur, parce qu'ils iront à l'encontre de clichés répandus à propos des marchés financiers, de l'or et du libre-échange.

PARTIE 1

La sphère réelle

CHAPITRE 1

Bien-être et développement économique

Le modèle économique « Robinson Crusoé » : mieux-être = enrichissement, accroissement de la satisfaction des besoins de la communauté

Avant d'aborder le monde dans lequel nous vivons, nous allons ici décrire et analyser le système économique originel, rudimentaire mais si instructif, tel qu'il existait très probablement au début de l'humanité, et que nous extrapolerons pour en saisir tous les ressorts. Le monde est ici constitué de communautés « Robinson », qui vivent chacune dans leur région, sans aucun contact entre elles, comme si elles vivaient chacune sur leur île sans moyen d'en sortir. Chaque communauté assurera collectivement le bien-être de ses membres : elle opérera un partage égal des biens de consommation produits entre tous ceux qui auront respecté leurs obligations « communautaires » de travail. Car chaque membre en âge de travailler devra contribuer à la production des biens de consommation, sur lesquels la communauté se mettra d'accord pour satisfaire le mieux possible les besoins des individus, en termes de nourriture, vêtements, logements, équipements. Le temps de travail quotidien de chacun pourra être modulé en fonction du degré de pénibilité de sa tâche. Chaque famille se verra attribuer son quota de production à la seule condition que ses membres aient rempli leur quota de travail. Il n'est ici besoin d'aucune monnaie. Le seul objectif de chaque communauté est le bien-être de l'ensemble de ses membres. L'objectif est de vivre bien, et de vivre toujours mieux, en satisfaisant toujours plus et toujours mieux les besoins de consommation de ses membres.

Le mieux-être = gains de productivité

Dans ce système, que nous qualifions de « système naturel », seul le fruit du travail de chaque communauté pourra satisfaire les besoins matériels de ses membres : la consommation y est limitée par la capacité productive. En fixant l'âge de la population en capacité de travailler, la durée quotidienne de travail de chacun et leurs jours de repos, on déterminera la force de travail de la communauté que l'on mesurera par la quantité d'heures de travail disponibles. Le bien-être de la communauté sera alors une conséquence directe de la puissance productive du travail : les besoins seront d'autant mieux satisfaits que la fabrication de chaque bien sera rapide. Nous sommes en face de la réalité suivante :

Capacité productive de la communauté =
puissance de la force de travail
= force de travail * vitesse à laquelle la force
de travail produit

Seulement au lieu d'être exprimée en kilomètres par heure, la vitesse à laquelle les travailleurs produisent sera mesurée en quantité de biens produits par heure. Cette vitesse de production par le travail, cette quantité produite en un temps défini, représente

« l'efficacité productive » du travail et est traduite en termes économiques par la **productivité du travail**. Si la vitesse de production est mesurée sur l'intervalle de temps que représente l'heure, on parlera de productivité horaire du travail qui représente l'équivalent d'une vitesse horaire instantanée de production. La capacité productive de la communauté sur un mois, sur un an sera alors donnée par le nombre d'heures de travail sur la période (un mois, un an) multipliée par sa productivité :

Capacité productive de la communauté =
nombre d'heures de travail * productivité horaire

où la productivité horaire est une mesure de l'efficacité productive de l'homme. Le bien-être de la communauté sera alors entièrement fonction de l'efficacité de l'homme dans chaque tâche qui participe au processus de production : plus elle sera réalisée rapidement, plus grande sera la consommation de la communauté. Ainsi, pour chaque communauté, dont les ressources en main-d'œuvre sont fixées car définies par sa composition, la consommation est nécessairement une conséquence de la seule efficacité productive : plus elle sera élevée, plus la consommation sera forte. L'amélioration de l'efficacité productive est traduite par ce que nous appelons les **gains de productivité du travail**, qui constituent le terme économique consacré.

Une autre forme de mieux-être et d'enrichissement : le temps de loisir

Au terme de tous ses efforts pour améliorer son efficacité productive, il se peut qu'une communauté soit sur le point de satisfaire ou même soit capable de satisfaire tous les besoins matériels de ses membres. La progression de son efficacité continuera alors à l'enrichir sous une forme non plus matérielle mais spirituelle. Elle utilisera en effet ses **gains de productivité du travail** non pas à l'augmentation de la production dont elle n'a plus besoin, mais à la réduction du temps passé au travail de ses membres « actifs » (les travailleurs) afin qu'ils puissent profiter davantage de **loisirs**, en se baladant, en faisant du sport, en passant plus de temps avec les autres membres de sa famille ou de sa communauté, ou en lisant, en approfondissant son savoir, en jardinant, en bricolant, en s'adonnant d'une manière générale à toute forme d'art pour son propre plaisir : une fois ses besoins de consommation satisfaits, le bien-être et le mieux-vivre de la communauté continueront à découler de l'amélioration de l'efficacité productive et prendront la forme d'un accroissement du temps consacré aux loisirs, contrepartie de la réduction du temps de travail. Cette forme d'enrichissement ne sera cependant réservée qu'aux communautés riches, suffisamment confortables matériellement, ayant déjà atteint un niveau de développement suffisamment élevé, capables ou étant sur le point de satisfaire tous leurs besoins de consommation. Le temps consacré aux loisirs sera ainsi d'autant plus grand que la communauté sera riche parce qu'elle considérera que ses besoins de consommation sont satisfaits.

Les sources du développement économique : illustration à partir de la pêche nécessaire à l'alimentation de nos Robinsons

Toutes les communautés partagent le même objectif dont découle un même principe de fonctionnement général : afin de vivre toujours mieux, dans l'abondance matérielle d'abord, spirituelle ensuite, toutes les communautés doivent perpétuellement chercher à améliorer leur capacité productive, par leur ingéniosité et leur habileté. L'amélioration de l'efficacité productive, que nous avons nommée « gains de productivité du travail », est la seule source d'enrichissement de l'homme. Quels en sont les ressorts ?

La progression de la capacité productive d'une communauté peut d'abord être individuelle : par l'apprentissage et l'expérience, l'homme sait optimiser les gestes ou la succession de gestes qu'il répète, afin d'en faire le maximum en un minimum de temps. Elle peut aussi résulter d'un perfectionnement de l'organisation du travail en équipes, qui réduira le nombre de personnes monopolisées par la fabrication d'un même bien. Ces deux types de gains d'efficience sont obtenus sans modifier les outils qui ont aidé à produire. Une fois ces deux possibilités épuisées, le seul moyen de poursuivre le développement économique sera l'adoption d'une nouvelle technique de production plus performante mais qui nécessitera auparavant la fabrication « coûteuse » de nouveaux outils.

Illustration du cycle des nouvelles techniques

Nous allons illustrer l'évolution de la capacité productive et ses différentes sources en décrivant les stades successifs du développement de l'activité de pêche, ou de la « production » de poissons, pour une communauté Robinson, vivant sur une île déserte et se nourrissant à tous ses repas de poissons qui constituent ainsi son aliment de base.

PREMIÈRE ÉTAPE : GAINS DE PRODUCTIVITÉ PAR L'APPRENTISSAGE

Le moyen de pêche le plus direct est d'attraper des poissons à mains nues ; par la suite, on pourra les pêcher en les transperçant avec une espèce de lance-harpons qu'on aura fabriqué auparavant. Cette méthode de pêche « directe » est cependant peu efficace et n'est réservée qu'aux faibles profondeurs. Pour réduire leur temps de pêche et rendre ainsi leur repas moins frugal, les membres devront adopter une autre technique moins rudimentaire, plus efficace, comme la pêche à la ligne, qui exigera cependant auparavant la fabrication d'un nouvel « équipement » : les lignes. Ce nouvel outil est indissociable de la nouvelle technique : une nouvelle technique de production c'est nécessairement un nouvel outil de production.

Une utilisation efficace de chaque nouvel outil va demander à l'homme une période transitoire d'adaptation : chaque membre « pêcheur » apprendra à réduire au maximum les cas où les poissons mordent à l'hameçon mais réussissent finalement à s'échapper. Comme pour toute nouvelle technique adoptée, la pêche à la ligne exigera une **période d'apprentissage**. Une fois cette étape d'apprentissage réalisée, il n'y aura que de très bons voire d'excellents pêcheurs à la ligne, d'une efficacité bien plus redoutable que les pêcheurs à mains nues, ou à harpons, réduisant de manière considérable le temps de pêche d'une même quantité de poissons, et augmentant ainsi potentiellement la consommation de poissons de la communauté.

DEUXIÈME ÉTAPE : GAINS DE PRODUCTIVITÉ PAR UNE OPTIMISATION DE L'ORGANISATION DU TRAVAIL

Si chaque pêcheur attend patiemment derrière sa ligne qu'un poisson morde, sans rien faire d'autre, le temps d'attente est du temps perdu, alors qu'il pourrait être utilisé à bien d'autres tâches. L'équipe de pêcheurs va alors adopter une nouvelle organisation du travail au prix d'un changement minime : en fixant les lignes (au sol ou à tout support), une seule et même personne pourra être en charge d'un certain nombre de lignes, en passant régulièrement de ligne en ligne, réduisant d'autant le nombre de pêcheurs. Elle pourra bien sûr se faire aider par d'autres membres de la communauté qu'elle appellera en renfort, au cas où plusieurs poissons mordent à plusieurs lignes simultanément.

La communauté pourra par exemple décider qu'une seule et même personne soit en charge de 5 lignes (au lieu de 5 personnes dans le système précédent), divisant ainsi par 5 le nombre de personnes accaparées par la pêche. Les 4 autres membres qui étaient auparavant derrière leur ligne pourront alors utiliser leur temps de travail à la production d'autres biens de consommation. Il s'agit bien de gains de productivité à équipements constants atteints grâce à une optimisation du travail en équipe : à partir des mêmes équipements, les 5 lignes, l'équipe de pêcheurs réalise le même volume de pêche avec 5 fois moins de personnes. Par ailleurs, en conservant les pêcheurs les plus habiles et les plus talentueux, on rendra la pêche encore moins chronophage et le temps qui y sera consacré pourra même être divisé par plus de 5 par rapport à l'organisation initiale. Le changement de technique aura non seulement permis d'économiser le temps de travail des anciens membres qui pourront s'adonner à d'autres tâches utiles, mais, en écartant les moins efficaces et en ne conservant que les meilleurs pêcheurs, il aura également débouché sur un accroissement supplémentaire de l'efficacité productive par la spécialisation.

TROISIÈME ÉTAPE : MÊME TECHNIQUE DE BASE, « AMÉLIORÉE » PAR L'AJOUT D'UN PROCÉDÉ MARGINAL INGÉNIEUX

L'ingéniosité de nos Robinsons ne va cependant pas s'arrêter là. Ils vont continuer à rechercher les moyens d'optimiser le temps de travail de notre seul Robinson pêcheur en charge des 5 lignes. Car il est clair que dans le système précédent, notre pêcheur sera inoccupé pendant tout le temps où aucun poisson ne mordra à une quelconque des lignes dont il a la charge. Durant toute cette phase d'attente, il perd un temps précieux qu'il pourrait employer à d'autres tâches.

La communauté pourra alors mettre en place un système d'alerte mécanique qui s'actionnera dès qu'un poisson mordra à l'hameçon et tendra le fil de l'une des 5 lignes. Le pêcheur n'aura plus besoin d'être une vigie, surveillant les lignes, passant de l'une à l'autre, sans rien faire durant toute une partie de son temps : certain qu'il ne ratera aucune prise potentielle, il pourra ainsi être libre de se consacrer à un autre travail pendant tout son temps d'inactivité, ou de prendre en charge davantage de lignes. De plus, en ne s'épuisant plus à passer régulièrement de ligne en ligne, il pourra concentrer son énergie à la prise. La mise en place d'un petit équipement supplémentaire, ce système d'alerte, qui est une amélioration apportée à la technique simple de pêche à la ligne, aura réduit le temps de pêche et accru sensiblement la productivité du ou des pêcheurs.

Les changements de technique justifiés par l'accroissement de l'échelle de production

La technique de la pêche à la ligne est adaptée à de petites communautés, mais elle ne le sera plus pour les grandes. Pour des volumes de pêche importants, elle deviendra en effet bien trop chronophage. On va alors adopter une technique radicalement différente réservée à la pêche de masse : la pêche au filet. Par la masse de poissons attrapés en une seule prise et par le nombre de membres exigés pour la mettre en place, cette technique ne s'adressera cependant qu'à des communautés d'une certaine taille, ayant des gros besoins journaliers de poissons.

Comparativement à la pêche à la ligne qui peut être réalisée par une seule personne, le maniement du filet demandera l'implication collective et simultanée de plusieurs pêcheurs : la population de la communauté doit être suffisamment grande pour pouvoir fournir cette force de travail indispensable. Par ailleurs, la durée de travail totale de la communauté que cette technique accaparera sera le temps que prendra une prise par filet, multiplié par le nombre de pêcheurs impliqués. Le volume de pêche dont la communauté a besoin devra être alors suffisamment élevé pour rentabiliser la monopolisation d'autant de pêcheurs durant tout le temps de pêche. Nous allons illustrer ce constat par un exemple chiffré.

Supposons que le besoin normal quotidien d'un adulte en poissons soit de 3 poissons. Pour 10 personnes à nourrir, le besoin de poissons est de 30 par jour et pour 30 il sera de 90. Pour la technique de la pêche à la ligne « optimisée avec alarme » (un pêcheur étant en charge de 5 lignes), le temps de pêche moyen d'un poisson est d'une demi-heure. Considérons que le plus petit des filets nécessite l'intervention collective de 8 pêcheurs et qu'il permet de pêcher 90 poissons en 4 heures, mais 30 poissons en 2 heures. Clairement la communauté de 10 membres n'adoptera pas la technique du filet : d'une part, elle ne le pourra pas compte tenu du manque de main-d'œuvre, sa population étant trop petite pour fournir 8 hommes forts ; d'autre part, même si elle le pouvait une telle technique ne serait absolument pas intéressante pour elle puisqu'elle lui coûterait 16 heures de travail (8 pêcheurs * 2 heures de temps de pêche) pour réaliser sa pêche contre 15 heures par la technique de la ligne (30 poissons * 1/2 heure).

En revanche, pour une communauté de 30 personnes dont les besoins journaliers de poissons sont de 90, le changement est pertinent : elle mettra 4 * 8 = 32 heures avec le filet au lieu de 90 * 1/2 heure = 45 heures avec la ligne.

Il en découle le constat général suivant : quelle que soit l'activité, le « **changement d'échelle** », désignant en langage courant le changement de taille de production (petite, moyenne, grande ou très grande), est l'instigateur de l'adoption de techniques plus efficaces. L'efficacité de toute activité de production croît avec sa taille. Ce phénomène que nous qualifions en économie de « **rendement d'échelle croissant** » explique l'amélioration de l'efficacité de toute entreprise industrielle lorsqu'elle dépasse des effets de seuil, de production et de salariés, qui la font basculer dans la mise en place avantageuse de nouvelles techniques radicalement différentes, uniquement réservées à des tailles d'entreprises suffisamment importantes.

En synthèse, les progrès dans la capacité productive de la main-d'œuvre améliorent le bien-être des membres de la collectivité et ils sont à ce titre la source originelle du mieux-être de la communauté. Les améliorations de l'efficacité productive de l'activité de pêche par exemple que nous venons de décrire proviennent toutes de l'adoption de techniques toujours moins rudimentaires, chacune associée à des équipements toujours plus sophistiqués : elles ne font que traduire l'ingéniosité déployée par notre communauté Robinson pour réduire le temps de pêche et pouvoir ainsi se consacrer à la fabrication et à la production d'autres biens de consommation. La communauté va reproduire ce même schéma pour toutes les marchandises dont ses membres ont besoin. C'est ainsi qu'elle va repousser ses limites de consommation, imposées par les ressources en main-d'œuvre nécessairement finies, afin de satisfaire toujours plus ses membres.

CHAPITRE 2

Investissement et accumulation de capital

L'acte d'investissement : un sacrifice initial pour un bien-être supérieur dans le futur

L'investissement : coût et valeur-temps

Chaque technique est liée à un outil de production spécifique. Avant de pouvoir décupler sa capacité productive par l'adoption de nouvelles techniques, notre communauté Robinson devra dans un premier temps « investir » une partie de son temps de travail dans la fabrication de nouveaux équipements, lignes, systèmes d'alerte puis filets, plutôt que de le consacrer à la pêche avec la technique déjà en place : l'investissement exigera nécessairement dans un premier temps une réduction de consommation en contrepartie de la main-d'œuvre mobilisée par la fabrication du nouvel équipement, indispensable à l'utilisation de la nouvelle technique.

Cette phase d'investissement dans la fabrication du nouvel outil est coûteuse pour la communauté, qui devra sacrifier une partie de sa consommation immédiate. Le gain de consommation futur, généré par la nouvelle technique, devra au moins compenser le déficit de consommation enregistré durant la phase d'investissement. Il devra même aller au-delà. Car la consommation immédiate de toute marchandise a (bien) plus de valeur pour l'homme que sa consommation différée : les hommes préfèrent toujours consommer plus tôt que plus tard, et détestent en général réduire leur consommation, surtout si leurs besoins immédiats de consommation sont insuffisamment satisfaits. Toute communauté manifestera naturellement une préférence pour jouir immédiatement et non plus tard des fruits de sa production : cette **préférence pour le présent** sera estimée par la valeur d'une unité consommée immédiatement relativement à la même unité consommée dans le futur. Pour donner une valeur instantanée de la préférence pour le présent, comme pour le calcul d'une vitesse instantanée, on fixera arbitrairement la durée du report de l'unité de consommation à un an : la préférence pour le présent sera caractérisée par le prix d'une unité de consommation présente en termes d'unités de consommation exigées d'ici un an.

Si par exemple, dans une communauté Robinson, pour une unité de consommation sacrifiée immédiatement, nos Robinsons exigent 1,5 unité de consommation dans un an, cela signifie que l'unité consommée immédiatement représente l'équivalent de 1,5 unité consommée dans un an : la valeur relative de la consommation présente en termes de consommation future est de 1,5. Ou en d'autres termes, une unité de consommation immédiate est « plus chère » de 50 % que la même unité consommée dans un an, parce qu'elle a beaucoup plus de valeur pour la communauté. Nous en tirons implicitement ce que nous nommons le **taux de préférence pour le présent**, ici de 50 %, qui représente le taux d'unités de consommation supplémentaires exigées d'ici un an pour compenser le sacrifice d'une unité de consommation immédiate : le présent est 50 % plus cher que le futur. La consommation possède ainsi une valeur-temps pour l'homme, mesurée par son taux de préférence pour le présent : ce paramètre va être déterminant dans le choix des nouvelles technologies que l'on mettra en place et dans le développement économique de toute communauté.

L'investissement : sa rentabilité

La valeur-temps de la consommation séquence naturellement l'adoption d'une nouvelle technique en deux étapes. La première, durant laquelle le nouvel équipement est fabriqué, est coûteuse. La seconde, où la communauté récoltera les fruits de son investissement, par le développement de sa production, donc de sa consommation, est bénéfique. Pour que l'investissement soit rentable, il faudra que les bénéfices soient supérieurs au coût qui aura entretemps augmenté d'un facteur-temps, proportionnellement au taux de préférence pour le présent : en d'autres termes, il faudra que le supplément de production qu'il générera soit supérieur ou au moins égal aux unités de consommation supplémentaires que la communauté exige compte tenu du temps qui s'est écoulé depuis le sacrifice de consommation. Seules les nouvelles techniques qui respecteront cette condition seront mises en place. Toutes les autres, même si elles augmentent la capacité productive, seront écartées parce que non rentables pour le bien-être de la communauté.

Donnons une substance plus concrète à cette règle économique fondamentale en analysant les conditions de passage de la technique de la pêche à la ligne à celle au filet. La fabrication du filet diminuera le temps consacré directement à la pêche et provoquera une réduction de la consommation de poissons. Un tel acte représentera un sacrifice de poissons immédiats qui se mesurera en termes de poissons supplémentaires que les membres exigeront plus tard lorsque le filet sera utilisé pour la pêche. Nos Robinsons accepteront de changer de technique et d'en adopter une nouvelle plus productive si l'accroissement de la consommation de poissons qu'elle génère fait plus que compenser le sacrifice de consommation de poissons subi durant le temps de fabrication du filet.

Concrètement, supposons que la consommation de poissons de la communauté soit l'équivalent de 3 poissons par jour et par personne. Supposons que la fabrication du filet dure 12 mois et nécessite durant cette année de réduire la consommation quotidienne de poissons de 3 à 2 (3-1). Si le taux de préférence pour le présent y est de 50 %, nos Robinsons exigeront au moins 1,5 unité de poissons de plus l'année suivante pour compenser leur sacrifice : la communauté adoptera la technique du filet si elle est capable d'élever le volume de pêche qui assurera une consommation d'au moins 4,5 (3 + 1,5) poissons par jour et par personne. Si la technique du filet n'aboutit qu'à une consommation maximale de 4,2 poissons par jour, la communauté refusera de la mettre en place parce qu'elle provoquera une dégradation du bien-être de la communauté : elle choisira de conserver la technique de la pêche à la ligne et une consommation de 3 poissons par jour, même si la technique du filet produit l'équivalent de 4,2 poissons par jour et par membre.

Le taux de retour ou le taux de rendement sur investissement

Pour s'engager dans la technique du filet, ou, nous dirons à partir de maintenant, pour « investir » dans la fabrication du filet, qui représente l'outil lié à cette nouvelle technique, il faudra que la hausse de la consommation qui en résultera dépasse la consommation supplémentaire exigée pour le sacrifice de consommation subi durant la période d'investissement.

En d'autres termes, nos Robinsons n'« entreprendront » la fabrication du filet de pêche qu'à la seule condition que cet investissement soit rentable : l'accroissement de la capacité future effective de pêche, qui représente le **rendement de l'investissement**, doit être supérieur au coût de l'investissement, qui n'est autre que la préférence pour le présent. En mesurant chacune des grandeurs en termes de poissons perdus durant l'année d'investissement, le coût est mesuré par le taux de préférence pour le présent et le rendement par le taux de rendement annuel de l'investissement. Il en découle une règle fondamentale pour que la communauté choisisse d'investir dans un nouvel outil de production : le taux de rendement de l'investissement doit être supérieur ou à la limite égal à son taux de préférence pour le présent.

Reprenons une communauté dont le taux de préférence pour le présent est de 50 % : elle demande pour compenser le sacrifice immédiat de la consommation d'un poisson pendant une année 1,5 poisson de plus l'année suivante. Si la fabrication du filet lui coûte l'équivalent d'un poisson par jour et par personne pendant un an, le coût en termes de consommation et de bien-être lorsque la technique du filet sera utilisée sera non pas d'un poisson par jour et par personne mais bien l'équivalent de 1,5 poisson par jour et par personne compte tenu de l'année de fabrication du filet qui se sera écoulée. Si la nouvelle technique du filet accroît la capacité de pêche l'année suivante de 2 poissons par jour et par personne, alors la nouvelle technique de pêche sera avantageuse. En d'autres termes, le passage à la nouvelle technique sera réalisé parce que le coût de l'investissement dans la fabrication d'un filet, appréhendé par le taux de préférence sur le présent de 50 %, sera plus que compensé par le taux de rendement de l'investissement, qui est de 100 % (rapport de 2 poissons supplémentaires produits par la technique du filet pour un poisson de production en moins lors de la phase d'investissement).

Les déterminants de la dynamique d'investissement d'une communauté

Sa main-d'œuvre

La décision d'investir dépendra de la seule comparaison entre deux grandeurs fondamentales : le taux de préférence pour le présent d'une part et le taux de rendement de l'investissement, d'autre part. Les Robinsons procéderont à tous les investissements dont le taux de rendement sera supérieur ou égal à leur taux de préférence pour le présent, qui n'est que l'expression du prix en termes de consommation future du sacrifice de consommation indispensable à l'investissement. Or ces deux grandeurs fondamentales vont varier en fonction des communautés.

En utilisant les mêmes équipements, avec un état de l'art des connaissances identique, l'efficacité de chaque technique résultera de l'habileté et de la dextérité de chacune des communautés à les utiliser efficacement. Il est probable que des communautés soient plus à l'aise avec certaines techniques plutôt qu'avec d'autres. Ce sera notamment le cas des communautés pas suffisamment nombreuses pour fournir des ressources en main-d'œuvre suffisamment habiles pour tout type de technique. C'est exactement comme dans le sport : par le nombre de leurs habitants, les grands pays sont en règle générale mieux lotis dans tous les sports que les petits pays, qui pourront cependant être très forts dans certains sports particuliers. En passant d'une même technique de production 1 à une autre technique de production 2, certaines communautés, plus habiles à utiliser la technique 2 grâce à une main-d'œuvre adéquate, amélioreront bien plus leur efficacité productive que d'autres. Pour cette raison, qui tient à l'adresse intrinsèque, naturelle, de la main-d'œuvre, le taux de rendement du passage à une nouvelle technologie pourrait alors être radicalement différent entre les communautés.

Sa « culture de l'abstinence »

Mais, même à supposer que le passage à une même technologie dégage le même rendement dans les différentes communautés, le taux de préférence pour le présent les rend inégales dans leur développement. La valeur de la consommation présente en termes de consommation future varie en effet entre communautés en fonction de plusieurs de leurs caractéristiques intrinsèques et de leurs différences culturelles et sociologiques. Certaines communautés « percevront » moins durement la privation d'une unité de consommation parce qu'un tel sacrifice fait davantage partie de leur culture, alors que d'autres auront été éduquées à profiter davantage des instants présents. De plus, la préférence pour la consommation présente dépendra au niveau d'une communauté de la proportion d'enfants et de vieux : les premiers manifestent souvent une impatience naturelle et très souvent justifiée pour obtenir ce qu'ils demandent et les seconds refuseront de différer leur consommation même à un prix très élevé à l'approche du terme de leur vie. Le taux de préférence pour le présent d'une communauté sera ainsi d'autant plus élevé que la part des jeunes et/ou des vieux est importante.

Son niveau de développement

Enfin, la préférence pour le présent découlera de l'état de développement de chaque communauté : une communauté produisant et donc consommant déjà une plus grande quantité de biens par membre sera plus encline à accepter de reporter sa consommation qu'une autre communauté beaucoup moins développée, ayant un niveau de production, et donc de consommation, faible par individu. Il est toujours plus facile de réduire une consommation abondante qu'une consommation famélique. Le taux de préférence pour le présent sera ainsi d'autant plus petit que le niveau de vie de la communauté sera élevé.

Dans le cas de nos Robinsons pêcheurs, cela revient à dire qu'il sera d'autant plus coûteux d'accepter de se priver d'un poisson par personne et par jour que le volume de consommation, donc de pêche, est maigre. Prenons l'exemple d'une communauté qui, avec la technique de la ligne, assure la consommation de seulement 2 poissons par jour et par personne, alors que le besoin quotidien est de 3 : pour eux, le taux de préférence pour le présent est bien plus élevé que pour des Robinsons assurant les besoins journaliers de 3 poissons par jour et par personne. Le taux de préférence pour le présent d'une communauté est d'autant plus élevé que la communauté vit mal ou dans la pauvreté, et il est d'autant plus faible qu'elle vit dans l'abondance et la richesse matérielle.

Il s'ensuit que des Robinsons pauvres ne pourront adopter une technique dont le temps de fabrication des équipements est si long que le sacrifice en devient insupportable : avec un taux de préférence pour le présent très élevé, la privation de consommation sera en effet impossible à supporter. Or les techniques les plus productives utilisent les outils les plus lourds, aux temps de fabrication les plus longs : à cause d'un prix trop cher du présent, ces techniques seront inabordables pour les communautés qui ne se seront pas développées suffisamment auparavant. Elles ne pourront être mises en place qu'au fil du temps, une fois que le développement économique aura atteint un certain seuil, abaissant suffisamment le prix du présent pour la communauté.

Dans le cadre du développement de la pêche, par exemple, il est naturel que les Robinsons soient d'abord plus larges dans le volume de pêche par le biais de la technique de la ligne, avant de s'engager dans la fabrication du filet. Il ne leur sera pas possible de passer d'un processus de pêche peu productif, pêche directe ou pêche à la ligne primaire faiblement efficace, à la technique du filet parce que le sacrifice de consommation requis par la fabrication du filet leur sera tout simplement insupportable.

L'évolution vers des techniques de production plus productives, utilisant des équipements plus lourds, car plus longs à fabriquer, ne peut être que progressive, par le biais d'un cercle vertueux : sans brûler les étapes, dans un mouvement qui se perpétue, la mise en place de nouvelles techniques de plus en plus productives produira une amélioration progressive du niveau de vie qui, en abaissant le prix du présent, appellera par la suite d'autres investissements plus lourds mais plus productifs qu'il leur était auparavant impossible d'accepter.

L'épuisement des ressources de la « terre »

L'ÉPUISEMENT DES RESSOURCES NATURELLES

L'adoption de nouvelles techniques et la fabrication de nouveaux outils de production sont la réponse de l'homme aux limites imposées par sa force de travail mais aussi aux frontières de production définies par la nature, qu'il va chercher à sans cesse repousser. Nos pêcheurs Robinsons vont en faire l'expérience.

À force de pêcher près du rivage une centaine de poissons par jour par la technique du filet, nos Robinsons pêcheurs vont en effet épuiser les ressources en poissons proches du littoral. Pour continuer à satisfaire leurs besoins journaliers, ils vont devoir pêcher bien plus loin des côtes, dans des eaux plus profondes. Pour y amener leur filet, la communauté devra construire un bateau ou des bateaux : les équipements nécessaires pour assurer le même volume de pêche qu'auparavant seront alors bien plus lourds puisqu'ils incluront non seulement le(s) filet(s) mais aussi le(s) bateau(x). Cette fois-ci, la communauté accumule du capital, rajoute de nouveaux équipements à son activité de pêche, non pas pour augmenter sa capacité de pêche mais juste pour assurer la même quantité de production avec la même technique de base, face à l'épuisement des ressources naturelles.

Par conséquent, le seul moyen de pallier l'épuisement des ressources naturelles et de conserver ainsi sa capacité productive est l'utilisation d'équipements plus lourds, c'est-à-dire plus longs à fabriquer et donc plus coûteux, qui permettront d'explorer des zones ou des contrées plus lointaines, plus difficiles d'accès, encore inexplorées et donc aux ressources encore intactes. L'épuisement logique des produits de la terre (sol et mer), qui inclut ce que l'on qualifie de matières premières, impose la fabrication et l'utilisation d'équipements plus lourds non pas pour accroître la capacité productive mais bien pour éviter qu'elle ne baisse. Il est la conséquence de l'exploitation intensive de la terre par l'homme, causée, dans le cas que nous venons de décrire, par l'accroissement démographique (la taille de la communauté) mais qui peut tout autant être le résultat d'un développement économique soutenu conduisant à un niveau très élevé de la consommation par tête, correspondant ici à un très grand nombre de poissons consommés chaque jour.

À cause de ses ressources finies, la terre peut plonger les communautés dans des « crises de croissance » démographique ou économique : un essor économique ou démographique trop vigoureux peut être stoppé radicalement par l'épuisement des matières premières, avant de reprendre sous l'impact de nouvelles techniques d'exploitation qui demanderont auparavant des efforts d'investissement dans des équipements plus sophistiqués qui permettront d'exploiter les ressources naturelles dans des lieux encore inexplorés. La terre constitue dans le temps un obstacle à l'amélioration de l'efficacité par la taille et au phénomène de rendement d'échelle croissant. Elle est plus généralement même source de rendement d'échelle décroissant où l'accroissement de la taille de la production approchera la communauté de cette limite « naturelle ».

Pour repousser cette limite, l'homme investit sans relâche dans un nouvel équipement qu'il cherchera toujours à rentabiliser au maximum. Les pêcheurs pourront par exemple réduire le temps de pêche de la technique (filet + bateau) par rapport à la technique (filet seul) en se rendant dans les lieux les plus poissonneux. Les pêcheurs pourront également améliorer la qualité de leur pêche, en ramenant des poissons bien plus appréciés que ceux pêchés près du rivage, contribuant ainsi au mieux-être de la communauté. Cependant, se rendre dans tout lieu consommera de leur temps : ils devront alors chercher le meilleur compromis entre temps de pêche, qualité de la pêche et temps de déplacement. À eux de sélectionner, par leur expérience et leur apprentissage, le lieu qui optimisera le bien-être de la communauté et qui ainsi rentabilisera au mieux leur nouvelle technique de production, qui avait été imposée à l'origine par l'épuisement des ressources naturelles.

Cet exemple sur la pêche montre d'une manière générale que l'épuisement des ressources naturelles est susceptible de diminuer, plus ou moins fortement, plus ou moins brutalement, les capacités productives de l'homme : le seul moyen d'y remédier sera de fabriquer des équipements plus lourds qui permettront d'extraire des ressources dans des zones ou des contrées encore inexplorées.

Cela vaut pour la pêche de nos pêcheurs Robinsons, comme pour l'extraction de toute matière première dont les gisements s'épuisent par une surexploitation imposée par les nécessités de consommation : par exemple, comme pour nos Robinsons qui utilisent des moyens supplémentaires pour draguer des zones de pêche plus profondes, le pétrole peut nécessiter des techniques de production supérieures, pour découvrir et exploiter des nouveaux gisements de pétrole, encore inconnus, tout en allant chercher la ressource plus profondément dans la roche, sous terre ou sous mer.

Ou bien l'homme devra investir dans des moyens de substitution aux ressources vitales devenues rares : par exemple, il pourra utiliser les forces naturelles pour produire une nouvelle forme d'énergie, en remplacement d'un pétrole qui se raréfie, il pourra fabriquer des usines entières de dessalement de l'eau de mer pour produire une nouvelle eau potable qui commence à manquer à cause du réchauffement climatique, ou il pourra mener des élevages de poissons pour faire face à l'épuisement de certaines espèces. L'épuisement des ressources naturelles, qui rendra leur exploitation plus difficile, impose des investissements supplémentaires, de nouveaux équipements plus lourds, voire des nouvelles techniques de production fort différentes, capables de fournir de nouvelles ressources naturelles, repoussant sans cesse la limite naturelle imposée par les ressources de la terre. Toutes ces nouvelles techniques de substitution demandent la fabrication et l'installation de nouveaux équipements toujours plus lourds.

L'ÉPUISEMENT DU FONCIER

La superficie « fixe » des terrains constructibles qui accueilleront les logements et les bâtiments commerciaux (usines, entrepôts, commerces, bureaux) établit également des limites à la capacité productive. Car, à mesure que la population et ses besoins de consommation s'accroissent, la communauté aura besoin de toujours plus d'espace et de terrains pour vivre et pour installer des surfaces de travail accueillant des machines toujours plus volumineuses. On sait comment résoudre le manque de place au sol : construire des tours, ou trouver des modes d'organisation du travail qui réduiront la surface foncière nécessaire, comme l'*open space* dans les bureaux, ou trouver des techniques de production dont les machines qui leur sont associées sont moins volumineuses.

Il est toujours préférable pour l'homme d'atteindre les limites imposées par la terre le plus tard possible. En tout cas il lui sera indispensable d'en prévoir l'horizon, afin de ne jamais être pris au dépourvu : car, sans solution de substitution, l'atteinte de ces limites rompra brutalement la capacité productive de la communauté et fera plonger son bien-être.

D'une manière générale, l'adoption permanente de nouvelles techniques qui composeront avec les contraintes issues de la « nature » s'avère pour les communautés le seul moyen de développer perpétuellement le niveau de vie de leurs membres dans un contexte de pénurie structurelle des ressources issues de la terre et de ressources en main-d'œuvre : en augmentant l'efficacité productive du travail, compte tenu des contraintes imposées par la nature, on éloigne les frontières de production et on diminue la rareté de biens de consommation.

Le développement économique vertueux de la communauté par un mouvement perpétuel d'accumulation du capital

L'investissement dans une nouvelle technique repose sur une unique règle fondamentale : le taux de rendement est au moins égal à son coût, c'est-à-dire au taux de préférence pour le présent. En changeant de technique, la communauté devra d'abord investir de son temps dans la fabrication du nouvel équipement, plus lourd, plus sophistiqué, associé à la nouvelle technique utilisée : cet acte d'investissement provoque une baisse immédiate de consommation. L'investissement générera ensuite une hausse de la consommation future, que nous qualifierons de **plus-value** : l'investissement rapporte plus de paniers de consommation que ceux qu'il a initialement coûté. Pour être entrepris, l'investissement devra créer une plus-value supérieure au coût du sacrifice de consommation qui tiendra également compte de la valeur-temps de la consommation. Une unité de consommation immédiate n'est en effet pas équivalente à la même unité de consommation dans le futur mais lui est (bien) supérieure : les individus déprécient en règle générale les biens futurs parce que leurs besoins immédiats rendent coûteuse l'attente pour profiter des fruits de leur travail. En étant le coût de report d'une unité de consommation, le taux de préférence pour le présent exprime le coût d'un investissement pour la communauté. Il diminue avec l'élévation du niveau de vie qui permettra à la communauté d'investir dans un nouvel équipement plus lourd.

De ce fait, l'investissement dans de nouvelles techniques et de nouveaux équipements génère un mécanisme vertueux perpétuel d'enrichissement, de bien-être, de mieux-être et enfin d'abondance. Cette dynamique vertueuse investissement/accroissement de la capacité productive/moindre pauvreté/baisse du taux de préférence pour le présent/investissement représente le fondement du développement économique d'une communauté.

Avec comme seul objectif le mieux-être de leurs membres, chaque communauté doit alors savoir entretenir ce mouvement perpétuel d'investissement ou d'**accumulation de capital**, qui représente la dynamique fondamentale du développement économique : dans cette expression économique consacrée, le mot « capital » fait allusion à tout le capital productif utilisé, formé des outils et des équipements, et le mot « accumulation » fait référence à la mise en place incessante d'un capital toujours plus « lourd » qui nécessite un temps toujours plus long de fabrication, lié à des techniques de production plus productives.

En se développant par l'investissement dans des nouveaux procédés de production toujours « plus capitalistiques », qu'autorisera l'abaissement progressif du taux de préférence pour le présent, les communautés pourraient même idéalement finir par nager dans l'abondance, en réussissant à fournir tous les biens de consommation dont leurs membres ont besoin : elles choisiront alors d'allouer la plus-value de leurs investissements non pas à l'augmentation de leur consommation, mais plutôt à la réduction de leur temps de travail, afin d'accroître leur temps libre, leur temps de loisir, comme nous l'avons déjà évoqué.

Dans le « système naturel » ainsi décrit, le mieux-être perpétuel de l'homme ne peut buter que sur deux écueils : les limites imposées par la main-d'œuvre et celles imposées par la terre. Les communautés poursuivront l'accumulation de capital tant que leur ingéniosité et leur habileté leur permettront de trouver et de mettre en place des techniques de production plus productives qui compenseront le coût d'équipements plus longs à fabriquer. Un manque tout autant d'ingéniosité que d'habileté est susceptible d'enfermer une communauté dans un puits de pauvreté, qui, en rendant trop coûteux un effort d'investissement trop long et/ou insuffisamment rentable, empêchera le passage à la technique supérieure, plus productive. En ayant une vision optimiste de l'homme, empreint d'une

Figure I.1. Le cercle vertueux de l'investissement

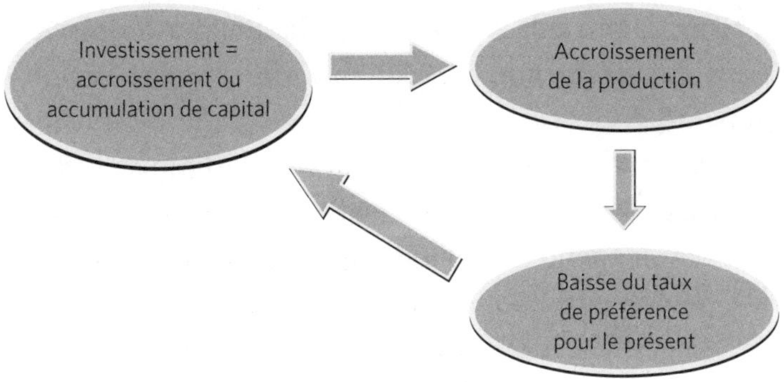

soif perpétuelle de progrès, de connaissance et de compréhension, la seule rupture de croissance et de bien-être ne pourra alors provenir que de l'atteinte des limites définies par les ressources fixes de la terre. C'étaient la vision et la crainte des économistes de la première moitié du XIXe siècle, que nous appelons les économistes classiques.

Les différents types de communautés : développées, émergentes, en développement

En reproduisant le même schéma évolutif de développement que pour l'activité de pêche, la communauté investira sans cesse dans de nouvelles techniques pour améliorer son efficacité productive et développer les biens de consommation nécessaires au bien-être de ses membres, en commençant par les plus **utiles**, ceux essentiels à leur survie et que l'on appelle les **produits de base**. Les communautés ont comme objectif de réduire le temps de production des biens de consommation de base, pour pouvoir fabriquer d'autres biens de consommation qui amélioreraient le bien-être de leurs membres. Une fois leur temps de production suffisamment réduit, la communauté aura du temps de travail disponible pour fabriquer d'autres biens de consommation, comme les vêtements, puis les biens d'équipement ménager et les biens de transport. Enfin elle s'attachera à développer les services liés aux loisirs qui seront une conséquence de l'enrichissement de la communauté.

Les différentes communautés, toutes motivées par l'atteinte de l'abondance et de la richesse matérielle, seront par conséquent à des stades de développement économique inégaux. Une communauté dont la production du secteur primaire et de produits de base de première nécessité reste insuffisante pour satisfaire les besoins de tous ses membres sera « pauvre ». Elle sera dite néanmoins « en développement » si son efficacité productive progresse.

Les communautés développées

À force d'**accumulation du capital**, d'ingéniosité et d'habileté, certaines communautés arriveront au stade où elles seront capables de produire tous les biens composant l'univers idéal de consommation de leurs membres. Dans une quête perpétuelle d'amélioration du bien-être des individus, cet univers de consommation s'enrichira au fil du temps de nouveaux biens, qui remplaceront des anciens ou qui viendront s'y ajouter.

Pour ces communautés, qualifiées de « développées », qui peuvent tout fabriquer, nous pouvons considérer que l'objet de leur production n'est plus un produit spécifique mais bien le panier de consommation idéal, qu'elles sont réellement capables d'offrir pour chacun de ses membres. Ce **panier de consommation type** sera composé des biens de consommation nécessaires à la satisfaction du bien-être des membres de la communauté en termes de nourriture, de vêtements, de logement, d'équipement pour la maison, de véhicule de transport, et de tout ce qui contribuera au bien-être des membres de la communauté au vu de l'état de l'art. Le panier type pourra se définir annuellement ou mensuellement, composé de chaque bien à hauteur des besoins estimés sur la durée choisie. Par exemple, si nos habitants ont besoin d'une nouvelle voiture tous les dix ans, le panier annuel sera composé de l'équivalent d'1/10 de voiture.

Quand les paniers de biens de consommation commencent à devenir abondants, la communauté pensera à utiliser l'amélioration de son efficacité productive à la réduction du temps de travail, c'est-à-dire à l'accroissement du temps dédié aux loisirs et aux services. Le mieux-être de la communauté se mesurera en termes d'accroissement tout autant de paniers de biens de consommation que de temps libre. Mais il n'aura qu'une seule et unique origine : les gains de productivité du travail.

Même « riches » matériellement, il n'en demeure pas moins que ces communautés souffrent toujours de pénurie : le manque de main-d'œuvre y traduira une production en quantité insuffisante de paniers de consommation types, qui intégrera biens mais aussi services directement liés à la progression des loisirs, afin de satisfaire l'ensemble des besoins de leurs membres. Comme les communautés en développement, elles restent des économies guidées par la réduction de la rareté : elles ont besoin de procéder à des investissements qui développeront leurs capacités productives mais dont les termes vont être bien plus simples à exprimer. Car, ici, la production et la consommation des différents biens et services se résument à la production et à la consommation d'un seul produit : le panier type de consommation, qui intégrera biens mais également services. Tous les actes d'investissement d'une communauté développée seront destinés à accroître sa capacité productive en paniers de consommation types. De même, le coût de l'investissement lié au sacrifice de consommation immédiate s'exprimera en termes de nombre de paniers types de biens de consommation dont la communauté a dû se priver pour fabriquer les biens d'équipement nécessaires.

La règle d'investissement acceptable pour la communauté demeure la même : le rendement de l'investissement doit être supérieur à l'abstinence subie. Néanmoins, dans ces communautés développées, tout investissement consistera à accroître la capacité productive en paniers de consommation et non en un bien spécifique. Par conséquent, les grandeurs à la base de la décision d'investissement, que sont le taux de préférence pour le présent et son taux de rendement, vont toutes s'exprimer relativement au panier type de consommation, et non relativement à un bien spécifique. Le coût de l'investissement pour la communauté se mesurera en termes de paniers de biens de consommation perdus durant la phase d'investissement. Une communauté où le taux de préférence pour le présent est de 20 % est une communauté où un panier de consommation immédiat équivaut à 1,2 panier de consommation dans un an. Pour elles, les termes de tout investissement en deviennent alors extrêmement simples à exprimer : tout investissement sera gagnant, rentable, donc réalisé par la communauté si le surplus de paniers types de consommation généré par les nouveaux équipements est plus élevé que le nombre de paniers de biens de consommation perdus durant la phase d'investissement en termes de consommation future.

Au total, le panier de consommation type s'imposera naturellement comme l'étalon de valeur de leur richesse matérielle, de leur niveau de vie, de leur développement économique et de leur bien-être : plus le nombre de paniers de consommation types fournis à chacun de ses membres s'approchera de « 1 », plus la communauté sera considérée comme riche et heureuse.

Les communautés émergentes

Nous avons distingué jusqu'ici deux groupes bien distincts de communautés de Robinsons : d'un côté, les communautés en développement qui ne sont toujours pas capables d'assurer tous leurs besoins élémentaires, mais qui améliorent leur efficacité productive même si elles sont très loin de pouvoir produire le panier type de consommation, et de l'autre les communautés développées qui auront acquis cette capacité à produire tout le panier de consommation type mais en quantité insuffisante. Entre ces deux extrêmes, nous pouvons définir un troisième type de communautés : les communautés émergentes qui sont capables d'assurer à tous leurs membres leurs besoins élémentaires, qui fabriquent une grande partie des autres biens de consommation nécessaires à leur bien-être mais sans être capables de tous les fournir à tous leurs membres. Ces communautés fabriquent en nombre largement insuffisant leurs paniers types de consommation, qui comportent encore peu de services, mais qui sont sur la bonne voie pour se rapprocher des économies développées.

Le parallélisme avec une nation, un État, un pays

Une communauté Robinson au nombre considérable d'individus n'est rien d'autre qu'un pays. Tout ce que nous venons d'écrire sur les communautés Robinson peut de ce fait être transposé à un pays, un État, une nation.

Ainsi, tout comme pour les communautés de Robinsons, tout pays se développe selon le même schéma précédemment décrit : dans ses premiers stades de développement, il étend d'abord son activité primaire tirée essentiellement de l'exploitation des ressources naturelles et notamment agricoles, puis secondaire, provenant majoritairement de l'industrie, et enfin tertiaire, avec la part grandissante des services.

En référence aux communautés décrites, les pays sont également décomposés entre les trois groupes précédents : les pays en développement pour lesquels une grande partie des biens de consommation manquent à la très grande majorité de la population, les pays développés qui ont la capacité de fournir le panier type de consommation avec un fort contenu en services et d'en pourvoir la majorité de leurs habitants, et les pays émergents qui fournissent le panier de consommation à une minorité d'entre eux, au faible contenu en services, tout en étant sur la voie de devenir des pays développés à un horizon qui peut être long, grâce à une dynamique de croissance forte et autoentretenue.

À l'image des communautés développées, la mesure standard adéquate de toute grandeur économique des pays développés sera le panier type de consommation, composé des produits types nécessaires à la satisfaction du bien-être de chaque habitant : bien vivre dans les pays développés ne signifie pas vivre dans le luxe mais se voir attribuer son panier type de consommation. C'est ce qui y fait du panier de consommation type une unité économique significative. Sa composition se modifiera faiblement chaque année puisqu'il sera constitué en général des mêmes types de produits, sauf si les habitudes de consommation de chacun changent radicalement suite à la création d'un nouveau bien de consommation révolutionnaire.

Plusieurs types de problèmes concrets peuvent s'élever à la constitution pratique de ce panier type pour établir des statistiques économiques mais tous peuvent être résolus. Pour chaque bien, on a notamment une variété de choix : dans ces conditions, comment définir le produit type qui rentrera dans le panier type ? Prenons l'exemple de la voiture : quel modèle de voiture intégrer dans le panier type ? Pour cela, on définira d'abord la gamme de voiture qui satisfait le bien-être de tout individu : au niveau de la communauté, on considérera que la voiture type pour chaque individu est une voiture compacte (petite voiture) ou une voiture du segment intermédiaire. Une fois cette définition acquise de la voiture type, pour prendre en compte la multiplicité de modèles dans le segment choisi, il suffira de faire une moyenne des consommations (= des achats, dirions-nous) de chacun de ces modèles qui sera représentative de la voiture type du panier type de consommation. Enfin, pour tenir compte de la taille des familles, on pourra définir le nombre de parts de voiture type supplémentaire nécessaires pour leur bien-être, pour un, deux, trois… enfants, en définissant un équivalent en voiture type des voitures des autres segments. Par un mode de construction simple, nous pouvons ainsi traiter la multiplicité des choix proposés aux membres de la communauté pour un même type de produit dans une économie. Pour tout pays développé, la définition et la construction d'un panier de consommation type, composé de biens types nécessaires au bien-être de chaque habitant, ne pose par conséquent aucun problème particulier en économie.

Pour les économies en développement et émergentes, nous pouvons également définir un panier type de consommation à tout instant, significatif des habitudes de consommation du moment de leurs habitants, mais il n'aura aucune valeur économique significative du bien-être absolu des habitants, puisque leur univers de consommation est tronqué en raison de l'incapacité du pays à produire et à offrir à la majorité ou à la totalité de ses habitants la palette des biens types qui satisferont leur bien-être. Le panier type à chaque instant sera l'expression non pas d'un libre choix des membres optimisant leur bien-être mais bien le résultat des contraintes qui pèsent sur les capacités productives : il sera le meilleur panier que les habitants pourront se procurer compte tenu des insuffisances productives du pays. Contrairement aux pays développés, sa composition sera fortement modifiée au fil du temps, au gré de l'amélioration de l'efficacité productive, pour se rapprocher du panier de consommation idéal désiré dans les économies développées.

Différentes notions économiques fondamentales

Mesure du revenu réel et de la richesse économique d'un pays : la production par tête

Les communautés produisent le maximum de biens de consommation pour satisfaire le bien-être de leurs communautés. En présence d'une variété de biens différents, les uns plus utiles que les autres, il est impossible de traduire le niveau de développement des communautés, dans une unité simple, pertinente et comparable, qui soit significative du bien-être et du niveau de vie de ses membres : il faudrait calculer une espèce d'utilité globale de tous les biens de consommation produits. Pour les pays développés, en revanche, les choses se simplifient grandement puisque leur production comme leur consommation se réalise en termes de paniers types de consommation, qui devient la mesure universelle et pertinente de leur développement économique et de leur bien-être. Nous dirons que le panier type de consommation constitue le **numéraire**.

En chaque instant, la production se mesurera en paniers types de consommation produits et le bien-être pourra s'évaluer en paniers de consommation types produits par membre. Ce faisant, la capacité productive de la communauté est sous-estimée puisque l'on ne tient pas compte de la main-d'œuvre accaparée sur le moment par la fabrication de biens d'investissement. Comment alors calculer une production globale en intégrant tout autant la production des biens d'investissement et des biens de consommation ? La production du secteur des biens de consommation pouvant se résumer à une production de « paniers types » donne une réponse pleine de sens pour la communauté.

Au vu de l'efficacité productive de la main-d'œuvre dans la fabrication de paniers de consommation, on peut connaître le nombre de paniers de consommation perdus par la mobilisation de la main-d'œuvre dans la fabrication de biens d'équipement (en considérant bien sûr la main-d'œuvre comme totalement homogène) : nous pouvons dès lors exprimer la production de biens d'équipement en termes d'équivalent de paniers de consommation types supplémentaires qui auraient pu être produits si cette main-d'œuvre avait été utilisée à la production de paniers de consommation. Les deux productions, celle de biens d'équipement et celle de biens de consommation, étant maintenant exprimées dans la même unité (en numéraire), on peut donner une mesure instantanée en volume de l'ensemble de la production d'un pays, exprimée en paniers de consommation types. Cette mesure est nommée en économie

revenu réel, parce qu'elle représente la production distribuée à la communauté. Revenu en volume (ou revenu réel) et production en termes de paniers de consommation ne sont que les deux faces d'une même pièce. Une telle mesure de la production globale est tout à fait comparable au **produit intérieur brut (PIB),** en volume, d'un pays, même si elle ne lui est pas complètement identique[1].

L'une des principales différences réside dans le numéraire que nous avons choisi, le panier de consommation type, qui n'est pas le numéraire du PIB. Le choix du panier type de consommation comme numéraire permet de relier directement production et bien-être. Il souligne en particulier le fait que chaque communauté aura sa propre composition du panier de consommation type qui sera significatif de sa propre définition du contenu du bien-être pour l'ensemble de ses membres. Il n'y a plus d'uniformisation du panier de consommation pour chacune des différentes communautés. Cette remarque est extrêmement importante lorsque nous aborderons plus loin la mondialisation et le libéralisme.

1. Pour la simplicité du propos, nous considérons ici que ces deux grandeurs sont identiques.

CHAPITRE 3

Épargne réelle, taux d'intérêt et sens de l'économie

Pour récapituler, sur une période donnée, que nous fixerons à l'année par exemple, la production totale, qui n'est autre que le revenu réel d'une nation, est répartie entre la production de paniers de consommation, qui à ce titre représentent la consommation sur la période, et la production de biens d'équipement qui représente l'investissement sur la période. Nous aboutissons aux égalités fondamentales suivantes, toutes exprimées en paniers de consommation types, le numéraire :

production totale = production de paniers de consommation
+ production de biens d'investissement.

Soit, puisque la consommation est l'équivalent de la production de paniers de consommation et que la production de biens d'investissement représente l'investissement de la communauté :

production = consommation + investissement.

Soit, puisque production = revenu (réel) :

revenu d'un pays = consommation du pays
+ investissement dans un pays.

Ou, si Y représente le revenu réel (donc également la production), C la consommation, et I l'investissement, chaque grandeur étant ici mesurée en termes de panier de consommation type :

$$Y = C + I$$

La notion d'épargne et le rapport avec l'investissement

Cette écriture va nous permettre d'introduire une grandeur économique fondamentale, l'épargne, qui est définie comme la partie du revenu qui n'est pas consommée :

épargne = revenu – consommation

Si S représente l'épargne de la communauté, alors S s'écrit :

$$S = Y - C$$

Par conséquent :

$$S = I$$

Apparemment, il n'y a rien d'extraordinaire dans cette égalité. Vu la façon dont elle a été construite, elle semble en effet exprimer une tautologie : la partie du revenu qui n'est pas consommée, qui est par définition l'épargne, représente nécessairement sur l'année la partie de la production qui n'a pas été consacrée à la production de biens de consommation, et qui n'est rien d'autre que la production de biens d'équipement, qui correspond bien à l'investissement.

Pour autant, cette égalité met l'accent sur une réalité économique fondamentale : épargne et investissement sont bien deux actes économiques très différents. Pour réaliser le second (un investissement), qui générera une consommation future plus élevée, il faut avant tout se résigner au premier : il faut accepter d'épargner et se priver de la jouissance immédiate d'une partie de ses revenus, afin de « financer » l'investissement, c'est-à-dire afin de dégager les ressources en main-d'œuvre suffisantes pour fabriquer les biens d'investissement et les outils. Ainsi, la règle d'accumulation du capital selon laquelle une communauté entreprendra et réalisera tous les investissements dont le taux de rendement sera supérieur voire égal au taux de préférence pour le présent, devient une règle de formation de l'épargne : pour investir il faut épargner, c'est-à-dire se priver de la jouissance immédiate de la production, et l'épargne ne se formera qu'à la condition que son taux de rémunération, le taux de rendement de l'investissement qu'elle financera, soit supérieur ou égal à son coût, soit au taux de préférence pour le présent.

Le taux d'intérêt

L'épargne, coûteuse pour le bien-être de l'individu, ne se constituera que si elle y trouve un **intérêt** qui réside dans le supplément de paniers de consommation, cette plus-value, que l'investissement promet.

Nous saisissons maintenant l'origine fondamentale économique du **taux d'intérêt**. Le tort et le préjudice que l'on subit en constituant une épargne demande « dommages et intérêts », payés par le supplément de paniers de consommation que l'on obtiendra dans le futur et que nous avons nommé la **plus-value de l'acte d'investissement** : l'intérêt, l'avantage, de constituer une épargne provient de la consommation future que l'on en tire, et qui dédommagera pour la consommation présente dont on a accepté de se priver. L'avantage de constituer une épargne est sa rémunération, consistant en la plus-value générée par l'investissement qu'elle a pu financer. L'épargne a généré un supplément de consommation grâce à l'utilisation du bien d'équipement dont elle aura financé la fabrication. Le taux de rendement de l'investissement constitue le taux d'intérêt d'une épargne.

La plus-value générée par l'investissement dans un nouvel équipement, que l'épargne aura financé, forme l'origine fondamentale de l'intérêt et du taux d'intérêt en général dans un système économique. L'élévation du niveau de vie qui abaisse le taux de préférence pour le présent diminuera les exigences de rendement d'une épargne ainsi que le taux d'intérêt. Le taux d'intérêt sera d'autant plus bas que la communauté est développée.

L'amélioration du niveau de vie qui découle de tout investissement abaissera le prix du présent et rendra l'épargne moins

Figure I.2. Le développement vertueux d'une communauté

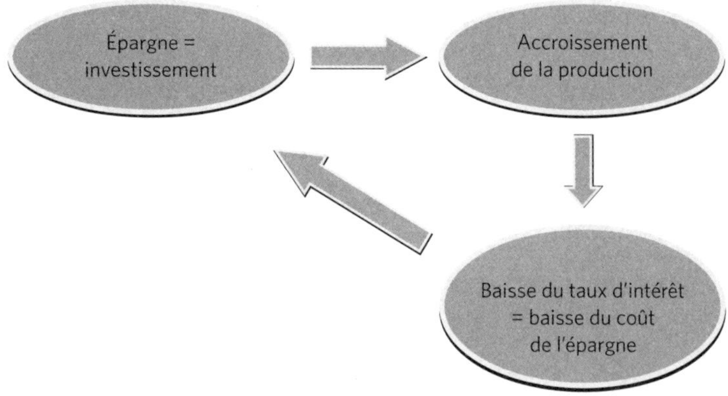

douloureuse, permettant l'adoption de nouvelles techniques plus lourdes en capital, on dit plus capitalistiques, où la masse de capital utilisé par travailleur sera plus massive. De ce fait, le cercle vertueux du développement économique que nous avons décrit et qui s'appuie sur l'abaissement perpétuel du taux de préférence pour le présent se ramène à un cercle vertueux de l'épargne : grâce à une épargne initiale, on investit, élevant le niveau de vie de la communauté, et l'abaissement du coût de l'épargne qui en découle permettra d'investir dans du nouveau capital. La culture de l'épargne enclenche ainsi dans chaque pays un processus dynamique perpétuel de développement économique.

Graphique d'équilibre épargne/investissement

En connaissant les taux de rendement de tous les investissements qui peuvent être réalisés et en les classant en fonction de leur efficience décroissante, ceux les plus fructueux seront les premiers à être réalisés et les moins fructueux les derniers, la communauté investira dans toutes les techniques dont le taux de rendement sera supérieur au taux de préférence pour le présent. En considérant que par sa connaissance l'homme a potentiellement accès à un ensemble de techniques dont les rendements forment un continuum (pour tout taux de rendement désiré, on trouvera une technologie adéquate), le taux de préférence pour le présent représentera le taux de rendement des investissements ultimes : dans la liste des investissements, les suivants ne seront pas acceptables puisque leurs rendements seront trop faibles pour compenser le coût de l'épargne. Au dernier investissement, le dommage subi en épargnant sera exactement égal à l'intérêt d'épargner.

Le taux de préférence pour le présent de la communauté est le taux qui est à l'intersection des courbes de I et S. Ce taux est le taux d'intérêt d'équilibre de la communauté. Suite à l'accroissement de la production (à population constante), qui passe de Q à Q', l'épargne est plus importante et la courbe de l'épargne se déplace vers la droite : le taux d'intérêt diminue.

Graphique I.1. l'équilibre épargne/investissement

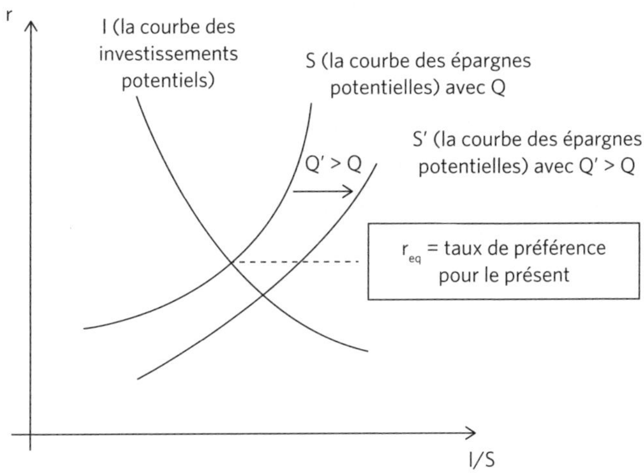

Le coût d'entretien du capital productif

En convertissant comme nous l'avons fait l'ensemble de la production de biens d'équipement en paniers de consommation (perdus), nous pouvons estimer la **production potentielle** totale en paniers de consommation que la communauté est capable de produire. Cette production rapportée au nombre de membres de la communauté définira la mesure du niveau de vie de la communauté.

Il nous faut cependant tenir compte d'un paramètre que nous avons pour l'instant négligé : le coût d'entretien du capital. Car, si l'installation d'un nouveau capital est coûteuse, le maintien de sa capacité productive l'est tout autant. Pour conserver la capacité productive d'un outil de production, il faut l'entretenir et le remplacer si besoin est, sinon il perdra toute son efficacité. Dans le cas de nos Robinsons pêcheurs, si le filet s'use en un an, il devra être remplacé tous les ans pour garder toute son efficacité et conserver la capacité de pêche par la technique du filet : il faudra par conséquent chaque année fabriquer un nouveau filet pour conserver la même capacité de pêche, par la technique du filet. Pour maintenir sa capacité productive et pouvoir continuer à profiter pleinement de la technique utilisée, la communauté devra se priver nécessairement tous les ans de tout autant de consommation de poissons à cause du temps accaparé par la fabrication du filet de remplacement. Compte tenu de son coût de remplacement, en termes directs de consommation, la communauté a cependant tout intérêt à maintenir le filet en état de fonctionnement le plus longtemps possible, en l'entretenant régulièrement. L'entretien aura comme conséquence de rallonger la durée de vie du filet, qui de toute façon finira par être remplacé.

Les outils, les machines-outils industrielles, qui permettent la fabrication de paniers de consommation, partagent exactement le même type de fonctionnement : comme une voiture, tout capital productif devra être régulièrement entretenu pour le maintenir en bon état de fonctionnement, et devra au bout de quelques années d'utilisation être *in fine* remplacé par une nouvelle génération, un nouveau millésime, afin au moins de conserver la pleine efficience productive de la technique utilisée, ou au mieux de l'améliorer par un outil qui ne change pas fondamentalement la technique utilisée mais qui sera plus performant. De toute manière, afin de garder le même niveau de production de paniers de consommation, l'entretien et le remplacement des machines sont indispensables, accaparant ainsi régulièrement une partie de la main-d'œuvre. Le capital installé n'est pas éternel : la production « consomme du capital ».

Le revenu significatif du stade de développement économique d'un pays n'est alors pas tout à fait traduit par la production totale par tête. Parce que le processus de production consomme du capital, toute une partie de la main-d'œuvre devra être utilisée au seul maintien du niveau du capital, qui permettra de maintenir le niveau de production en paniers de consommation. Il faudra alors retrancher de la production totale la part qui est destinée à la reconstitution du capital usagé, qui aura été en fait consommé. En d'autres termes, seule la production assurée par la main-d'œuvre en dehors de celle utilisée au maintien nécessaire du stock de capital sera significative du niveau de développement et de richesse économique d'une nation.

La production à prendre en compte doit être de ce fait nette de la **consommation de capital** :

production globale – production destinée
à maintenir le niveau de capital =
production totale nette du coût d'entretien
et de remplacement du capital =
production globale – consommation de capital

Par conséquent, parce que la consommation de capital représente la masse de paniers de consommation dont on se prive pour maintenir la capacité productive de paniers de consommation à partir de la technique utilisée, la mesure significative du niveau de vie sera la production nette de consommation de capital, rapportée au nombre d'habitants.

Évolution du capital

Chaque investissement rajoute du nouveau capital, mais compte tenu de l'**obsolescence du capital** déjà installé, le capital net supplémentaire de la communauté sera égal à l'investissement réalisé diminué de la consommation de capital, ce que nous nommons investissement net. Soit, si K représente le capital :

ΔK (accroissement de capital) =
Investissement – consommation de capital =
investissement net

Cette consommation de capital revient à un certain taux d'obsolescence du capital sur sa durée de vie. Si on considère que les machines utilisées par la technique choisie doivent être remplacées au bout de cinq ans, on considérera que le taux d'obsolescence est de 20 % : en d'autres termes, la **consommation de capital** revient chaque année à diminuer la capacité effective du capital de 20 %, qui demande par conséquent le remplacement de 20 % de la masse du capital afin de conserver la pleine puissance productive des machines. Telle est la manière dont l'usure du capital est exprimée et sera prise en compte par la communauté pour son développement économique. Au total, le stock de capital évoluera selon :

ΔK (accroissement de capital) =
$I - \delta * K$ où δ représente le taux d'obsolescence du capital

Signification et sens de l'économie

Comme nous l'avons précédemment décrit, afin de développer le bien-être de sa population, tout pays devra sans cesse repousser les limites imposées par la force de travail, tout en prenant en compte les contraintes issues de la terre. Pour cela, il devra implémenter perpétuellement de nouvelles techniques, qui amélioreront l'efficacité productive de la force de travail : elles nécessiteront un investissement dans la fabrication d'un nouveau capital qui a cependant un coût parce qu'elle demande la constitution d'une épargne, dont le prix est le prix du présent.

Toute communauté doit finalement savoir gérer au mieux la rareté de trois éléments en sa possession afin de dégager le maximum de production et de décupler la puissance productive par l'investissement : la rareté de la terre, dont la quantité disponible de ressources naturelles et de superficies foncières est sur le très long terme fixe, voire décroissante à cause de la place gagnée par les eaux, la rareté de la main-d'œuvre, dont la force de travail disponible pour la production d'un panier de consommation est fixe compte tenu de la population, et enfin la rareté de l'épargne, traduite par le prix du présent, dont la quantité disponible peut seule financer un nouveau capital productif. Le capital productif englobe tout autant les biens d'équipement, les outils, les machines, que les bâtiments qui les abritent.

Le mot « économie » prend alors tout son sens. Les Grecs ont forgé le mot économie (grec ancien : *οἰκονομία*) à partir du mot οἶκος (*oïkos*), signifiant « la maison » en tant qu'unité, et *νόμος* (*nomos*), qui a deux sens, celui de gérer, d'administrer et de partager mais aussi celui d'ordre, de loi, de norme. Nous adoptons ici le premier sens, même si le second aura plus loin toute sa signification. L'économie consiste ainsi en la gestion et l'administration des ressources productives **rares** de la maison, qu'elle va chercher à intégrer au mieux aux fins du bien-être et du mieux-être de ses membres. Les Grecs ont alors adjoint au terme « économie » le qualificatif de « politique », pris ici dans son sens étymologique : en Grèce antique, la **polis** (en grec ancien **πόλις**/*pólis*) est la « cité », l'équivalent de *civitas* dans l'étymologie latine, et comme le formulait Aristote, la cité est une communauté de membres (« d'animaux politiques ») réunis par un choix de vie commune (*Politique*, 1252-1254). La cité-État grecque illustre parfaitement notre communauté. En d'autres termes, l'économie politique désigne la gestion et l'administration des ressources rares par toute communauté, tout pays ou toute nation qui partage un choix de vie en commun, afin d'optimiser le bien-être de ses membres. Il n'y a rien de « politique » là-dessous au sens où on l'entend aujourd'hui : il n'y a aucune référence aux rapports d'un gouvernement avec son opposition, ni à une lutte autour du pouvoir, ni à une théorie portant sur le gouvernement et le type de pouvoir qu'il doit exercer. Compte tenu du sens maintenant péjoratif du mot « politique », qui désigne selon D'Alembert l'art de tromper les hommes, nous emploierons dans tout le livre le terme simplement d'« économie », la science économique affranchissant la pensée économique de tout lien avec une quelconque idéologie ou doctrine. L'économie est la science de la gestion optimale des ressources, toutes rares, au profit du mieux-être de la communauté.

CHAPITRE 4

Les différentes formes du progrès technique

La production de biens/paniers de consommation dépend de trois **facteurs de production** : les limites imposées par les éléments naturels (ressources naturelles, foncier) que nous symbolisons par la terre, que nous notons T, le capital productif physique, noté K, que l'on peut accroître grâce à l'épargne, et la main-d'œuvre disponible notée N. La communauté cherchera ainsi à combiner de manière optimale ses ressources dans ces trois facteurs de production afin de produire le maximum de paniers de consommation.

La combinaison optimale des trois facteurs de production dans l'objectif de produire le maximum de paniers de consommation représente l'**état des techniques** ou ce que l'on nomme l'**état de l'art** (des techniques de production). Cet état de l'art peut être représenté de façon simplifiée par la production maximale de paniers de consommation que l'on peut tirer à partir des trois facteurs de production T, K, N que la communauté possède. On peut caractériser la production maximale par une fonction simple : $Q = f(K, N, T)$. Cette écriture ne signifie rien d'autre qu'à partir de la masse K de capital productif installé, de la terre T détenue (= ressources naturelles), et de la main-d'œuvre disponible N, la communauté pourra produire Q paniers de consommation, compte tenu des techniques connues, symbolisées finalement par la fonction f. Cette fonction symbolise la production maximale de paniers de consommation que la communauté pourra tirer à partir des facteurs de production à sa disposition, compte tenu de l'état connu des techniques. Cette fonction définit bien la production de la communauté de manière univoque à partir de ses ressources en main-d'œuvre, en terre, et en capital productif, au vu des techniques connues.

Puisque T est fixe, déterminé par l'état des ressources naturelles, de même que N l'est par l'état de la main-d'œuvre disponible, on peut même dire que la production dépend de manière univoque du capital physique productif, à état des techniques donné. De ce fait, afin d'augmenter sa production de paniers de consommation et donc afin d'améliorer son bien-être, la communauté cherchera à intégrer toujours plus de capital dans les techniques de production, à état de l'art donné, autrement dit à la fonction f donnée : pour son mieux-être, la communauté n'a pas d'autre choix que l'accroissement de la masse de capital qui démultipliera sa puissance productive, à état de l'art donné. Pour la fabrication de tout bien de consommation comme pour la fabrication du panier type de consommation, la communauté s'engagera dans des techniques de production toujours plus capitalistiques où chaque travailleur utilisera une masse de capital physique productif toujours plus lourde, comme dans l'exemple de nos pêcheurs qui sont passés de la technique de la pêche à la ligne à celle de la pêche au filet.

De façon illustrative, l'évolution normale du développement d'une communauté verra K/N (le capital productif par travailleur), qui désigne l'« intensité capitalistique », augmenter par l'extension de K. L'accroissement de la masse de capital par travailleur n'est en fait rien d'autre que l'illustration de l'automation dans le secteur industriel : de la même façon que la communauté utilisera un nombre croissant de machines industrielles dans la fabrication de chaque produit afin d'améliorer sa capacité productive en paniers types de consommation, synonyme de mieux-être, une usine introduira une masse toujours plus grande de machines. Les machines sembleront remplacer l'homme alors qu'elles n'auront pas d'autre but que de développer sa puissance productive.

Pour son mieux-être, la communauté n'aurait ainsi pas d'autre choix que d'accumuler du capital productif et d'installer un capital toujours plus lourd, à état des techniques donné. La hausse de l'intensité capitalistique, ou du capital par travailleur, a néanmoins ses limites, conséquence de la rareté de l'épargne : l'investissement dans la fabrication d'un supplément de capital et l'entretien du capital sont coûteux pour le bien-être de la communauté puisqu'ils exigent une épargne d'autant plus importante.

Pour limiter ce coût, la communauté cherchera alors à enrichir son état de l'art des techniques de production : elle cherchera à améliorer la fonction de production f. La communauté recherchera perpétuellement une amélioration des techniques de production qui permettra de produire davantage avec la même terre, la même main-d'œuvre, mais aussi avec la même quantité de capital. En d'autres termes, alors que l'état des techniques était précédemment caractérisé par la fonction de production $Q = f(K, N, T)$, le nouvel état des techniques sera caractérisé par une fonction de production supérieure $Q' = g(K, N, T) > Q = f(K, N, T)$. Cet enrichissement de l'état de l'art prend la forme d'une fonction de production supérieure. C'est ce que nous appelons le **progrès technique**.

Le développement économique de la communauté s'appuiera dès lors sur deux piliers complémentaires : l'accumulation du capital, qui demande de nouvelles épargnes de la part de la communauté, et le progrès technique, qui désigne le passage à une nouvelle technique de production qui améliorera la capacité productive de la main-d'œuvre mais sans nécessiter pour autant aucun ajout de capital et donc aucune nouvelle épargne supplémentaire.

Il y a deux types de progrès technique. Le premier porte sur le travail : il résulte d'un nouveau mode de travail, plus efficace, sur le capital déjà installé. Le second sur le capital : il résulte celui-ci de l'installation d'un nouveau capital plus puissant ou plus efficace que l'ancien, qui ne nécessitera néanmoins aucune épargne supplémentaire pour le fabriquer. Nous allons tout de suite illustrer ces deux types fondamentaux de progrès technique.

Progrès technique sur le facteur « travail »

Dans le cas de nos Robinsons pêcheurs, nous avons abordé les trois formes de progrès technique sur le travail : l'optimisation par l'apprentissage, l'amélioration de l'organisation du travail en équipe, et enfin la spécialisation, qui développent toutes, par modification du mode de travail individuel ou collectif, la capacité productive du travailleur sur le capital déjà existant. Nous avons déjà décrit les deux premières, mais nous avons à peine abordé la troisième que nous allons plus longuement analyser ici.

La **spécialisation** consiste à concentrer le travail d'un homme sur un type de tâche particulière pour laquelle sa compétence est la meilleure. Elle peut être la conséquence d'une amélioration antérieure de l'efficacité productive qui aura réduit auparavant le nombre de personnes devant assurer cette tâche. Par exemple, dans le cas de l'activité de pêche de nos Robinsons, la réduction antérieure dans un rapport de 5 du nombre de pêcheurs de la pêche à la ligne a permis par la suite de n'en conserver que les meilleurs : l'optimisation de l'organisation du travail entraîne une spécialisation encore plus poussée de l'activité. En général, la spécialisation revient à diviser le travail en différentes fonctions ou tâches spécifiques pour attribuer chacune d'entre elles à ceux ou celles qui détiendront les plus grandes habiletés pour les assurer. Elle est par conséquent d'autant plus applicable et utilisée que le nombre de travailleurs disponibles est élevé : parce qu'elle étend les possibilités de spécialisation, l'accroissement de la population active est source de progrès technique économisant du travail.

Il faut souligner à ce stade que les atouts de la spécialisation du travail ne sont pas l'apanage du capitalisme. Marx avait magnifiquement disséqué la fabrication industrielle d'une épingle en une cinquantaine d'opérations distinctes, attribuées toutes à des travailleurs différents. Mais il n'a pas fallu attendre le fordisme ni la révolution industrielle du XIXe siècle pour que l'homme réalise tous les avantages qu'il pouvait tirer de la division du travail. Les philosophes grecs les avaient déjà assimilés, il y a plusieurs millénaires. Le philosophe et chef militaire grec Xénophon (430 av. J.-C.-355 av. J.-C.), connu des hellénistes pour sa célèbre épopée l'*Anabase*, est l'auteur d'un des premiers traités consacrés à l'économie. Dans un passage d'une de ses œuvres historiques, la *Cyropédie*, qui est une biographie romancée de Cyrus le Grand, il décrit déjà les bienfaits de la spécialisation :

« Les métiers sont pratiqués avec plus d'art dans les grandes villes. Dans les petites villes, en effet, ce sont les mêmes artisans qui fabriquent le lit, la porte, la charrue, la table et qui bâtissent même souvent la maison, bien heureux encore, si avec tant de métiers, ils trouvent assez de clients pour les nourrir. Or il est impossible qu'un homme qui fait plusieurs métiers les fasse tous parfaitement. Dans les grandes villes, au contraire, où beaucoup de gens ont besoin de chaque espèce de choses, un seul métier suffit pour nourrir un artisan, et parfois même une simple partie de ce métier : tel homme chausse les hommes, tel autre, les femmes ; il arrive même qu'ils trouvent à vivre en se bornant, l'un à coudre le cuir, l'autre à le découper, un autre en ne taillant que l'empeigne, un autre en ne faisant autre chose que d'assembler ces pièces. Il s'ensuit que celui qui s'est spécialisé dans une toute petite partie d'un métier est tenu d'y exceller » (*Cyropédie*, Livre VIII, chapitre 2).

Même l'ex-bloc communiste d'Europe de l'Est avait assimilé les atouts de la spécialisation : chacun des pays satellites de l'ex-URSS était destiné à détenir et à entretenir certaines spécialisations, se répartissant ainsi la fabrication des produits industriels mais aussi des différentes spécialités médicales. Aujourd'hui, la mondialisation, en ouvrant le secteur productif sur l'ensemble de la population de la planète, a poussé au développement considérable de la spécialisation dans le secteur industriel : le process de production d'un bien est décomposé en plusieurs phases qui sont réparties entre différents pays à travers le monde, chacun étant choisi en fonction de la capacité de sa main-d'œuvre à exceller dans la partie du process et/ou des composants qui lui est attribuée.

Nous pouvons illustrer le progrès issu de la spécialisation par un nouvel état de l'art, autrement dit par une nouvelle fonction de production g telle que : $Q = g(N, K, T) > f(N, K, T)$, où f désigne l'ancien état de l'art, N la main-d'œuvre disponible de la communauté et T les ressources naturelles de la communauté. Le capital productif utilisé est exactement le même mais la spécialisation a juste permis de l'utiliser plus efficacement. Il s'agit bien d'un progrès technique sur le travail : en répartissant le processus de production entre les mains les plus habiles, le nombre de paniers de consommation produits progresse sans que la communauté n'ait besoin d'accroître la masse de capital productif.

L'apprentissage produit les mêmes résultats : l'amélioration de l'acte productif par l'apprentissage est bien également le fait d'un progrès technique sur le travail. Enfin, la réorganisation du travail en équipes, qui réduira le nombre de travailleurs accaparés par la production des paniers de consommation, est aussi une forme de progrès technique sur le travail, différente néanmoins des deux autres : elle permettra de développer la fabrication de paniers de consommation après avoir fabriqué le capital productif nécessaire par la main-d'œuvre rendue disponible suite à la réorganisation. Le capital productif de la communauté augmente dans un second temps, mais sans demander d'effort d'épargne supplémentaire, sans demander à la communauté de se « priver » pour fabriquer ce supplément de capital puisque cette tâche sera assurée par une main-d'œuvre disponible. Spécialisation, apprentissage et réorganisation du travail en équipes constituent les formes fondamentales de progrès technique sur le facteur travail : grâce à un nouveau mode de travail plus intelligent, plus adroit, elles améliorent la capacité productive de l'homme sur le même type de capital utilisé.

Le progrès technique sur le travail d'une part et l'automation d'autre part apparaissent dès lors comme deux moyens radicalement différents d'améliorer la productivité du travail : contrairement au progrès technique sur le travail, l'automation passe par l'accroissement direct de la masse de capital productif et du nombre de machines industrielles, qui demande un nouvel effort d'épargne pour les fabriquer.

Progrès technique sur le capital

Sous des apparences d'aussi grande simplicité que le progrès technique sur le travail, la notion de progrès technique sur le capital est bien moins aisée à assimiler et à comprendre, y compris pour ceux qui ont étudié et pratiqué l'économie de longue date. La raison essentielle tient en particulier à son absence d'illustration concrète, si ce n'est une qui n'est pas pour autant sa forme fondamentale, et que nous aborderons plus loin.

Pourtant, sa définition apparaît extrêmement claire à la lumière de la définition du progrès technique que nous avons donnée. Quand il porte sur le capital, le progrès technique désigne clairement une amélioration de la production issue d'une nouvelle technique de production non pas en utilisant le même capital productif comme dans le cas du progrès technique sur le travail, mais bien cette fois-ci en utilisant un nouveau capital, qui ne nécessite néanmoins aucune nouvelle épargne pour être fabriqué. Le coût en épargne de ce nouveau capital est identique à celui de l'ancien mais il permet à la même main-d'œuvre de produire davantage. Relativement à l'ancien résumé par la fonction f où $Q = f(N, K, T)$, le nouvel état de l'art pourrait alors être résumé par $Q' = g(N, K', T) > f(N, K, T)$ où $K' = K$. Le capital utilisé dans le processus de production n'est plus le même mais il représente la même masse d'épargne nécessaire pour le fabriquer.

Afin de l'illustrer de façon très concrète et d'en appréhender sa réelle signification, nous allons commencer par réduire le capital productif aux machines industrielles utilisées dans la fabrication de biens dans une usine, pour ensuite l'élargir et intégrer tout le capital productif utilisé par la communauté pour produire et distribuer les paniers de consommation à ses membres.

Progrès technique sur le capital : développement de la puissance du capital

DÉVELOPPEMENT DE LA PUISSANCE DE LA MACHINE INDUSTRIELLE

À l'image du progrès technique sur le travail qui permet d'améliorer la puissance productive du travail sans changer de capital, le progrès technique sur le capital accroît la puissance productive du travail sans accroître le capital, ni même *a priori* modifier le mode de travail, ni dans son intensité, ni dans la tâche qu'on lui demande, ni dans son organisation. L'homme n'aurait ainsi strictement rien à faire pour bénéficier d'un progrès technique sur le capital, comparable à une espèce de manne qui tombe du ciel. Nous allons l'illustrer par un exemple très concret issu de l'utilisation par tout individu d'une machine spécifique pour réaliser un acte de production individuel, qualifié de « ménager » : le robot de cuisine. Si, par un progrès technique quelconque, le même robot, d'une nouvelle génération, tourne deux fois plus vite, alors, en utilisant la même technique, en fournissant le même type d'effort à chaque seconde, l'homme mettra deux fois moins de temps pour réaliser la même tâche, battre ses blancs en neige par exemple. En améliorant la vitesse « de rotation » du robot, on décuple sa puissance et on diminue ainsi le temps de la tâche ménagère.

Le décuplement de la puissance d'une machine industrielle utilisée dans une usine pour la production d'un bien quelconque a les mêmes effets : une même machine d'une nouvelle génération, qui remplacera simplement l'ancienne sans être plus chère pour la communauté (autrement dit qui ne prendra pas plus de temps à fabriquer) et dont la vitesse de rotation aura doublé, verra sa puissance productive multipliée par deux. C'est cette nouvelle machine qui permettra aux travailleurs, dont c'est l'outil de production, de produire la même quantité de marchandises en deux fois moins de temps, tout en délivrant les mêmes type et mode de travail. La tâche de travail n'est en rien modifiée, ni durant la fabrication de la machine, ni durant son utilisation : la nouvelle génération de machines plus puissantes réalisera la même production deux fois plus rapidement en ne changeant rien au mode d'utilisation et d'implication de la main-d'œuvre. L'accroissement de la production provient d'un nouveau capital plus puissant : il s'agit bien d'un progrès technique qui porte sur le capital et non sur la main-d'œuvre.

Il se peut que si dans l'ancienne génération 10 machines assuraient toute la production d'une usine, avec la nouvelle génération, seules 5 machines seront suffisantes : dans ce cas, pour la même production, le nombre de machines sera divisé par deux. L'usine produira la même production avec deux fois moins de travailleurs. Les travailleurs qui produisaient à partir des 5 machines supprimées deviennent alors disponibles soit pour une production supplémentaire à partir de nouvelles machines que l'usine devra s'approprier, soit pour d'autres tâches au profit de la communauté. Au niveau de l'usine, la réduction du nombre de travailleurs, conséquence directe du développement de la puissance de la machine, peut laisser croire que c'est encore la machine qui a pris la place de l'homme. On dira que c'est à cause de l'automation. Ce constat n'en est pas moins faux.

Car c'est oublier que l'automation implique un accroissement de la masse de machines par travailleur, ce qui n'est absolument pas le cas ici puisque ce progrès technique ne modifie pas le nombre de machines par homme : l'intensité capitalistique, mesurée par le nombre de machines par homme, reste identique. Comment parler d'automation, alors que le nombre de machines a tout autant été réduit que le nombre de travailleurs ?

Ce progrès technique sur le capital apparaît même assurément comme le progrès technique le plus bénéfique pour le bien-être de l'homme : l'amélioration de l'efficacité productive du travail, qui se traduit par un doublement de la production de marchandises par heure, ne demande aucun effort supplémentaire aux travailleurs qui ne modifieront rien à leur mode de travail. Elle débouche sur un accroissement de la quantité produite sans aucun effort supplémentaire de la part de l'homme. Qui serait défavorable à une telle diminution du temps d'effort de celui ou celle qui vous préparerait délicatement un gâteau que vous adorez ?

DÉVELOPPEMENT DE LA PUISSANCE DE LA MACHINE MACROÉCONOMIQUE

Pour l'ensemble du système productif qui assure la fabrication de tous les paniers de consommation pour les membres de la communauté, le mécanisme est exactement le même que pour une simple usine. L'augmentation de la vitesse de rotation de la « machine industrielle globale », définie par le regroupement de toutes les machines industrielles que les travailleurs utilisent pour produire les paniers de consommation et satisfaire le bien-être de la communauté, accroîtra directement la capacité productive de la main-d'œuvre, sans que la communauté ne fasse quoi que ce soit d'autres, sans que les travailleurs ne produisent un quelconque effort supplémentaire. Le progrès technique sur le capital semble ainsi très facile à comprendre.

Mais dans nos systèmes économiques, le capital productif ne se limite pas à des machines industrielles, parce que le système productif ne se limite tout simplement pas à l'usine de production des paniers de consommation. La notion de « capital productif » au niveau global est bien plus diffuse que le capital productif d'une usine. Le capital productif au niveau global est multiforme si bien que les formes de démultiplication de la vitesse de rotation de l'ensemble du capital productif en deviennent beaucoup plus abstraites. Le développement de la puissance de la machine industrielle qui fabrique les biens de consommation y participe sans être exclusif, tant s'en faut.

Car le process global économique du panier de consommation commence par la sphère industrielle et finit par la « distribution » à la communauté. Dans un système économique tel que le nôtre, la production et la distribution du panier de consommation sont attribuées à des entités séparées. Le système productif d'un pays, ou du monde, est en fait formé d'une usine, d'un entrepôt et d'un hypermarché, tous trois de taille gigantesque. L'usine produit les biens de consommation regroupés en paniers de consommation types, que l'entrepôt stocke avant que l'hypermarché ne les distribue aux individus. C'est cette représentation qui illustre le circuit économique du panier de consommation incluant toutes les étapes, de sa production jusqu'à son arrivée chez les différents membres de la communauté.

Dans ce système, l'ensemble du capital productif ne sera plus uniquement représenté par les machines industrielles qui servent à produire les différents produits qui composent le panier de consommation dans l'usine. Il inclura aussi d'autres catégories de biens d'équipement qui découlent de cette organisation du circuit productif et distributif, et qui doivent également satisfaire aux impératifs d'échanges entre les différentes unités du processus de production. L'usine, l'entrepôt, l'hypermarché doivent échanger entre eux des marchandises d'une part et de l'information d'autre part : les biens d'équipement vont alors intégrer tous les moyens de transport qui servent à véhiculer les marchandises d'une entité à l'autre, mais aussi toutes les machines qui traitent et échangent de l'information entre les différentes entités, et que sont par exemple les ordinateurs. Pour que le système fonctionne correctement, il faudra que les différentes entités échangent des informations afin que chacune d'elles renseigne celle située juste en amont sur le rythme d'écoulement des paniers de consommation et sur son besoin en nouvelles marchandises et afin que l'usine décline cette information à ses différentes chaînes de montage et d'assemblage.

Parce que l'acte élémentaire originel de production industrielle est devenu dans notre système économique un acte « productif global », associant production industrielle, mais aussi transport, entreposage et distribution, parce que le processus de production du panier de consommation est éclaté entre différentes unités de production, la machine industrielle, que représente l'outil industriel de l'usine, est maintenant remplacée par une machine globale, que nous qualifierons de « machine (macro)économique », et qui intègre toutes les machines-outils de l'usine gigantesque de production, mais aussi tous les moyens de transport et tous les moyens de traitement de l'information entre les différentes entités responsables de l'acte de production/distribution du panier de consommation. Par conséquent, par allégorie de la machine industrielle dont le décuplement de la puissance de rotation est l'expression par excellence du progrès technique du capital, toute amélioration dans la vitesse de rotation de la machine (macro)économique sera un progrès technique sur le capital « macroéconomique ».

Le progrès technique sur le capital par les nouvelles technologies de l'information

Outre l'amélioration de la puissance de la machine industrielle utilisée par l'usine, écourter la durée du cycle de production/distribution du numéraire qu'est le panier de consommation générique du bien-être de la communauté, peut également provenir de la diminution du temps de transport, par des moyens de transport plus puissants, ou de l'augmentation de la vitesse d'information entre les différentes unités, par des médias de traitement de l'information plus puissants également. Tout ce qui augmentera la puissance de traitement de l'information de la « machine macroéconomique » sera un progrès technique sur le capital. C'est bien ce qu'ont réalisé les nouvelles technologies de l'information.

Le XIXe siècle a été le siècle de la révolution industrielle où la puissance de la machine industrielle a été développée de manière exceptionnelle par les inventions de la machine à vapeur puis de l'électricité : il a été le siècle représentatif du développement phénoménal de la puissance des machines industrielles. Le XXe a été le siècle de la révolution des transports, réduisant fortement le temps de transport des marchandises tout en décuplant les possibilités de mobilité des hommes. Mais il a été aussi le siècle de la révolution du traitement du signal et de l'information qui se poursuit jusqu'à aujourd'hui et qui a réduit drastiquement le temps de circulation de l'information nécessaire au fonctionnement normal du système.

ACCÉLÉRATION DE LA VITESSE D'INFORMATION

La puissance de calcul et de traitement de l'information des ordinateurs a fait depuis les années 1990 un bond faramineux, grâce à la révolution des microprocesseurs et des semi-conducteurs, qui a miniaturisé les transistors, permettant d'en multiplier exponentiellement le nombre et la capacité dans des équipements de plus en plus petits. La miniaturisation a amplifié de manière spectaculaire la puissance de calcul des ordinateurs de bureau comme personnels, mais elle a aussi permis de créer des nouveaux moyens de traitement de l'information très petits donc très mobiles, comme les smartphones, près de trois fois plus puissants que le meilleur des ordinateurs du monde des années 1980, le Cray-2, américain, qui était lui d'une dimension gigantesque, protégé et abrité dans un blockhaus ! L'accroissement extraordinaire de la puissance du traitement de l'information par les nouvelles technologies de l'information constitue bien un progrès technique considérable portant sur le capital. Il est le progrès technique sur le capital symbolisant l'entrée dans le XXIe siècle, alors que la démultiplication de la puissance des machines industrielles avait constitué le progrès technique sur le capital au XIXe siècle et la naissance du transistor et de la radio, ainsi que le développement des transports, ceux du XXe.

De plus, la hausse exponentielle de la puissance des nouveaux ordinateurs a été couplée à une innovation probablement gigantesque à l'échelle de l'histoire humaine : Internet. Internet a été un moyen fantastique d'amélioration de la puissance du capital global du système, en raccourcissant davantage le temps du cycle de production/distribution. Les sites d'e-commerce, qui sont des hypermarchés géants mondiaux où l'on trouve de tout, permettent en effet de mettre en contact directement le consommateur, l'acheteur, et le vendeur, qui peut être un autre site détaillant, un grossiste voire directement le producteur. Le consommateur n'a même plus besoin de se déplacer dans l'hypermarché pour obtenir son panier de consommation : il peut passer commande à partir de son ordinateur pour l'avoir quelques jours après, voire le lendemain. La circulation de l'information entre le consommateur final et le producteur a indubitablement été accélérée par la puissance d'Internet. En diminuant drastiquement le temps d'information entre les deux extrémités de la chaîne, producteurs d'un côté et consommateurs de l'autre, la machine économique tourne plus vite et sa puissance démultipliée améliore alors énormément la capacité productive de la force de travail.

Enfin, nous avons trop l'habitude de résumer cette dernière révolution sur l'information et le traitement du signal à ce que nous observons depuis la fin du XXe siècle et donc à l'attribuer au XXIe siècle. Pourtant, il y a bien eu un précédent à la période que nous connaissons aujourd'hui : l'apparition et l'utilisation de la radio dans les années 1920 avaient produit un progrès technique sur le capital considérable à l'époque, en raccourcissant fortement le temps d'information entre les entités de la chaîne de production. En considérant que la machine économique est composée non seulement d'une énorme machine industrielle, qui regroupe toutes les machines industrielles, mais aussi d'un énorme ordinateur, qui regroupe tous les équipements de traitement de l'information, la révolution industrielle a amélioré significativement la puissance de la machine industrielle, alors que la révolution du traitement de l'information et du signal a multiplié la puissance de l'ordinateur.

ACCROISSEMENT DE LA VITESSE DE ROTATION DES AUTRES FORMES DE CAPITAL : RÉDUCTION DES STOCKS ET DES LOCAUX D'EXPLOITATION

Le capital physique productif de la communauté n'est pas seulement constitué des biens d'équipement que sont les machines industrielles, les moyens de transport et les ordinateurs. Il comprend également deux autres formes de capital que les nouvelles technologies de l'information et de la communication ont permis également de réduire.

Le capital productif global inclut tout d'abord les **stocks de marchandises** nécessaires au fonctionnement du système économique. Les stocks dans un système économique tel que le nôtre sont constitués non seulement des marchandises dans l'usine prêtes à être transformées par le process de production, mais aussi des stocks de biens/paniers de consommation attendant dans les entrepôts avant d'être envoyés à l'hypermarché, puis distribués aux individus. Ces stocks de marchandises nécessaires au fonctionnement productif de notre système et au renouvellement du même état semblent fixes alors qu'ils tournent : ils doivent être reconstitués après chaque cycle de production/distribution pendant lequel ils disparaissent, en étant transformés puis vendus, alors que les machines, biens de transport et ordinateurs, ne sont pas du tout renouvelés après chaque cycle de production. Les stocks sont de ce fait considérés comme du **capital circulant** en économie, alors que les biens d'équipement sont du **capital fixe**.

Or le raccourcissement du temps d'information entre les deux bouts de la chaîne économique fluidifie le système et diminue ainsi les stocks nécessaires au fonctionnement du système. La réduction du circuit de production/distribution, le développement de la vitesse d'information entre les différents intermédiaires, la circulation plus rapide des marchandises, contractent le stock de marchandises présentes dans le système pour un même volume de production/distribution de biens/paniers de consommation. Les nouvelles technologies de l'information ont de ce fait économisé une masse impressionnante de « capital circulant », donc de capital, sans modifier pour autant le travail de la main-d'œuvre : elles ont de fait entraîné une rotation plus rapide du capital circulant.

Enfin, la réduction des stocks et du capital circulant pour une même production s'est nécessairement accompagnée d'une diminution des surfaces de **locaux d'exploitation** comme d'entrepôts et de commerces. Avec Internet, les circuits de distribution, bien plus courts, ont rendu inutile une certaine masse d'entre eux, qui appartenaient auparavant en particulier aux intermédiaires tels que grossistes ou détaillants. C'est comme si notre hypermarché géant, nécessaire à la distribution des paniers de consommation, avait été amputé par l'émergence des géants de l'e-commerce, qui ne sont pas des commerces mais plutôt des entrepôts géants stockant des biens de consommation avant de les distribuer. La disparition de ces intermédiaires remplacés par des unités dont le mode de distribution était plus court donc plus efficace a aussi contribué à la réduction du capital productif physique global nécessaire à la distribution d'une même quantité de paniers de consommation.

Parallèlement, cette forme de progrès technique sur le capital rend disponible les travailleurs dont l'outil de production aura disparu, pour le plus grand bien de la communauté. Comme précédemment décrit à propos de l'usine où le développement de la puissance de la machine industrielle avait permis de réduire le nombre de machines utilisées dans la fabrication du produit et de rendre disponibles les travailleurs dont l'outil productif avait été supprimé, la suppression de certains intermédiaires de la distribution a libéré non seulement des surfaces d'exploitation mais aussi une force de main-d'œuvre qui sera alors disponible pour produire des paniers de consommation supplémentaires. L'émergence de commerçants géants sur Internet est une autre parfaite illustration du progrès technique sur le capital que les nouvelles technologies de l'information ont pu engendrer.

AUTRE FORME DE PROGRÈS TECHNIQUE SUR LE CAPITAL : L'IMPACT DE L'IPHONE

Après le développement extraordinaire de la puissance du traitement de l'information, après la révolution Internet et l'émergence de ses géants, nous avons assisté à une troisième innovation technologique révolutionnaire qui a également généré un progrès technique sur le capital par un biais néanmoins différent. Par la création d'un produit révolutionnaire, la communauté a en effet fortement réduit son besoin en capital, pour le même bien-être : il s'agit de l'Iphone, démocratisé et diffusé par le smartphone. Grâce à la miniaturisation des microprocesseurs, cette innovation-produit réduit en effet drastiquement le besoin de capital nécessaire à la production du « panier de consommation type » qui satisfait le bien-être de la communauté.

Le smartphone n'est en effet pas qu'un téléphone portable : il est également un appareil photo, une caméra et il fait office de ce que nous appelions auparavant le Walkman, le baladeur, permettant d'écouter de la musique tout en étant mobile. Tout cela avec une qualité certaine du fait de la puissance des microprocesseurs installés. Outre sa fonction de téléphone, il offre ainsi la même utilité que l'équivalent de trois produits de consommation différents (appareil photo, caméra, baladeur). Dans le panier type de consommation, le smartphone a remplacé ces trois produits, fournissant ainsi le même bien-être, la même utilité économique, pour la plupart des individus de la communauté, que ces trois produits réunis. Ces derniers dont le marché se résume aujourd'hui à une minorité d'acheteurs toujours intéressés par leur qualité qui reste supérieure, ne font plus partie du panier type, provoquant la suppression du capital nécessaire à leur fabrication. Ils ont été remplacés par un seul produit dont le besoin en capital pour le produire est très inférieur. Le smartphone, et sa création première l'Iphone, a été une formidable innovation économisant le capital nécessaire à la production du « panier type de consommation », numéraire du bien-être de la communauté, en se substituant à trois produits différents. Ici, le progrès technique sur le capital provient d'une innovation-produit portant sur un bien de consommation mais que l'innovation technologique de miniaturisation des puces a rendu possible.

Autres formes non fondamentales de progrès technique sur le capital sans économie de main-d'œuvre

Le progrès technique sur le capital est par essence un décuplement de la puissance du capital : par une innovation technologique, l'homme trouve le moyen de développer la vitesse de rotation du capital macroéconomique qui sert à fabriquer les paniers de consommation pour la communauté. Telle est l'expression fondamentale du progrès technique sur le capital. Il en découle notamment que le même niveau de production aura besoin d'une moindre main-d'œuvre, exactement comme dans l'exemple de notre robot-ménager, où l'amélioration de sa puissance diminue le temps passé par l'individu à la cuisine. La production du panier type de consommation nécessite une moindre utilisation du capital productif et donc une moindre main-d'œuvre. Le progrès technique sur le capital que nous avons décrit permet de produire autant de bien-être pour la communauté avec moins de capital mais aussi avec moins de travail, puisque le rapport capital/travail ne change pas dans la technique de production du panier de consommation. C'est cette forme de progrès technique sur le capital qui va s'avérer fondamentale dans la dynamique de nos systèmes économiques. Elle se traduit en particulier par la contraction du temps de « production/distribution » du panier de consommation.

Il existe cependant deux autres formes de progrès technique sur le capital qui ne traduisent nullement le développement de la puissance d'un des outils productifs qui composent la machine macroéconomique (machine industrielle, ordinateur ou bien de transport). De ce fait, elles ne réduisent ni l'utilisation de la main-d'œuvre dans le processus de fabrication du panier de consommation, ni son temps de production/distribution. Ce sont ces deux formes de progrès technique sur le capital qui sont aujourd'hui évoquées pour caractériser le progrès technique sur le capital alors qu'elles ne sont absolument pas fondamentales dans le fonctionnement de nos systèmes économiques.

La première d'entre elles est l'amélioration de la qualité des machines, qui, par une réduction de leur usure, permet de les utiliser plus longtemps avant de les remplacer : en abaissant leur taux d'obsolescence, elle diminuera à terme la part de la main-d'œuvre qui sera consacrée à la remise à niveau du stock de capital. Par exemple, s'il y a 100 machines industrielles pour produire les biens/paniers de consommation et que leur taux d'usure est de 20 % par an, il sera nécessaire de remplacer et donc de produire chaque année 1/5 des machines (20 %) soit 20 machines pour maintenir le niveau de capital et de production. Si le taux d'usure tombe à 10 %, sur la nouvelle génération, seules 10 machines auront besoin par la suite d'être remplacées et donc d'être fabriquées par an. La division par deux de la consommation de capital diminue d'autant les travailleurs nécessaires au maintien de la capacité productive du capital utilisé : en réduisant de moitié la part des travailleurs qui étaient accaparés par la fabrication des biens d'équipement de remplacement, la production de paniers de consommation (= production nette des besoins de remplacement du capital usagé) s'accroîtra tout comme par conséquent le niveau de vie des membres de la communauté par le travail de cette main-d'œuvre rendue disponible une fois le capital supplémentaire fabriqué. Ce capital supplémentaire productif ne demande aucune nouvelle épargne : la main-d'œuvre, rendue disponible par l'amélioration de la qualité des biens d'équipement, pourra fabriquer les nouveaux biens d'équipement avant de les utiliser pour produire des paniers de consommation. Une amélioration de la qualité des machines, allongeant leur durée de vie, augmente à terme la production de paniers de consommation par un transfert de la main-d'œuvre accaparée par le remplacement du capital à la production de paniers de consommation. Contrairement au progrès technique sur le capital décrit précédemment, ici, l'allongement de la durabilité de la machine ne se traduit pas immédiatement par un accroissement de paniers de consommation produits, même s'il aboutira à terme à ce résultat de façon indirecte, après fabrication des équipements nécessaires supplémentaires.

La seconde forme de progrès technique sur le capital non fondamental et qui est évoquée aujourd'hui est issue d'une utilisation plus intensive de l'outil de production : faire fonctionner les machines industrielles 24 heures sur 24, 7 jours sur 7, par une organisation en trois-huit de la main-d'œuvre économise sur le moment du capital productif, sans économiser de la main-d'œuvre. Mais il n'est pas sûr pour autant qu'elle arrive à économiser du capital *in fine* : car l'économie de capital sera plus ou moins compensée par un entretien plus important des machines qu'exigera leur utilisation plus intensive.

Progrès technique sur le capital : une forme non-classique du développement du capital

Le progrès technique sur le capital qui se traduit par l'amélioration de la puissance du capital est réellement révolutionnaire pour la théorie économique classique. Car ce progrès technique va à l'encontre même de la vision classique selon laquelle l'accumulation de capital (donc un investissement net qui demande une épargne nette) est absolument indispensable au développement d'une communauté, comme nous l'avons précédemment analysé : c'est en effet le seul moyen de réduire le temps de production/distribution de fabrication du panier de consommation par une action sur le capital productif.

Or, comme l'a écrit Jevons, un auteur britannique du XIXe siècle : « Un investissement (= un accroissement de capital) augmente l'intervalle moyen de temps entre le moment où le travail est dépensé, et celui où il est utilisé à sa fin ultime » (*Theory of Political Economy*, 1871), constat que nous allons davantage analyser.

Le travail de la communauté dans la production des biens finaux que sont les biens de consommation débute en effet par la fabrication des équipements nécessaires à leur production. À cause du temps passé dans la fabrication d'un supplément de capital, rajouter du capital éloigne le début du travail de sa fin ultime, autrement dit du moment où il « produit du bien-être » par la fabrication de son numéraire, le panier de consommation : de manière imagée, l'ajout de capital consiste en un **détour de production** puisqu'il revient à adjoindre au processus de production existant une étape supplémentaire qui correspond à la fabrication de ce capital supplémentaire éloignant le moment où la communauté jouira de son travail. C'est ce détour de production, autrement dit ce « travail immobilisé » dans la fabrication des biens d'équipement, qui est coûteux pour la communauté en raison du prix du temps dans l'acte de consommation. Par exemple, pour nos pêcheurs Robinsons, la technique de la pêche au filet doit faire un détour de production en immobilisant du travail dans la fabrication du filet, qui débute un an avant son intégration dans la pêche.

Mais le détour de production se révélera très fructueux par la suite puisque, une fois fabriqué, l'utilisation du filet améliorera grandement l'efficacité des pêcheurs. Par comparaison, la technique de la pêche directe à mains nues correspond à un détour de production nul, mais en contrepartie elle est très peu efficace. Tout accroissement de la masse de capital par travailleur, tout accroissement de ce que nous avons nommé l'intensité capitalistique, conduit à un rallongement du détour de production, qui correspond à la « main-d'œuvre immobilisée » dans la fabrication du capital supplémentaire, et qui devra être plus que compensé par la diminution du temps de fabrication du bien ou du panier de consommation lorsque ce supplément de capital sera utilisé. Il n'y a rien de nouveau dans ce que nous avons écrit précédemment si ce n'est la façon d'imager l'investissement par le détour de production.

Que les méthodes détournées conduisent à de meilleurs résultats que les méthodes directes est une des propositions les plus importantes et les plus fondamentales de toute la théorie de la production de l'un des représentants de l'école classique autrichienne d'économie, Böhm-Bawerk. Ce dernier va même plus loin : les méthodes détournées sont nécessairement et toujours de plus grandes consommatrices de temps que la méthode directe, mais chaque allongement du temps durant lequel le facteur originel qu'est le travail est immobilisé, car investi dans la production de biens d'équipement, accroîtra le produit total à un taux décroissant. Cela signifie que l'accroissement du capital productif va toujours de pair avec une extension du détour de production, qui sera de moins en moins rentable, dégageant une plus-value à un taux décroissant. L'humanité est conduite à intégrer des techniques toujours plus capitalistiques mais de moins en moins créatrices de plus-values.

En tenant compte de ce détour de production, le temps total de production du panier de consommation est bien constitué de deux phases distinctes : d'une part, le temps direct passé à sa production/distribution à partir du capital productif global et d'autre part, le temps indirect passé à la fabrication de ce capital global. L'accumulation de capital par travailleur, autrement dit le développement de l'intensité capitalistique, dont fait partie l'automation, correspond à une diminution du temps direct en contrepartie d'un accroissement du temps indirect et d'un détour de production plus long. Le rôle du capital dans la production est de permettre l'adoption de méthodes de production plus productives qui sont en même temps plus détournées, dans le sens où elles immobilisent une force de travail supérieure dans la fabrication d'un capital plus lourd. Telle est l'approche classique du capital.

Le progrès technique sur le capital que nous avons développé est exactement l'antithèse du mécanisme économique fondamental du capital, énoncé par Böhm-Bawerk, et qui est intégré dans la théorie économique actuelle. Il correspond à une contraction du temps direct de production sans accroissement du temps ni du détour de production et il met en porte-à-faux la fatalité d'un investissement toujours moins générateur de nouvelle richesse. Le décuplement de la puissance du capital productif est une forme de capital supplémentaire qui réduit le temps de fabrication du bien/panier de consommation. Mais, contrairement à l'installation d'une masse supplémentaire de capital, sa fabrication ne rallonge pas le circuit productif. À ce titre, il est bien révolutionnaire pour la théorie économique classique. Et c'est bien ce qu'a réalisé la révolution apportée par les nouvelles technologies de l'information et par la miniaturisation des microprocesseurs. Alors que la puissance des ordinateurs ne cesse de croître à un rythme exponentiel, leur temps de fabrication ne s'accroît pas, il est même sensiblement inférieur à ce qu'il était il y a vingt ans. Le progrès technique sur le capital correspond même à un raccourci de production qui s'avère plus efficace.

Accumulation du capital intensive ou extensive

Nous nous retrouvons dès lors face à deux formes d'accumulation du capital à la base du développement économique de toute communauté : l'une, extensive, allonge le détour de production en accroissant la masse de machines et de capital par travailleur grâce à une épargne supérieure, et l'autre, intensive, décuple le capital par le développement de sa puissance autrement dit sans nouvelle épargne et sans rallongement du détour de production. La première confirme la vision classique selon laquelle le développement d'une communauté dépend de sa capacité d'épargne. La seconde est non-classique parce qu'elle justifie le développement d'une communauté en l'absence même d'accentuation de l'effort d'épargne. Le développement économique de long terme dépend de ces deux formes d'accumulation du capital qui sont complémentaires.

Que ce soit par l'accroissement phénoménal des capacités de traitement et de transmission de l'information ou par le nouveau mode révolutionnaire de transmission de l'information qu'est Internet, ou par le smartphone, les nouvelles technologies de l'information ont ainsi constitué un vecteur remarquable du développement considérable de la puissance du capital observée depuis la fin du XXe siècle, réduisant substantiellement le besoin de capital pour un même niveau de production sur les vingt-cinq dernières années.

Ce faisant, les équipements accompagnant les nouvelles technologies de l'information, plus légers grâce à la miniaturisation, ont bousculé les techniques de production, prenant la place dans la composition du capital productif global des anciennes formes de capital, comme des machines industrielles, bien plus lourdes et plus longues à fabriquer : une formidable destruction créatrice s'est alors mise en place, les anciennes formes de capital étant remplacées par les nouvelles, bien moins coûteuses à fabriquer en termes d'épargne, c'est-à-dire en termes d'immobilisation du travail, pour un résultat bien meilleur quant à la satisfaction des individus. Le détour de production dû au temps de fabrication du capital économique a enregistré par ce biais une nouvelle contraction très sensible. En « immobilisant » une moindre force de travail, pour une puissance du capital supérieure, le nouveau capital macroéconomique a dégagé une économie de main-d'œuvre supplémentaire.

Conclusion sur le progrès technique, l'accumulation de capital et la génération de plus-value

À ressources constantes en main-d'œuvre, l'amélioration du bien-être de chaque communauté passe par l'adoption de nouvelles techniques qui intégreront un nouveau capital qu'il faudra auparavant fabriquer puis entretenir. La communauté les choisira en fonction des limites imposées par la nature et par la force de travail, tant qualitativement que quantitativement. Elles devront être en adéquation avec la taille de la communauté, mais aussi avec les « qualifications » de la main-d'œuvre pour en tirer la pleine puissance productive.

Une nouvelle technique adoptée se rapporte soit à de l'automation, qui revient à rajouter du capital productif par l'épargne, soit à du progrès technique qui développe la puissance productive de l'homme sans ajout de masse de capital productif supplémentaire. L'ajout de capital est un investissement net : parce qu'il est financé par une nouvelle épargne, il devra satisfaire les conditions requises par la valeur-temps de la communauté. Le progrès technique sur le travail améliore directement la productivité de l'homme sans modifier quoi que ce soit au capital qui reste identique. Le progrès technique sur le capital développe la puissance productive de l'homme par un nouveau capital plus puissant mais pas plus coûteux pour la communauté : notamment parce que ce type de progrès porte sur l'ensemble du capital productif, le développement économique connaîtra des bonds faramineux.

De manière générale, à ressources de main-d'œuvre constantes, nous pouvons décomposer l'origine de toute nouvelle plus-value comme suit :

nouvelle plus-value = gains de production grâce
à une nouvelle technique
plus capitalistique (($\Delta K > 0$),
le capital productif s'accroît par un supplément d'épargne)
(automation)
+ gains de production grâce au progrès technique sur le travail
(une nouvelle technique de travail à capital identique)
($\Delta K = 0$, le capital productif reste le même)
+ gains de production grâce au progrès technique sur le capital
(une nouvelle technique de production
par l'installation d'un nouveau capital,
qui ne coûte pas plus d'épargne pour le fabriquer

(ΔK = 0 car pas d'épargne supplémentaire nécessaire,
mais le capital utilisé est différent K' # K)

Il est à noter que les économies d'échelle sont à part. En effet, pour s'exprimer, elles nécessitent un accroissement de la main-d'œuvre : nous ne raisonnons plus à main-d'œuvre constante. Mais, si on devait les classer, elles ne font clairement pas partie de ce que nous nommons le progrès technique puisque la communauté se doit d'investir dans un outil productif plus capitalistique donc plus consommateur d'épargne pour générer de nouvelles plus-values comme nous l'avons vu au sujet des techniques de pêche : pour s'exprimer, les économies d'échelle demandent un accroissement de l'épargne et rentrent de ce fait dans le cadre des gains de production issus d'un outil plus capitalistique.

Les nouvelles techniques qui intègrent un progrès technique sur le capital utilisent une machine macroéconomique dont la puissance a été démultipliée sans aucun rallongement de son temps de fabrication, sans nouveau coût en épargne. Elles ne demandent aucun effort supplémentaire à l'homme, si ce n'est son adaptation et un apprentissage pour les intégrer le plus efficacement. Grâce à elles, toute communauté comme toute l'humanité devrait connaître une amélioration fantastique de son bien-être. C'est ce que la révolution récente des nouvelles technologies de l'information réalise.

Ces nouvelles techniques qui intègrent un progrès technique sur le capital ont été, sont et seront de tout temps les plus bénéfiques pour l'individu et pour l'homme. Formidables accélératrices de la capacité productive de l'homme, elles devraient caractériser des périodes d'enrichissement et de bonheur inouïs pour l'homme, plongé dans un climat d'abondance générale, inconnu jusqu'alors. Se traduisant par une réelle économie de capital à production constante, elles sont une aubaine pour les communautés/pays faiblement développés qui pourront investir directement dans ces nouvelles techniques de production qui demandent un moindre effort d'épargne. En développant notablement la vitesse de rotation et la puissance du capital productif du système, les nouvelles technologies de l'information développées sur les trois dernières décennies s'inscrivent dans cette perspective.

Après la révolution industrielle, la révolution du traitement de l'information a indubitablement amélioré de manière exceptionnelle le niveau de vie du monde. Les innovations technologiques qui en sont à l'origine, en particulier la miniaturisation sans cesse plus poussée des circuits électroniques, sont des découvertes révolutionnaires, qui permettent des bonds considérables dans le développement économique et le bien-être de l'humanité, comme on a pu l'observer, en particulier depuis le milieu des années 1990. Les nouvelles technologies de l'information ne sont pas des technologies de l'automation où le besoin en hommes est réduit par un recours plus intensif aux machines. Elles sont au contraire l'antithèse du remplacement de l'homme par la machine.

L'ère récente des nouvelles technologies de l'information devrait alors s'inscrire dans une période où l'économie serait florissante, mais où aussi les individus seraient heureux de vivre. Ce qui n'est pas : on voit au bout des trois décennies de révolution du progrès technique sur le capital, certes un enrichissement inouï du monde, mais en même temps la montée des désordres au sein des nations et des peuples, de plus en plus critiques d'un système où la richesse est à leurs yeux si injustement répartie. Beaucoup attribuent ce déséquilibre à une insuffisante adaptation de la main-d'œuvre à cette nouvelle ère des nouvelles technologies. Il y a ceux qui sont dans les nouvelles technologies et ceux qui ne le sont pas. Il y a les perdants et les gagnants ! Ce déséquilibre serait la cause des dures crises sociales que l'on connaît aujourd'hui.

Mais comment penser que les crises sociales les plus graves seraient provoquées par le refus et les difficultés de l'homme de s'adapter au progrès ? Ne serait-ce pas sous-estimer l'homme dans son intelligence et dans sa volonté de se développer ? Ne serait-ce pas finalement une critique acerbe du libéralisme puisque ce refus d'adaptation ne s'observerait pas dans une communauté « naturelle » ?

La crise actuelle est bien issue des nouvelles technologies de l'information, mais sa gravité ne réside pas dans l'inadaptation de la main-d'œuvre. Elle est une conséquence de la défaillance de nos systèmes économiques qui ne peuvent s'accommoder du progrès technique sur le capital : nous comprendrons dans le livre II pourquoi le progrès technique, quand il porte sur le capital, conduit le capitalisme à ses plus graves crises alors même qu'il est le plus beau des progrès économiques pour l'homme.

CHAPITRE 5

De l'utilité du libre-échange entre communautés

Une économie extérieure de troc : l'échange, source d'amélioration de la richesse par la spécialisation

Le système décrit jusqu'à présent une communauté insulaire, que nous avons qualifiée de « Robinson », par allégorie à Robinson Crusoé. Mais un tel fonctionnement autarcique où chaque communauté « vit selon ses propres ressources » a ses limites. Dans ce modèle d'économie fermée, chaque communauté devra fabriquer tous les biens dont elle aura besoin. Or, chaque communauté a ses propres capacités, ses propres dextérités, se montre très habile dans certains métiers et avec certaines techniques, beaucoup moins dans d'autres. Dans un environnement où la main-d'œuvre est rare, toutes les communautés auront tout intérêt à se spécialiser dans la fabrication de marchandises où elles sont le plus adroites, et, par un système d'échange mutuellement avantageux, à se procurer, chez d'autres communautés qui sauront les produire plus efficacement, les marchandises qu'elles auront délaissées. De cette façon, chacune des communautés exploitera au mieux ses atouts tout en bénéficiant du savoir-faire des autres communautés. Face aux limites productives imposées par sa main-d'œuvre, l'ouverture sur l'extérieur constituera un formidable accélérateur du développement économique en mettant en commun le meilleur de chaque communauté, qui consommera ainsi bien plus que dans le cas où elle sera livrée à elle-même. Illustrons par un exemple simple les gains tirés d'un échange mutuellement avantageux entre deux communautés.

Supposons que deux communautés Robinson, notées 1 et 2, aient leur consommation limitée à deux mêmes produits, A et B, composée de 100 unités de A et de 50 unités de B, par an. Supposons que pour la communauté 1 il faudra l'équivalent de 10 jours de travail pour fabriquer une unité de A et 50 jours pour fabriquer une unité de B, alors que pour la communauté 2 il faudra 30 jours pour fabriquer une unité de A et 30 jours pour fabriquer une unité de B : la communauté 1 est bien plus habile dans la fabrication de A, puisqu'il lui faut trois fois moins de temps (10 jours contre 30), alors que la communauté 2 l'est bien plus dans la fabrication de B (30 jours contre 50). Sans échange, il faudra pour la communauté 1 (100[unités de A] * 10 jours de fabrication pour chaque unité de A) soit 1 000 jours pour la fabrication de 100 unités de A et (50 [unités de B] * 50 (jours)/unité de B), soit 2 500 jours pour la fabrication de 50 unités de B, soit au total 3 500 jours pour satisfaire les besoins de consommation des ses membres de 100 unités de A et de 50 unités de B. Pour la communauté 2, il faudra 100 * 30 + 50 * 30 = 4 500 jours pour fabriquer exactement la même quantité de marchandises A et B. Au total, il faudra 8 000 jours pour les deux communautés pour que chacune fabrique son panier constitué de ses besoins annuels en A et en B.

Si, maintenant, la communauté 1 se spécialise dans la marchandise A où elle est la plus efficace et fabrique les 200 unités de A nécessaires à sa propre consommation et à celle de la communauté 2 (100 chacune), alors que la communauté 2 se spécialise dans la marchandise B, fabriquant les 100 unités dont les deux communautés ont besoin (50 chacune), et que les deux communautés décident d'un contrat où la communauté 1 échangera 100 unités de A contre 50 unités de B fournies par 2, alors le panier de consommation aura finalement coûté pour la communauté 1 le temps de fabrication des 200 unités de A soit 200*10 = 2 000 jours de travail, alors que pour la communauté 2, il aura pris 100 (unités de fabrication de B) * 30 = 3 000 jours.

Tableau I.1. Le temps de fabrication sans échange

	Communauté 1	Communauté 2	Total
Bien A	10	30	
Bien B	50	30	
*Panier (100 * A + 50 * B)*	3 500	4 500	8 000

Tableau I.1*bis*. Le temps de fabrication de (100*A+50*B) après spécialisation et échange

	Communauté 1	Communauté 2	Total
Bien A	2 000	0	
Bien B	0	3 000	
*Panier (100 * A + 50 * B)*	2 000	3 000	5 000

Au total, il faudra 5 000 jours de travail pour les deux communautés au lieu de 8 000 pour pourvoir à leurs besoins de consommation. Mais surtout, grâce à ce système de **libre-échange**, où chaque communauté n'échangera que si l'échange est bénéfique au bien-être de ses membres, les deux communautés auront chacune économisé 1 500 jours de production pour obtenir la même consommation et atteindre le même bien-être de ses membres, sur 3 500 jours initiaux pour la communauté 1, et 4 500 pour la 2.

Ainsi, grâce à l'ouverture sur l'extérieur et à un système de libre-échange, chaque communauté Robinson augmentera le niveau de vie de ses membres en se spécialisant dans la fabrication des marchandises où son efficience productive est la plus développée et en obtenant les marchandises qu'elle ne fabrique pas chez d'autres communautés qui développent un meilleur savoir-faire pour les produire.

Cet échange de biens est ce que nous appelons un **troc** qui fait intervenir deux participants (il peut y en avoir plus de deux), chacun d'eux cédant un bien pour recevoir un autre bien en échange. Le mot « troc » a une étymologie très intéressante : il provient du grec *τροχός*, qui signifie « roue », « anneau », « cerceau » ou toupie et qui a donné naissance au mot latin *trochus*, traduit par « troche » ou « troque » en français et que la science a emprunté pour désigner un genre de mollusque gastéropode caractérisé par sa coquille conique (en forme donc de toupie) utilisée pour sa nacre et qui servait de monnaie d'échange. En instaurant un libre-échange de marchandises, chaque communauté pourra « troquer » des marchandises, qu'elle sait fabriquer mieux que les autres et qu'elle fabriquera en plus grande quantité que nécessaire à sa propre consommation, pour les utiliser comme monnaie d'échange, contre d'autres marchandises produites plus efficacement par d'autres communautés. Il en découlera pour chacune des communautés participant à cet échange mutuel une économie de temps de travail pour fabriquer et consommer la même quantité de biens, rendant ainsi disponible une partie de la main-d'œuvre pour la production de biens de consommation supplémentaires : dans un univers où vivre mal est une conséquence de l'insuffisante capacité productive de la main-d'œuvre, les échanges extérieurs génèrent un mieux-être pour chaque communauté qui y participe, en les spécialisant.

Les atouts universels de l'échange

La magie de l'échange est bien supérieure à ce que l'on peut imaginer de prime abord.

À première vue, pour que l'échange lui soit ouvert, une communauté aurait besoin d'être plus productive, plus efficace, que toutes les autres communautés sur au moins un des produits afin que les autres communautés s'approvisionnent chez elle et non chez une autre communauté. Les communautés Robinson dont l'efficacité productive de la main-d'œuvre n'aurait aucun avantage absolu sur au moins un produit seraient dès lors écartées des échanges. Le système de troc serait élitiste, réservé aux meilleurs et fermé aux autres. Nous allons, au contraire, comprendre pourquoi le troc est aussi ouvert aux moins bons.

Pour cela, prenons l'exemple de deux communautés ayant toujours besoin chacune de 100 unités de marchandises A et de 50 unités de marchandises B. Mais, cette fois-ci, la communauté 1 aura besoin de 35 jours pour fabriquer une unité de marchandise A et 105 jours pour une unité de marchandise B. Reprenons la même communauté 2 qu'auparavant, mettant toujours 30 jours pour fabriquer une unité de A comme de B. A *priori*, la communauté 2 n'a aucun intérêt à échanger quoi que ce soit avec la communauté 1 puisqu'il lui faudra moins de temps pour fabriquer une unité de A mais aussi une unité de B. Si le principe d'efficience productive absolue dirigeait les échanges, il n'y aurait aucun échange possible entre les deux communautés.

Néanmoins, ce qui va compter pour chaque communauté dans un échange, ce n'est pas le coût absolu en main-d'œuvre pour chacune des marchandises mais bien le coût relatif entre les deux marchandises, autrement dit le rapport des coûts en main-d'œuvre pour la fabrication de A et B, qui sera comparé à son rapport d'échange avec l'autre communauté. Si la communauté 2 assurait en effet tous ses besoins de consommation par sa propre production, puisque les deux marchandises prennent chacune 30 jours de travail par unité produite, elle devrait renoncer à une unité de A pour fabriquer une unité de B supplémentaire, ou inversement : la fabrication d'une unité de B coûte bien en termes de temps de travail la fabrication d'une unité de A. Dans la communauté 1, en revanche, la fabrication d'une unité de B (105 * 1 = 105 jours) coûte la fabrication de 3 unités de A (= 3 * 35 = 105). Si chacune des communautés vivait en **autarcie**, une unité de B coûterait une unité de A dans la communauté 2 et 3 unités de A dans la communauté 1. Dans ce cas, dans tout troc où toute unité de B serait échangée contre 1 à 3 unités de A, la communauté 2, en se spécialisant dans B, obtiendrait, avec la même main-d'œuvre, davantage de marchandises A en échangeant contre une unité de B non pas une, mais plus de une unité de A. Parallèlement, en se spécialisant dans la marchandise A, la communauté 1 obtiendra davantage d'unités de B en échangeant moins de 3 unités de A contre une unité de B. Un troc de la marchandise A contre la marchandise B entre les deux communautés pourra ainsi se mettre en place en des termes d'échanges avantageux pour les deux communautés, la communauté 2 se spécialisant dans la production de la marchandise B et la communauté 1 dans la marchandise A.

Traduisons-le en chiffres. Si le rapport d'échange est fixé à 2 unités de A contre une unité de B entre les deux communautés, en se spécialisant dans la fabrication de B, il faudra à la communauté 2 la production de 100 unités de B pour satisfaire ses propres besoins de consommation en B (50 unités) mais aussi en A (100 unités) qu'elle obtiendra par le troc de 50 unités de B. En tout, les 100 unités de A et les 50 unités de B lui auront pris 3 000 jours de travail (= 100 * 30), et non plus 4 500. Quant à la communauté 1, qui se sera spécialisée dans la production de A, il lui aura fallu le temps de production de 200 unités de A, soit 7 000 jours au lieu de 8 750, pour produire 100 unités de A pour sa propre consommation et 100 autres unités pour les troquer contre 50 unités de B, produites par la communauté 2. Par conséquent, même si le temps de production y est plus élevé pour les deux types de marchandises, la communauté 1 n'est absolument pas écartée des échanges : les communautés les plus développées conservent un intérêt certain à échanger avec les communautés les moins développées auprès desquelles elles se procureront même des marchandises dont le temps de production est plus long.

Tableau I.2. Le temps de fabrication sans échange

	Communauté 1	**Communauté 2**	**Total**
Bien A	35	30	
Bien B	105	30	
valeur d'échange interne	3A = 1B	1A = 1B	
*Panier (100 * A + 50 * B)*	8 750	4 500	13 250

Tableau I.2*bis*. Le temps de fabrication de (100 * A + 50 * B) après spécialisation et échange

	Communauté 1	**Communauté 2**	**Total**
Bien A	**7 000** = 200 * 35 = (100 A pour elle-même + 100 A pour 2)	0	
Bien B	0	**3 000** = 100 * 30 = (50 B pour elle-même + 50 B pour 1)	
valeur d'échange internationale	2A = 1B	2A = 1B	2A = 1B
*Panier (100 * A + 50 * B)*	7 000	3 000	10 000

La valeur relative de l'échange entre deux marchandises sur le marché intercommunautaire, que l'on qualifie de **marché extérieur**, est essentielle. En étant supérieure à 1 pour 1, elle donne à la communauté 2 un très bon prix à l'échange de la marchandise B contre la marchandise A, sur le marché extérieur intercommunautaire, compte tenu de sa structure de coûts relatifs, et rend profitable sa spécialisation dans la production de la marchandise B : en contrepartie d'une même unité de B produite, la communauté 2 peut fabriquer, en autarcie, une seule unité de A alors que sur le marché intercommunautaire elle pourra se procurer 2 unités de A. Autant donc utiliser toutes les ressources de main-d'œuvre à la fabrication de B. De même, en étant inférieur à 3 unités de A contre une unité de B, le rapport d'échange rend intéressante pour la communauté 1 sa spécialisation dans la fabrication de la marchandise A : la production d'une unité de marchandise B lui demanderait de se priver de 3 unités de A en autarcie, alors qu'en se spécialisant dans la production de A, elle pourra obtenir par le troc une unité de B contre seulement 2 unités de A. Pour chacune des communautés, on se spécialisera sur la marchandise dont le rapport d'échange sera supérieur à son coût relatif de production.

Le troc et la spécialisation qui en découlera seront mutuellement avantageux pour tout rapport d'échange sur le marché extérieur compris entre les coûts de production relatifs des deux communautés, c'est-à-dire compris entre 3 unités de A contre une unité de B (rapport des coûts de production entre A et B dans la communauté 1) et une unité de A contre une unité de B (rapport des coûts de production entre A et B dans la communauté 2). Plus le rapport d'échange entre deux marchandises se rapprochera du coût relatif d'une communauté, plus il sera avantageux pour l'autre communauté : s'il est proche de 1 pour 1, l'échange bénéficiera d'autant plus à la communauté 1 qui se sera spécialisée dans la fabrication de A, puisque le prix sur le marché extérieur de la marchandise B qu'elle ne fabrique pas sera très bas en termes de marchandise A qu'elle fabrique, en revanche s'il est davantage proche de 3 pour 1, il sera bien plus profitable pour la communauté 2 compte tenu de la valeur de la marchandise B qu'elle fabrique en termes de marchandise A qu'elle ne fabriquera plus.

D'une manière générale, l'intérêt mutuel de chacune des communautés dans un échange de marchandises découle non pas du coût absolu, mais bien des coûts relatifs et du positionnement de la valeur d'échange sur le marché extérieur intercommunautaire par rapport à son coût relatif. C'est la raison pour laquelle l'échange reste ouvert à toutes les communautés même les moins développées.

En élargissant les échanges à une multitude de communautés Robinson, le système fonctionne exactement de la même façon. L'avantage de la spécialisation n'en ressort que renforcé en étant profitable d'abord et avant tout aux communautés qui se situent ainsi aux extrémités du spectre des rapports des coûts de production.

Pour l'illustrer, prenons l'exemple d'une communauté 1*bis* pour laquelle il faudra 50 jours pour fabriquer une unité de A et 75 jours pour une unité de B. Au total, il faudra pour cette communauté 50 * 100 + 75 * 50 = 8 750 jours pour fabriquer 100 A + 50 B, tout comme la communauté 1 pour laquelle il faudra 35 * 100 + 105 * 50 = 8 750. Comme la communauté 1, face à la communauté 2, elle pourrait se spécialiser en marchandises A. Mais, face à la communauté 1, elle pourrait aussi se spécialiser dans la marchandise B. Que devrait-elle faire ? Le problème pour la communauté 1*bis* est qu'il est fort probable qu'elle sera maintenue en dehors des échanges par les communautés 1 et 2. Car, si elle se spécialise en A pour troquer A contre B avec la communauté 2, la communauté 1 pourra toujours proposer à la communauté 2 des rapports d'échange plus favorables que la communauté 1*bis* : toute offre d'échange de plus de 1,5 unité de A contre une unité de B par la communauté 1 sera plus intéressante pour la communauté 2 et mettra ainsi hors-jeu la communauté 1*bis*. De la même façon, si elle se spécialise dans la marchandise B, la communauté 1*bis* sera écartée de tout échange contre A avec la communauté 1 par la communauté 2 qui pourra offrir une unité de B contre moins de 1,5 unité de A. Les communautés 1 et 2 peuvent même finir par trouver un terrain d'entente où le rapport d'échange sera exactement de 1,5 unité de A contre une unité de B. Dans ces conditions, la communauté 1*bis* ne pourra bénéficier de l'apport des échanges extérieurs dont elle sera tenue à l'écart. En revanche, la communauté 1 en bénéficiera davantage que la communauté 2 (la plus productive donc la plus riche). Le passage de deux à de multiples communautés renforce les avantages de la spécialisation que l'on saura tirer des marchés extérieurs.

Tableau I.3. Le temps de fabrication sans échange

	Communauté 1	**Communauté 2**	**Communauté 1*bis***	**Marché global**
Bien A	35	30	50	
Bien B	105	30	75	
valeur d'échange	3A = 1B	1A = 1B	1,5A = 1B	
*Panier (100 * A + 50 * B)*	8 750	4 500	8 750	22 000

Tableau I.3*bis*. Le temps de fabrication de (100 * A + 50 * B) après spécialisation et échange

	Communauté 1	**Communauté 2**	**Communauté 1*bis***	**Total**
Bien A	**6 125** = 175 * 35 = (100 A pour elle-même + 100 A pour 2)	750 = 25 * 30 (75 est obtenu de 1 en échange de 50 B)	5 000	
Bien B	0	**3 000** = 100 * 30 = (50 B pour elle-même + 50 B pour 1)	3 750	
valeur d'échange internationale	1,5A = B	1,5A = B	1,5A = 1B	1,5A = B
Panier (100 A + 50* B)*	6 125	3 750	8 750	18 625

Dans un large marché de libre-échange intercommunautaire, le rapport d'échange est fixe, imposé par les conditions d'offre et de demande de chaque marchandise. L'échange sera d'autant plus profitable aux communautés que leurs structures de coûts seront proches d'une des extrémités du spectre de coût relatif. Les communautés devront concentrer leur force de travail sur la fabrication de produits où le rapport des coûts relatifs est inférieur au rapport d'échange sur le marché intercommunautaire, résultat des avantages comparatifs de leur main-d'œuvre, en termes de savoir-faire et de technique. Pour cela, elles devront faire des choix en privilégiant de développer leur technicité et leur efficience productive dans la fabrication d'une partie des produits au détriment des autres. En cherchant à demeurer généralistes, pour s'épargner des choix qui peuvent paraître douloureux en termes d'emplois et coûteux en termes d'adaptation de la main-d'œuvre, ou bien en ayant des coûts de production au centre du spectre, n'étant ni la meilleure mais ni la moins bonne des communautés pour la fabrication de chaque type de produit, les échanges extérieurs leur seront peu bénéfiques.

Application aux nations

Ce que nous venons d'analyser à propos de la pertinence des échanges entre communautés est extrapolable au niveau des nations : chaque nation est assurément gagnante d'un **commerce international** fondé sur le libre-échange, en se spécialisant dans les marchandises dont le rapport de coût relatif sera inférieur à leur rapport d'échange sur les marchés extérieurs. Pour chaque nation, les échanges internationaux lui seront d'autant plus bénéfiques qu'elle se sera spécialisée dans la production de marchandises pour lesquelles le rapport d'échange est le plus avantageux.

En économie, nous appelons ce que nous venons de décrire la théorie de l'avantage comparatif : ce n'est pas l'avantage absolu en termes d'efficience de la main-d'œuvre (ou le coût salarial absolu) qui compte pour savoir si les échanges commerciaux sont avantageux mais bien l'avantage comparatif de la fabrication d'un produit par rapport à un autre, comparativement à ce que l'on peut obtenir par les échanges internationaux.

Cette notion, bien que relativement simple, est souvent incomprise, et cela même par une partie des personnes les plus cultivées. Selon le prix Nobel d'économie Paul Samuelson, il s'agit « du meilleur exemple d'un principe économique indéniable mais contraire à l'intuition de personnes intelligentes ». La conclusion principale de cette théorie est que pour un pays qui sait se spécialiser, l'ouverture au commerce international est toujours gagnante. Cette théorie rejette l'idée de « nations moins compétitives » qui ne trouveraient qu'à acheter, et rien à vendre, dans les échanges transfrontières : il s'agit bien sûr d'un argument décisif des théoriciens du libre-échange contre ceux qui prônent le protectionnisme par peur de manque de débouchés aux produits que l'on fabrique. Il en découle qu'afin de tirer d'autant plus de bénéfice du commerce international fondé sur le libre-échange, les nations devraient se spécialiser selon leurs avantages comparatifs. Elles le feront autant qu'elles le peuvent, c'est-à-dire tant qu'elles détiennent un avantage comparatif sur au moins une des marchandises. Et le libre-échange sera d'autant plus avantageux que le rapport d'échange sera supérieur aux coûts relatifs des marchandises dont elles conserveront la production.

La théorie des avantages comparatifs dont est issu le bien-fondé du libre-échange se résume à cultiver les points forts de sa force de travail, relativement au rapport d'échange des marchandises sur les marchés extérieurs. Il y a alors pour chaque nation deux façons d'appréhender concrètement le libre-échange. Chaque nation sera d'autant plus gagnante à l'échange sur le marché du commerce mondial que l'écart entre, d'une part, les rapports des prix extérieurs et, d'autre part, leurs structures de coût sera élevé. Or, le rapport d'échange sur le marché extérieur entre deux marchandises dépendra de leur plus ou moins grande rareté relative, qui sera le résultat de deux facteurs : d'une part, l'utilité de la marchandise en général qui détermine l'ampleur de sa demande et d'autre part, la plus ou moins grande abondance de cette marchandise, exprimant son offre, qui dépend des raretés de matières premières et surtout de la main-d'œuvre qui la produit. À l'instant où l'échange de marchandises sera réalisé, plus il sera difficile pour la communauté de trouver la marchandise qu'elle ne produit pas ou peu, plus elle sera prête à échanger davantage de la marchandise qu'elle produit et donc plus le rapport d'échange entre les deux marchandises sera pénalisant ou moins favorable. Par conséquent, si le pays est spécialisé sur des produits fortement demandés et où l'offre est rare, les termes de l'échange lui seront très favorables et il tirera d'autant plus profit du commerce international fondé sur le libre-échange. Le savoir-faire de sa main-d'œuvre dans la fabrication de produits rares sera d'autant mieux revalorisé par le commerce international. Inversement, pour les pays spécialisés dans les produits qui peuvent être fabriqués par tous, leurs avantages comparatifs se résumeront uniquement à la structure de leurs coûts salariaux.

Il faut cependant apporter quelques nuances à l'application concrète de la théorie des avantages comparatifs en termes d'échanges internationaux. Outre les coûts d'adaptation de la main-d'œuvre qui devra être requalifiée en cas de réorientation de la production des marchandises délaissées vers les marchandises que l'on aura choisi de conserver, toute la philosophie du libre-échange s'appuie sur l'hypothèse de la rareté, plus précisément ici la rareté de la main-d'œuvre : on fait l'échange parce que la main-d'œuvre rendue disponible par la marchandise que l'on délaisse sera avantageusement utilisée dans la fabrication d'une autre marchandise, grâce au marché international des échanges. Ici, « les produits sont achetés par des produits » (la loi des débouchés de Say), il n'y a aucun chômage possible puisque dans des communautés plongées en interne dans un système naturel, il n'y a aucun sous-emploi possible : c'est ainsi que l'échange est un gain mutuel pour les deux parties, un formidable accélérateur du développement économique et un booster du bien-être des communautés.

Mais qu'en est-il dans des systèmes économiques qui sont les nôtres où l'échange international ne se réalise pas dans le cadre d'un processus de gains mutuels, mais bien de gains absolus, en raison de la présence de la monnaie ? Avec le libre-échange, chaque nation achètera en effet une marchandise à une autre nation si elle est tout simplement moins chère en termes monétaires que la même marchandise produite par elle-même : il n'y a aucune contrepartie immédiate en termes de « production intérieure » d'un achat de marchandise à une autre nation. C'est l'une des raisons pour lesquelles la théorie des avantages comparatifs n'est pas évoquée par les gouvernements actuels épris du libre-échange. Néanmoins, nous pouvons simplement préciser, en évitant de complexifier à ce niveau de l'ouvrage, que la théorie des avantages comparatifs et le bien-fondé du libre-échange restent fondamentalement vrais à la condition que l'hypothèse de plein-emploi reste assurée par le système économique. Dans le cas contraire, où le système tend irrémédiablement vers le sous-emploi, la théorie des avantages comparatifs devient fausse, puisque l'axiome sur lequel elle est assise disparaît : par la même occasion, les bénéfices tirés du libre-échange qui devraient conduire à l'amélioration du bien-être ne sont plus tangibles.

PARTIE 2

La sphère financière

CHAPITRE 6

L'épargne financière : la conservation de la valeur-travail

La nécessité d'une marchandise spécifique conservant la valeur d'une production « épargnée »

Pour améliorer son bien-être, chaque communauté doit réduire le temps de fabrication des biens de consommation nécessaires à ses membres. Pour cela, elle a jusque-là trois moyens à sa disposition : l'épargne, qui consiste à se priver de consommation pour investir dans du capital productif supplémentaire et le mettre en place dans des process de production toujours plus productifs, le progrès technique, qui consiste à améliorer l'efficacité productive sans nouvelle épargne, et enfin l'extension des échanges extérieurs qui, en incitant à la spécialisation, l'une des sources du progrès technique, entretient un cercle vertueux de développement économique « accroissement des échanges extérieurs/génération de nouveau progrès technique (issu de la spécialisation) ». Si par ces trois médias, la communauté arrive au stade de satisfaire tous ses besoins de consommation, elle convertira par la suite tout accroissement d'abondance matérielle (ou d'efficacité productive) en une réduction du temps de travail, pour développer ses loisirs. Les communautés continueront ainsi à s'enrichir en augmentant non pas la production de paniers de consommation, mais bien le temps dont elles pourront librement disposer en dehors du travail, du repos et du sommeil pour s'enrichir d'une façon non matérielle (spirituellement, intellectuellement, physiquement…).

Ce système reste cependant imparfait : il écarte en effet *de facto* toutes les communautés qui ne peuvent plus produire assez ou qui ne produisent plus du tout, par diminution de leur population de travailleurs. Par exemple, toutes les communautés frappées de vieillissement où la part des **retraités** de la vie active, terme qui qualifie les travailleurs qui ne sont plus en capacité de travailler à cause de leur âge, augmente trop rapidement, verront leur niveau de vie se détériorer : les membres **actifs**, ou les membres toujours en capacité de travailler, seront de moins en moins nombreux, et finiront par ne plus être suffisants pour produire les biens de consommation pour toute la communauté, en dépit même du progrès technique et du niveau d'efficacité de la main-d'œuvre que la communauté aurait atteint auparavant.

Le troc n'est d'aucun secours puisqu'il nécessite la fabrication des marchandises dans lesquelles la communauté se sera spécialisée. Pareillement pour l'épargne et le progrès technique, même en ayant auparavant amélioré fortement l'efficacité productive au point de produire tous les besoins de consommation de la communauté en 1 heure de travail par jour et par membre actif : sans possibilité de travailler, sans main-d'œuvre disponible, les biens d'équipement aussi lourds soient-ils et les techniques de production aussi sophistiquées soient-elles ne serviront strictement plus à rien. La production de biens d'équipement n'est d'aucune utilité s'il n'y a plus assez de membres actifs pour les utiliser et le progrès technique ne pourra jamais surseoir aux besoins de consommation des membres de la communauté sans acte productif, autrement dit sans main-d'œuvre.

Comment également satisfaire les besoins de consommation de la communauté en cas de maladie ou d'épidémie qui rendrait indisponible toute une partie des actifs durant une période prolongée, indéterminée et imprévisible, pendant laquelle elle ne pourra plus produire suffisamment ? La vieillesse ou la maladie provoqueront une chute de façon certaine de la consommation par membre et du bien-être des communautés, aussi élevé que soit leur niveau de développement économique. Dans le cas le plus extrême, elles pourraient même abréger la vie de toute une communauté qui, par exemple, ne pourrait plus se nourrir par insuffisance de main-d'œuvre. Le système économique décrit jusqu'ici est incomplet.

Toute communauté a absolument besoin d'un moyen de transférer dans le futur la valeur de sa production en biens de consommation, afin de pouvoir en jouir plus tard lorsque sa main-d'œuvre sera devenue insuffisante pour en assurer la production. On pourrait penser à constituer un stock de biens de consommation que l'on produirait à l'avance par **précaution** et que l'on utiliserait quand on en aurait besoin. Mais les biens se dévalorisent avec le temps et auront perdu partiellement voire totalement leur utilité et leur valeur d'usage, quand la communauté voudra les utiliser. Il lui faudra renouveler perpétuellement ce stock de précaution et donc produire davantage, ce qui finira par être impossible pour les communautés dont la main-d'œuvre se raréfie.

Pour éviter cette déconvenue, il faudrait trouver une marchandise particulière qui ne se dévalorise pas avec le temps et que les communautés chercheront à se procurer pour sa seule capacité à conserver sa valeur. Cette marchandise n'est ni consommée (elle n'est pas un bien de consommation), ni utilisée pour produire un bien de consommation (elle n'est pas un bien d'investissement). La seule utilité de cette marchandise proviendra de son caractère unique à conserver dans le temps la valeur de biens de consommation que l'on choisira de consommer à une date ultérieure. Les communautés l'**achèteront** par échange de biens de consommation qu'elles auront auparavant produits : elles feront ultérieurement l'opération inverse, en échangeant cette marchandise contre des biens de consommation dont elles auront besoin et qu'elles ne pourront plus produire.

Cette marchandise serait ainsi pour toute communauté le support de tout revenu (= toute production) qu'elle ne consommerait ni n'investirait sur le moment. L'« achat » de cette marchandise par les communautés correspond bien à un acte d'épargne, c'est-à-dire à une production non consommée, mais qui ne prendrait pas la forme (d'une production de biens) d'investissement. On accumulerait cette marchandise pour l'échanger plus tard contre des biens de consommation que l'on ne pourra plus produire.

L'émergence d'une nouvelle sphère distincte de la sphère réelle

Cette marchandise possédera le statut unique, très particulier, de **réserve de valeur** : elle permet de conserver la valeur d'une production de biens de consommation afin de la consommer plus tard. Son côté inaltérable avec le temps la rendra **éternellement échangeable** contre tout bien de consommation. Sans qu'elle soit un bien de consommation, les communautés chercheront éternellement à se procurer cette marchandise uniquement dans le but de transférer dans le temps la valeur de leur production : en achetant cette marchandise contre des biens de consommation qu'elles auront auparavant produits, toute communauté pourra conserver une partie de sa production, jusqu'à ce qu'elle décide de la consommer en « revendant » cette marchandise contre des biens de consommation.

Cette marchandise spécifique n'est aucunement essentielle à la production de biens de consommation : on pourrait la retirer sans changer quoi que ce soit à la capacité des communautés à fabriquer les biens de consommation qu'elles désireront. Elle ne sera ainsi demandée ni pour être consommée ni pour participer au process de production des biens de consommation : nous dirons qu'elle ne fait pas partie de la **sphère réelle,** qui désigne le secteur qui produit les biens de consommation, incluant toutes les formes de biens (biens d'équipement) et de marchandises (matières premières) nécessaires à la réalisation des biens de consommation, ainsi que les communautés et donc les individus qui y travaillent. L'introduction de cette marchandise, qui est la seule marchandise que recherchent les communautés sans qu'elle fasse partie du panier de consommation directement (bien de consommation) ou indirectement (bien d'investissement), modifie dès lors fondamentalement le système qui n'est plus constitué d'une seule sphère homogène, mais bien de deux sphères très différentes.

En plus de la sphère productive des biens de consommation, en charge de produire tous les biens de consommation, qualifiée de « sphère réelle », qui est la seule sphère que nous avons décrite jusqu'alors, il y aura une seconde sphère : celle-ci produit cette marchandise éternelle, que l'on voudra détenir non pas en tant qu'objet de consommation, non pas en tant que bien d'équipement, utilisé pour fabriquer un bien de consommation, mais bien en tant que véhicule de conservation « d'une production de biens de consommation » que l'on ne consommera pas immédiatement mais à une date ultérieure.

Faisant partie d'une sphère à part, nous considérons ainsi que la recherche et la production de cette marchandise très particulière constituent le métier de spécialistes et de communautés spécifiques, qui ne produisent pas de biens de consommation par ailleurs : ces communautés seront distinctes des communautés de la sphère réelle auprès de qui elles se procureront les biens/paniers de consommation pour leurs membres. Elles échangeront contre les biens/paniers de consommation cette marchandise éternelle qu'elles seules produiront, recherchée par toutes les communautés de la sphère réelle pour transférer une partie de leur production (de biens de consommation) dans le temps.

L'émergence du concept d'épargne financière

Les achats de cette marchandise spécifique par les communautés de la sphère réelle représentent la masse de leur production, qui n'est destinée ni à leur consommation immédiate ni à leurs besoins d'investissement (production de biens d'équipement). Il s'agit bien d'une production de biens de consommation « épargnée » mais qui n'est pas utilisée dans la fabrication des biens d'investissement. Avec cette possibilité qui leur est offerte de conserver une partie de leur production de biens de consommation, pour en jouir plus tard, l'épargne des communautés de la sphère réelle a maintenant deux composantes bien distinctes. La première, que nous avons vue précédemment, a sa contrepartie immédiate en termes de production de biens d'équipement dans la même communauté : cette épargne représente la force de travail qui est immobilisée dans la fabrication de biens d'équipement, que l'on intégrera par la suite dans le processus de production des biens de consommation afin d'augmenter la capacité productive et le bien-être de la communauté. Cette épargne est qualifiée de « réelle » puisqu'elle finance une production (de biens d'équipement) dans la sphère réelle, destinée à développer la production/consommation de biens/paniers de consommation par la suite.

La seconde composante de l'épargne, que nous venons tout juste de développer et de décrire, correspond à la production consacrée à l'achat de cette marchandise éternelle, qui ne fait pas partie de la sphère réelle mais qui permettra de conserver dans le temps la valeur d'une production : elle est bien un revenu (= production) non consommé mais elle ne finance aucun acte productif dans la sphère réelle. À ce titre elle sera dite **épargne financière**, par opposition à l'épargne réelle.

Au total :

Épargne de la sphère réelle = épargne réelle
+ épargne financière

où :

Épargne réelle = investissement =
production de biens d'équipement,
et épargne financière = achats de la marchandise éternelle
= production de biens
(ou paniers) de consommation
non consommés par la communauté

Cette épargne financière permet finalement de conserver dans le temps la valeur-travail incluse dans la production de biens de consommation.

La marchandise éternelle : l'or

Dans l'histoire de l'humanité, cette marchandise, qui a eu cet attribut de réserve de valeur universelle et éternelle, est l'or. Bien sûr, tous les métaux nobles comme l'argent et le platine qui s'oxydent très peu à l'air pourraient également constituer cette marchandise spécifique, conservant sa valeur, mais aucun parmi eux ne possède les qualités d'inaltération de l'or, notamment à l'air. L'or peut ainsi être conservé quasiment de manière infinie, sans se dégrader le moins du monde.

Même s'il peut être utilisé dans le cadre de la fabrication de certains biens de consommation comme les bijoux, nous considérerons dans la suite que l'or ne sera « acheté », car demandé, que pour sa fonction de réserve de valeur : cette hypothèse ne change rien au raisonnement et rendra les explications plus limpides pour un béotien en économie.

Du fait de son statut particulier, qui l'écarte de tout process de production des biens de consommation, l'or appartient à une sphère distincte de celle qui produit les biens de consommation. Cette sphère, nous la nommerons pour l'instant la **sphère-or** : la production d'or est assurée par des communautés spécifiques, qui ne produisent pas de biens de consommation. Pour les besoins de leurs membres, elles échangeront leur production d'or contre des biens de consommation auprès des communautés de la sphère réelle (la sphère productive des biens de consommation) qui elles, en revanche, auront besoin d'or pour transférer la valeur de leur épargne.

Pour rendre le système plus lisible pour le lecteur, nous considérerons ici que toutes les communautés recherchent, et donc partagent, le même panier de consommation type. Désormais, le système sera scindé en deux sphères distinctes, la sphère réelle d'une part, formée de toutes les communautés qui produisent les biens de consommation, regroupés sous forme de paniers de consommation types, mais qui ne produisent pas d'or, et la sphère-or d'autre part, formée de tous les producteurs de cette marchandise éternelle « réserve de valeur » mais qui ne produisent pas de biens/paniers de consommation. Toutes les communautés se différencieront par deux facteurs. Le premier est le niveau de vie qui définira un taux de préférence pour le présent qui lui sera inversement proportionnel : ce dernier sera d'autant plus bas que le niveau de vie (ou de développement économique) sera élevé. Le second est la démographie et plus précisément le vieillissement de la population active : seules les communautés qui enregistreront une baisse de la production future à cause de la future contraction de population active sont pour l'instant demandeuses d'or.

CHAPITRE 7

Prêt/crédit et marché financier des titres

Le produit financier : le prêt

Un système purement réel n'est pas efficient parce qu'il lui manque cette marchandise « réserve de valeur » dont a besoin chaque communauté pour transférer dans le futur la valeur d'un revenu non consommé ni investi (l'équivalent d'une part de sa production en biens de consommation qui serait consommée bien plus tard). Nous avons amélioré l'efficacité du système économique initial, où seuls étaient produits les biens de consommation et les biens d'équipement qui servent à les fabriquer, en lui adjoignant une marchandise, l'or, indispensable pour sa qualité de réserve de valeur : l'or donne la possibilité à toute communauté d'épargner une partie de sa production de biens de consommation pour ses futurs retraités.

Ce système, toujours dépourvu de monnaie, met néanmoins en évidence la valeur première de l'or : l'or possède ce statut unique, universellement reconnu et intemporel de support inaltérable au transfert de la valeur d'un revenu dans le temps sans acte supplémentaire productif. **Jusqu'à aujourd'hui, en l'absence de confiance dans les autres actifs patrimoniaux, les hommes se réfugient dans l'actif « or » pour son caractère immuable, donc éternel.**

Si elle permet le transfert de la valeur d'une production dans le temps, cette épargne constituée sous forme d'or par les communautés affectées par le déclin de leur population active est cependant infructueuse, alors même qu'elle est coûteuse : ponctionnant en général une part de la consommation présente, cette épargne, constituée de manière contrainte et forcée, pèse sur le bien-être présent de la communauté mais ne rapporte strictement rien durant tout le temps de détention de l'or. Elle n'est absolument pas rémunératrice ni productive, contrairement à l'épargne réelle qui, en finançant l'investissement dans la fabrication en biens d'équipement, sera rémunérée d'un supplément de paniers de consommation qu'elle aura pu générer. Les communautés qui accumulent de l'or ne s'en porteraient que mieux si une utilité « enrichissante », donc rémunératrice, était trouvée à cette marchandise certes fort utile mais qui ne dégage pour autant aucun revenu durant sa possession.

Or toutes les communautés ne se ressemblent pas : elles ont des niveaux de développement économique différents et des démographies différentes. À côté des communautés qui constituent une épargne en or improductive, ne dégageant aucune rémunération réelle, il existe d'autres communautés économiquement peu développées ne dégageant pas d'épargne financière, n'accumulant pas d'or, ayant *a contrario* un lourd besoin en biens d'équipement qu'elles ne peuvent satisfaire par elles-mêmes dans l'immédiat, parce que cela leur demanderait un sacrifice de consommation beaucoup trop élevé : nous l'avons vu, pour des communautés d'un niveau de développement économique faible, qui satisfont toujours peu leurs besoins de consommation, le taux de préférence pour le présent est si élevé qu'il leur sera impossible de mettre en place des techniques utilisant des biens d'équipement au temps de fabrication bien trop long, car demandant un sacrifice insupportable en termes de consommation. Comme analysé précédemment dans le cas de nos pêcheurs, afin de pouvoir mettre en place les méthodes de production les plus capitalistiques, chaque communauté devra passer auparavant par toutes les étapes du développement économique qui abaisseront progressivement et suffisamment le taux de préférence pour le présent, autrement dit le prix du sacrifice de consommation qui sera enregistré durant la période d'investissement. Il leur sera impossible de brûler les étapes dans leur développement économique, sauf en cas d'innovation technologique et plus spécifiquement de progrès technique sur le capital. À cause des coûts exorbitants de l'épargne réelle nécessaire à la fabrication des biens d'équipement trop lourds et à l'apprentissage indispensable pour intégrer de nouvelles techniques, les pays peu développés ne pourraient accélérer radicalement leur développement économique par des sauts ou des bonds technologiques qui leur permettraient de rattraper les pays les plus développés.

En particulier, l'écueil pour toutes ces communautés faiblement développées provient du coût bien trop élevé de l'épargne qu'elles se doivent de dégager pour financer la fabrication des biens d'équipement très lourds, avant même qu'elles ne bénéficient des fruits de leurs investissements. S'il leur était en revanche possible de trouver un financement extérieur dont le coût serait non seulement (très) inférieur à celui de leur épargne, mais en plus dont elles se rendraient quittes après et non avant l'accroissement de la production de biens de consommation que l'investissement aura généré, elles pourraient intégrer des méthodes de production très capitalistiques, qu'elles n'auraient pas pu mettre en place toutes seules, et ainsi rattraper les communautés les plus développées : elles opéreraient d'énormes bonds technologiques, qui leur étaient auparavant impossibles, faute d'un financement acceptable de leurs investissements par l'épargne réelle.

Nous avons bien un monde avec deux types de communautés : d'une part, les communautés ouvertes à un financement extérieur avantageux de leurs investissements par d'autres communautés, et d'autre part, les communautés générant une épargne financière, possédant voire accumulant de l'or qui ne demande qu'à être rémunéré. Pourquoi en ce cas ne pas concilier les besoins des deux types de communautés ?

Un **produit financier** va dès lors permettre de fournir cette ressource nécessaire aux communautés peu ou moins développées en manque d'investissement, dans des termes (très) avantageux pour elles car à un coût très inférieur à celui de leur épargne réelle, tout en étant bénéfique aux communautés détenant de l'or. Ce produit est un **prêt** : étymologiquement, le mot « prêt » dérive du latin *praestus* qui signifie « dévoué, disponible » et de l'adverbe *praesto* qui signifie « sous la main, à la disposition ». Le prêt mettra à disposition des premières, les communautés emprunteuses, l'or disponible, car libre de toute utilisation, détenu par les secondes, les communautés prêteuses : il s'agit d'un contrat au terme duquel l'emprunteur s'engage à rembourser au prêteur l'or emprunté moyennant un **intérêt** qualifié de **financier**.

Les communautés emprunteuses utiliseront cet or emprunté pour acheter à d'autres communautés les biens de consommation nécessaires au maintien du bien-être de leurs membres, durant toute la période où une partie de la main-d'œuvre sera accaparée par la fabrication des nouveaux équipements. Ou bien, elles pourront acheter par cet or emprunté ces mêmes biens d'équipement à d'autres communautés de la sphère réelle, qui auront besoin d'or : elles pourront alors s'engager rapidement dans de nouvelles techniques dont l'apprentissage pourrait se révéler long et laborieux.

Ce produit financier est avantageux pour le prêteur dont la détention d'or sera rémunérée. Mais surtout, il recèle d'énormes atouts pour l'emprunteur. Il lui permettra en effet de trouver pour son investissement un financement, beaucoup moins coûteux que s'il avait été assuré par son épargne réelle, et ce pour deux raisons. Déjà, les Robinsons prêteurs, qui détenaient de l'or gratuitement, n'offrant aucune rémunération, pourraient être enclins à accepter toute rémunération, aussi faible soit-elle.

Mais, surtout, en inversant la séquence « sacrifice de consommation/génération de la plus-value », il rendra acceptable un coût de l'investissement qui ne l'était pas. Car, en l'absence de prêt, la communauté emprunteuse aurait dû réduire une partie de sa consommation, déjà trop faible, avant de pouvoir bénéficier de la plus-value d'un investissement. A *contrario*, avec un prêt, elle accroîtra d'abord sa capacité productive de biens de consommation par l'investissement pour ensuite ponctionner une partie de la plus-value qui aura été générée afin de payer le prêteur. Le coût de l'investissement pèsera sur la communauté seulement lorsque la consommation par membre aura augmenté.

Reprenons l'exemple de nos Robinsons pêcheurs et considérons le cas d'une communauté qui ne peut assurer par ses méthodes de pêche qu'un seul poisson par jour et par membre. Cette communauté sait que l'utilisation d'un filet lui permettra de passer à 5 poissons par jour et par membre mais que sa fabrication coûtera un demi-poisson par jour et par membre pendant un an (le temps de fabrication du filet), rendant impossible la réalisation de cet investissement qui réduirait la consommation au niveau peu acceptable d'un demi-poisson par jour et par membre. Avant de passer à la pêche au filet, en l'absence de prêt-or, ses membres auraient dû accroître auparavant le volume de pêche par des méthodes moins capitalistiques, autrement dit par des équipements dont la production leur aurait pris moins de temps que celle d'un filet, afin d'atteindre un niveau de consommation suffisant et de pouvoir entamer la fabrication du filet. Comme nous l'avons décrit auparavant, ils auraient dû passer par toutes les techniques du développement de la pêche, étape par étape : pêche à la ligne, pêche à la ligne + alarme, puis filet.

Grâce à un prêt, ils pourront réaliser un bond économique, sautant plusieurs étapes. Des Robinsons détenant de l'or vont accepter d'en prêter à cette communauté qui pourra ainsi l'utiliser, durant toute la période d'investissement (= période de fabrication du filet), pour se fournir en poissons auprès d'autres Robinsons (qui auront besoin d'or) et maintenir la consommation d'un poisson par membre. Le prêt devra financer l'équivalent d'un demi-poisson par jour et par membre durant toute l'année de fabrication du filet. En contrepartie, les Robinsons prêteurs vont demander un intérêt de

100 % par exemple : si le prix du poisson en termes d'or ne bouge pas, ils demanderont l'année suivante à être remboursés de l'équivalent en or de 1/2 poisson (prêt) + 1/2 poisson (intérêts), soit de l'équivalent en or d'un poisson par jour et par membre pendant un an. Mais, d'ici là, le filet sera fabriqué et son utilisation aura accru la capacité de pêche à 5 poissons par jour et par membre : après le remboursement du prêt (l'or emprunté [= 1/2]) + intérêt [= 1/2]), il leur restera l'équivalent de 4 poissons par jour et par membre. Le coût final de l'investissement est constitué du remboursement du prêt (somme prêtée + intérêts) auquel sera consacrée une partie de la production future : à ce titre, le coût de l'investissement est une ponction sur la pêche (donc sur la production) future, sans peser sur la consommation présente, comme cela aurait été le cas si l'investissement avait été financé par l'épargne intérieure. L'inversion de l'ordre chronologique (coût/plus-value) de l'investissement change tout. C'est toute la puissance du prêt : en finançant un investissement par le prêt, on diffère son coût à une date où la plus-value sera générée et où donc le supplément de revenu sera disponible. La faiblesse du niveau de vie, qui équivaut à la faiblesse de la consommation par membre assurée par la production intérieure à la communauté, n'est dès lors plus un obstacle à l'adoption par les communautés les moins développées des techniques très capitalistiques des communautés les plus développées.

Le produit financier ainsi décrit qu'est le prêt fait en particulier référence au **crédit.** Le crédit est un prêt, mais le prêt n'est pas nécessairement un crédit. Car la notion de crédit est plus spécifique : dans la langue française, elle fait notamment référence aux prêts issus d'un acteur que nous aborderons plus tard, la banque. Mais, pour la simplicité des propos, par confort linguistique et pour la compréhension générale de la fonctionnalité si essentielle du crédit pour le lecteur, nous utiliserons souvent le mot « crédit » à la place du mot « prêt » alors même que les deux notions comportent des différences sémantiques sur lesquelles nous insisterons plus loin.

Étant un prêt, le crédit possède les mêmes avantages économiques pour les communautés peu développées : grâce à une ressource extérieure beaucoup moins chère qu'un financement exorbitant issu de l'épargne intérieure, un crédit leur fera réaliser des bonds économiques d'autant plus considérables que l'écart entre le taux de rentabilité de leurs investissements et le coût du crédit sera élevé. La seule condition pour que l'investissement financé à crédit soit réalisé est que la plus-value qu'il génère soit supérieure à la rémunération des prêteurs, l'intérêt, qui représente le coût du crédit.

Les paramètres fondamentaux d'un prêt (ou crédit) : son taux d'intérêt et sa durée

Un prêt est défini par sa rémunération, affichée en termes de taux d'intérêt, et par sa durée.

Le taux du prêt entre communautés : un taux d'intérêt libellé en termes réels

Avant même de savoir que leur détention d'or pouvait être rémunérée par le biais d'un prêt, des communautés avaient constitué une épargne financière, sous forme d'or, sans qu'aucune rémunération ne leur soit proposée. On pourrait alors penser que le taux du prêt pourrait être nul. Mais il ne le sera jamais : le taux d'intérêt demandé par le prêteur sera nécessairement toujours positif et jamais nul.

Il est en effet hors de question pour les Robinsons prêteurs d'accepter que leur or soit prêté gratuitement alors même qu'il rendra service aux emprunteurs et que leur épargne financière a été constituée en général au prix d'un sacrifice de la consommation présente. Les Robinsons prêteurs demanderont logiquement une prime d'utilisation de leur or, qui contribuera au développement du bien-être de la communauté emprunteuse : de la même façon qu'un loyer est demandé pour l'utilisation régulière d'un bien immobilier, d'une voiture ou d'une machine industrielle, les Robinsons prêteurs vont demander une rémunération pour accepter d'en laisser la jouissance à un tiers, pendant toute la durée du prêt. Cette rémunération devrait être logiquement libellée en or. En prêtant par exemple 100 mêmes pièces d'or à un taux d'intérêt annuel de 10 %, tant que le crédit n'est pas remboursé, l'emprunteur devra verser 10 pièces d'or chaque année au prêteur. À l'échéance du crédit, fixée dès le départ, l'emprunteur devra restituer les 100 pièces d'or empruntées, qui constituent le capital emprunté, exactement comme un locataire se doit de restituer en l'état le bien immobilier qu'il occupe, aux termes d'un bail de location durant lequel il en a eu la jouissance moyennant un loyer.

L'emprunteur appartient à la sphère réelle : il produit des paniers de consommation et non de l'or. Par conséquent, il devrait logiquement, à l'échéance du prêt, se procurer de l'or en vendant une part de sa production de paniers de consommation aux Robinsons producteurs de la sphère-or. Mais l'emprunteur n'est pas du tout maître d'une donnée majeure : l'évolution future de la valeur d'échange du panier de consommation contre de l'or. Si la valeur de l'or monte pendant la durée du prêt, la même quantité d'or vaudra davantage en termes de paniers de consommation : il lui faudra alors ponctionner une part plus importante de sa production de paniers de consommation pour se procurer la quantité d'or qu'il devra au prêteur, ce qui peut le mettre en porte-à-faux.

Prenons l'exemple d'une communauté qui fait un investissement dont le coût est équivalent à 10 paniers de consommation et dont le rendement est de 20 % : cet investissement générera ainsi une production de 12 paniers de consommation au bout d'un an, soit une plus-value issue de l'investissement équivalente à 2 paniers de consommation. La communauté finance cet investissement par un emprunt au taux de 10 %. Supposons que le prix d'un panier de consommation soit de 10 pièces d'or au moment où elle le contracte : elle emprunte ainsi 100 pièces d'or sur un an au taux de 10 % en termes d'or. Au bout d'un an, elle devra donc rembourser 100 (= prêt) + 10 (intérêts) = 110 pièces d'or.

Si le prix du panier de consommation ne bouge pas en un an, alors le paiement du crédit (110 pièces d'or) reviendra à 11 paniers de consommation, qui seront ponctionnés sur la production pour pouvoir rembourser le prêteur. En cas de stabilité des prix du panier de consommation, le taux du crédit de 10 %, qui était à la base un taux libellé en or et que l'on qualifiera de taux d'intérêt nominal, parce qu'il est calculé en or comme ce qui a été prêté, est aussi son taux en termes réels, c'est-à-dire son taux d'intérêt calculé en termes de paniers de consommation. Par conséquent, avec un taux de rentabilité de 20 % en termes de paniers de consommation (+ 2 paniers de consommation) supérieur à son coût, égal au taux d'intérêt du prêt de 10 % également libellé en termes de paniers de consommation (– 1 panier de consommation), l'investissement est bien gagnant : au terme de l'opération, il restera 1 panier de consommation supplémentaire disponible pour les membres de la communauté, après paiement du crédit.

En revanche, si en un an, le prix du panier de consommation baisse de 10 % en termes d'or, revenant ainsi à 9 pièces d'or au moment du remboursement, l'emprunteur devra toujours 110 pièces d'or à l'échéance au prêteur, mais elles représenteront cette fois-ci non pas 11 mais plus de 12 paniers de consommation alors que l'investissement n'en aura généré que 12 : le coût réel du crédit (en termes de paniers de consommation) pour la communauté emprunteuse ne sera pas de 10 %, mais bien d'un peu plus de 20 %, alors même que le taux de rendement de l'investissement restera toujours de 20 %, en termes également de paniers de consommation. Il n'y aura aucun panier supplémentaire disponible pour la communauté emprunteuse. Il peut même arriver que la baisse du prix du panier de consommation soit si forte que l'investissement financé à crédit coûtera bien plus qu'il ne rapportera, aboutissant à une réduction sensible de la consommation et du niveau de vie de ses membres.

L'emprunteur peut néanmoins éviter cette dégradation potentielle de son bien-être, qui serait provoquée par la variation du prix de l'or : pour se couvrir contre cet aléa pesant sur la rentabilité du financement à crédit de son investissement, il proposera au Robinson prêteur de le rémunérer directement en paniers de consommation. Une telle rémunération lui permettra de fixer dès le début le coût de l'emprunt en termes de production future. En fixant le remboursement du crédit (or prêté + intérêts) en « termes réels », c'est-à-dire en termes de paniers de consommation, il se couvrira ainsi contre tout **risque** de revalorisation de l'or, qui pourrait affecter le « coût réel » de son emprunt et dégrader le bien-être des membres de la communauté.

Détenant originellement de l'or pour financer ses besoins futurs de consommation qui ne pourront plus être satisfaits par sa propre main-d'œuvre, le prêteur aura toutes les raisons d'accepter la fixation de l'intérêt en termes réels, s'il connaît la date exacte de ses besoins futurs : en l'absence d'incertitude, ce que nous supposerons ici, le prêteur acceptera. Car l'évolution du prix de l'or durant le crédit lui fait courir un risque à lui aussi. Ce risque est néanmoins inverse de celui de l'emprunteur : si pour la communauté emprunteuse il provient de la hausse de la valeur de l'or en termes de paniers de consommation, pour la communauté prêteuse il provient de la baisse de sa valeur.

En acceptant le remboursement du prêt et l'intérêt payé par l'emprunteur en paniers de consommation, les prêteurs évitent à leurs membres tout désagrément causé par la dévalorisation de leur épargne financière en termes de paniers de consommation. Pour éviter ainsi toute déconvenue liée à l'évolution du prix de l'or, les prêteurs comme les emprunteurs de la sphère réelle auront un intérêt mutuel à fixer la rémunération du crédit en paniers de consommation.

Nos deux contractants, le prêteur d'un côté et l'emprunteur de l'autre, vont alors s'entendre à merveille sur un crédit remboursable en termes de paniers de consommation, le prêteur parce qu'il saura ainsi exactement le volume de consommation que lui assurera son placement, l'emprunteur parce qu'il saura exactement la part qu'il devra ponctionner sur sa production en paniers de consommation, générée par l'investissement qui aura été financé à crédit. Il est de leur « intérêt » mutuel d'éliminer dans cette opération financière tout risque qui pèserait sur leur bien-être futur et qui proviendrait de l'évolution de la valeur de l'or en termes de paniers de consommation.

Nous arrivons à la conclusion fondamentale selon laquelle le **taux d'intérêt financier** d'un crédit entre deux communautés, l'une prêteuse dont l'épargne financière est destinée à financer ses besoins de consommation future et l'autre emprunteuse qui finance un investissement dans sa sphère réelle pour développer sa capacité productive en paniers de consommation, sera nécessairement libellé en termes réels. **Le « taux d'intérêt financier », qui désigne l'intérêt attaché à une opération de prêt entre deux communautés, sera libellé en termes de paniers de biens de consommation : il est un taux réel.**

La durée du prêt

Outre le risque dû à l'évolution du prix de l'or, qui a été résolu par l'établissement d'un taux réel, un autre risque pèse sur le bien-être des communautés : il s'agit de la durée du prêt qui devrait satisfaire les deux parties.

L'horizon de placement que recherche le prêteur est défini par ses besoins futurs de consommation, non couverts : il offrira une durée qui lui permettra d'obtenir les paniers de consommation au moment où il en aura besoin. Quant à l'emprunteur, son horizon d'emprunt sera déterminé par le rythme d'obsolescence des nouveaux équipements qu'il aura financés par l'emprunt. Si ces derniers doivent être remplacés au bout de cinq ans, il choisira une durée d'emprunt de cinq ans, qui correspondra à la durée pendant laquelle la nouvelle technique de production utilisant les nouveaux équipements sera utilisée : au bout des cinq ans, il pourra bien évidemment changer de technologie si besoin est, ou renouveler les équipements, qui seront peut-être moins chers ou plus chers en termes de paniers de biens de consommation, et qui pourront également être plus efficaces. Par conséquent, en adossant la durée du crédit au rythme d'obsolescence des nouveaux équipements, il éliminera tout risque provenant du renouvellement des équipements qui interviendra nécessairement. Ainsi, la durée devra correspondre à la fois à l'horizon de placement des prêteurs, conditionné par la durée au bout de laquelle ils prévoient d'avoir besoin de leur épargne pour consommer plus tard, mais aussi à l'horizon d'investissement des emprunteurs déterminé par la technologie mise en place et le rythme d'obsolescence des équipements. Cette nouvelle contrainte pesant sur la durée du crédit pourrait logiquement limiter les techniques qui pourraient être mises en place librement chez les communautés emprunteuses.

Cependant, dans un système où de multiples communautés sont en présence avec des niveaux économiques différents, il est très probable qu'il y ait un continuum d'investissements possibles définis par leur rendement, par la période au bout de laquelle le supplément de production généré par l'investissement sera disponible, et par le rythme d'obsolescence des biens d'équipement à installer. Il en découle alors des offres et des demandes de prêt pour toutes les échéances.

En conclusion, le prêt en termes « réels » possède un autre atout majeur : il fera correspondre d'une part l'horizon de l'emprunteur, fixé en fonction du rythme d'obsolescence des équipements utilisés et de la période au bout de laquelle l'investissement financé à crédit générera un supplément de production, à d'autre part l'horizon du prêteur, défini par la date où ses besoins de consommation futurs devront être comblés.

La dimension fondamentale de l'épargne financière : elle est réelle

Le marché des fonds prêtables : le marché de placement de l'épargne financière

On pourra dès lors créer un marché où les emprunteurs viendront à la rencontre de ceux qui ont une épargne en or. Ce marché se nomme le **marché des fonds prêtables** ou le **marché des titres de créances**, qualifié en général simplement de **marché des titres**. Une créance désigne un contrat en vertu duquel une entité est en position d'exiger sur une autre entité. Pour un prêt, il s'agit de la somme prêtée et des intérêts à verser.

Nous avons pour l'instant limité l'ensemble des prêteurs aux communautés qui étaient à l'origine prêtes à détenir de l'or en dehors même de toute rémunération. Or, une rémunération offerte en paniers de consommation élargit potentiellement la population des prêteurs à toutes les communautés. Parce qu'elles savent qu'elles pourront placer immédiatement tout or détenu sur le marché financier des titres, qui les rémunérera en termes de paniers de consommation, toutes les communautés seront en effet incitées à constituer une épargne financière, autrement dit sous forme d'or, qu'elles n'auraient sinon pas réalisée, si la rémunération réelle que leur offre le marché des titres est supérieure au coût de leur épargne. Contrairement à la première vague des communautés, qui étaient prêtes à se porter demandeuses d'or et à accumuler de l'or en l'absence même de toute rémunération, cette seconde vague des communautés qui constitueront une épargne financière auront eu besoin de savoir dès le départ que leur acte d'épargne financière (car constituée en or) sera bien rémunéré ultérieurement en termes de paniers de consommation, suffisamment pour couvrir le coût de leur épargne, mesuré par leur taux de préférence pour le présent. En fait, elles substitueront une épargne financière à leur épargne réelle si la rémunération offerte par le marché des titres est supérieure à celle de leurs investissements, on pourrait dire qu'elles « délocalisent » leur épargne. Le marché financier des titres, qui était à l'origine réservé aux seules communautés qui réalisaient une épargne en or, s'élargit de cette façon à toutes les communautés du monde : il devient « inter-communautaire », ou « **inter-national** » (si les communautés sont des nations) et donc **mondialisé**.

L'épargne financière change alors de dimension. Elle désignait au départ une épargne qui était la contrepartie d'achats d'or. Mais l'instauration du marché des fonds prêtables fait perdre à l'or son caractère patrimonial originel. Car, détenir perpétuellement de l'or n'a alors plus aucun sens puisque l'on se priverait de son placement rémunérateur sur le marché des créances. Toutes les épargnes financières, même celles qui s'étaient réalisées initialement en or sans aucune rémunération assurée, seront finalement prêtées par le biais du marché des titres. Toute communauté achèterait de l'or afin de le placer par la suite sur le marché financier des titres et d'y encaisser en contrepartie une rémunération en termes réels, c'est-à-dire en biens de consommation. L'or ne serait détenu que dans l'attente d'être investi dans la sphère réelle par le biais du marché financier des fonds prêtables. L'or n'est plus que le véhicule du crédit et du placement de l'épargne sur le marché financier des titres.

L'or devient le simple support transitoire à toute épargne destinée à être placée sur le marché financier des titres : il n'est alors plus que le vecteur de toute offre de fonds « prêtables » et du placement de l'épargne financière des communautés qui financeront des investissements réalisés par d'autres communautés par le biais du marché financier des titres.

Il en découle que la dimension de toute épargne financière reste fondamentalement réelle. Certes, l'épargne financière est bien distincte de l'épargne réelle : elle est réalisée en or en vue d'être placée sur le marché financier des titres. Elle n'est pas la contrepartie immédiate d'un investissement dans la sphère réelle, ou d'un transfert de la force de travail de la fabrication de biens de consommation à la fabrication de biens d'équipement, contrairement à l'épargne réelle. Mais, pour autant, sa dimension fondamentale reste réelle : son objet reste le financement d'un investissement dans la sphère réelle, en contrepartie d'une rémunération future en paniers de consommation qu'elle obtiendra, exactement comme une épargne réelle intérieure finançant un investissement intérieur de la communauté. L'or qui a donné naissance à cette nouvelle forme d'épargne ne serait plus qu'un voile dans le fonctionnement du système : toute épargne, même financière, est réelle. La seule différence entre les deux types d'épargne réside dans le fait que l'épargne financière finance un investissement extérieur par le biais du marché financier des titres alors que l'épargne réelle finance directement un investissement intérieur. Il y a néanmoins une part qui demeure à l'instant t reste sous forme d'or, parce qu'en attente d'être placée sur le marché des titres.

Synthèse sur l'épargne

Au total, à chaque instant, l'épargne d'une communauté est à tout moment soit une épargne réelle destinée à des besoins d'investissement intérieur, soit une épargne financière « réelle » placée sur le marché international financier des titres, soit, enfin, une épargne financière, une épargne en or, en attente d'être placée sur le marché des titres. Globalement, l'épargne de chaque communauté peut alors être décomposée comme suit :

Épargne = épargne réelle intérieure
+ épargne financière « réelle »
placée sur le marché financier des titres
+ épargne financière-or en attente de placement

Le marché financier mondialisé des titres : un formidable accélérateur du développement économique des communautés les moins développées

Toutes les communautés choisiront de placer leur épargne sur le marché des titres, plutôt que dans le financement de l'investissement intérieur, si le rendement qui leur est offert y est supérieur. En particulier, les communautés choisiront de placer leur épargne sur le marché des titres et de financer des communautés moins développées pour profiter des taux de plus-value (et donc de rendements) plus élevés que ceux qui auraient été issus de leurs investissements intérieurs. Mais, une fois ces opportunités de rendement extérieur appréciables épuisées, l'épargne de la communauté choisira de financer de nouveaux investissements internes plutôt que de financer des investissements extérieurs. Au total, pour les communautés prêteuses, le taux de rendement offert par un investissement interne, d'une part, et par un investissement externe, d'autre part, finiront par être identiques. Ce processus de convergence des rendements entre le marché financier et le marché intérieur est même beaucoup plus étendu.

Car, sur le marché des titres, l'offre de fonds prêtables s'exprimera en quantité d'or et en taux de rémunération réelle exigée par les prêteurs. Elle se confrontera à une demande de fonds prêtables qui se déclarera sous forme de quantité d'or demandée et de taux de rendement réel offert par les emprunteurs. Tant qu'il y aura des communautés qui proposeront des investissements dont le rendement sera supérieur au taux de préférence pour le présent d'autres communautés, le marché financier des titres ne sera pas en équilibre : des communautés continueront à alimenter l'offre de fonds prêtables pour financer de nouveaux investissements, puisque le rendement de l'investissement, donc de leur placement, qui leur sera proposé, sera supérieur au coût de leur épargne.

Au total, tant que le taux financier continuera à être supérieur au taux de préférence pour le présent d'autres communautés, le marché financier des titres sera alimenté par de nouvelles épargnes. Ce processus arrivera à son terme lorsque le taux financier sera égal au taux de préférence pour le présent des communautés prêteuses. De la même façon, les communautés emprunteuses continueront à alimenter la demande sur le marché du crédit et à y obtenir des financements tant que les taux financiers seront inférieurs au taux de rendement de leurs investissements, et à leur taux de préférence pour le présent, coût de leur épargne réelle.

Ce processus arrivera à son terme lorsque les communautés prêteuses auront épuisé leurs opportunités de placement sur le marché des titres et les communautés emprunteuses leurs opportunités d'investissement financées par le marché des titres : l'équilibre sera atteint lorsque le taux financier sera égal non seulement au taux de préférence pour le présent le plus bas de toutes les communautés épargnantes, mais aussi au taux de rendement des dernières unités d'investissement des communautés emprunteuses, financées par le crédit. Par conséquent, *in fine*, il n'y aura plus aucun investissement extérieur qui pourrait offrir un taux de rendement supérieur au taux de préférence le plus bas de toutes les communautés prêteuses.

Par ailleurs, le taux de préférence pour le présent de chaque communauté est nécessairement inférieur ou égal au taux de rendement du dernier investissement interne réalisé : à l'équilibre il est même égal. En d'autres termes, le processus arrivera à son terme lorsque le taux de préférence pour le présent, qui est le taux de rendement du dernier investissement réalisé, sera identique entre toutes les communautés, prêteuses comme emprunteuses : puisqu'elles auront au final le même taux de préférence pour le présent, les communautés devraient aboutir au même niveau de développement économique.

La libre circulation de l'épargne et l'établissement d'un **marché unique financier de l'épargne** ou **un marché unique de fonds prêtables** entre toutes les communautés, autrement dit un marché des titres **mondialisé**, forment un formidable accélérateur du développement économique des communautés les moins développées. Ils assurent également la convergence de toutes les communautés vers le même niveau de développement économique, celui même de la communauté la plus développée. Le seul obstacle à cette convergence économique résiderait dans les capacités insuffisantes de la main-d'œuvre pour adopter les techniques de production les plus productives au vu de l'état de l'art.

À tout instant, il y aura un taux d'intérêt d'équilibre qui équilibrera les offres et les demandes de financement international, et qui correspondra d'une part au rendement du dernier investissement financé, à partir du marché des titres, et d'autre part au taux de préférence pour le présent des dernières communautés prêteuses. Même s'il peut être atteint au bout d'un horizon très long, ce taux convergera à terme vers son niveau fondamental où toutes les communautés auront le même niveau de développement économique, celui de la meilleure, à « population identique » en qualité, en quantité, statiquement comme dynamiquement.

Graphique I.2. Taux d'intérêt financier, taux d'équilibre sur le marché des fonds prêtables

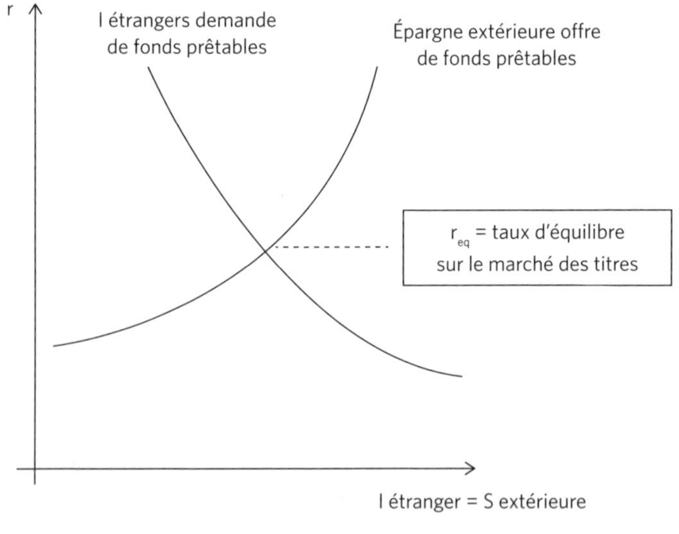

CHAPITRE 8

L'or, monnaie naturelle internationale de transactions

Les marchés financiers ou boursiers

Développement de l'or = développement du marché financier des titres = développement de l'information financière

La création du marché des fonds prêtables a ainsi modifié l'utilité de l'or : l'or ne serait plus désiré pour son statut de réserve de valeur mais bien pour sa capacité à être le « véhicule » de placement des épargnes des communautés sur le marché financier des titres de créances.

Seul le développement du marché financier des titres du crédit pourrait dès lors justifier un besoin supérieur en or des communautés et augmenter sa valeur en termes de paniers de consommation : l'élargissement du groupe des communautés prêteuses constitue pour les communautés de la sphère-or un levier fondamental pour vendre plus cher leur production et améliorer le bien-être de leurs membres. Dans ce but, elles vont chercher à recueillir et à diffuser l'**information financière** la plus complète possible. Par exemple, la connaissance voire l'affichage du rendement offert par certaines communautés sur leurs projets d'investissement, trop coûteux à financer par leur épargne intérieure, incitera naturellement d'autres communautés à constituer une épargne financière dont le coût est inférieur au rendement affiché. Ces dernières demanderont alors de l'or afin de le prêter immédiatement sur le marché du crédit : en l'absence de cette information, elles ne l'auraient pas fait.

Les communautés qui produisent la marchandise éternelle vont prendre conscience de leur capacité formidable à recueillir cette **information financière** que leur donne leur rôle pivot incontournable auprès des communautés de la sphère réelle.

Car, pour éviter de brader leur production d'or et la vendre le plus cher possible en échange de paniers de consommation, elles se doivent d'être régulièrement au contact avec toutes les communautés de la sphère réelle pour se procurer les paniers de consommation au meilleur prix en les achetant à celles qui seront les plus demandeuses d'or. Ce faisant, elles vont apprendre à connaître davantage les besoins en or de toutes les communautés de la sphère réelle et recueillir toutes les informations suivantes : du côté des communautés prêteuses, la quantité d'or que certaines demandent en échange d'un panier de consommation, le rendement qu'elles exigent pour prêter cet or, et du côté des communautés emprunteuses, la quantité d'or demandée pour financer leurs besoins d'investissement, et les rendements de ces investissements. Les communautés de la sphère-or vont alors recueillir toute « l'information financière » portant sur le marché des titres. En la diffusant, en la rendant publique et en la faisant connaître de tous, en révélant les opportunités d'investissement des unes et les capacités de placement des autres, elles pourront susciter au sein des communautés de la sphère réelle un besoin d'or encore plus impérieux.

Le marché du panier de consommation

Parallèlement, les communautés prêteuses ont besoin de connaître la véritable valeur d'échange du panier de consommation, le « numéraire » de leur bien-être, contre l'or, support à leur épargne financière. Elles ont besoin d'un marché qui les informera à tout moment du **prix du panier de consommation en or** ou **du prix en or du numéraire de leur bien-être**.

Les communautés de la sphère-or pourront répondre à ce besoin en constituant un marché centralisé d'échange des paniers de consommation contre de l'or, où se confronteront directement d'une part les offres de paniers de consommation contre de l'or, issues des volontés de placement des communautés sur le marché financier des titres, et d'autre part les demandes de paniers de consommation contre de l'or venant d'autres communautés. Les communautés de la sphère productrice d'or vont tenir à jour un **carnet d'ordres** qui exprimera les paniers de consommation demandés par les uns et offerts par les autres contre de l'or. Un prix du panier de consommation en termes d'or pourra dès lors être affiché à tout moment : il représentera le prix en or du dernier panier de consommation qui aura été échangé sur ce marché standard. Il ne s'agit plus ici d'un prix confidentiel, issu d'un échange bilatéral entre une communauté de la sphère-or et une communauté de la sphère réelle, et connu des deux seules parties ayant participé à l'échange, mais bien d'un prix public « connu » de toutes les communautés, car provenant d'un marché centralisé ouvert, où toutes les communautés pourront participer publiquement.

Il est du plus grand intérêt pour les communautés productrices d'or de rendre ce marché significatif de la valeur fondamentale en or du panier de consommation : car c'est en affichant sa vraie valeur en or que l'existence de ce marché éclairera sur le rendement réel du marché des titres et incitera les communautés à placer leur épargne sur le marché financier. Tant que ce marché restera mineur pour les échanges de paniers de consommation contre de l'or et que les échanges y seront épisodiques, la valeur du panier de consommation en or sur ce marché ne pourra pas se targuer d'être une valeur fondamentale. Il est même fort probable qu'une communauté demandeuse d'or puisse obtenir mieux en vendant son panier de consommation dans un échange bilatéral. Pour rendre ce marché centralisé fondamental, pour que tout panier de consommation à vendre passe en général par lui, il faudra que le prix d'échange du panier de consommation contre l'or y soit le plus significatif possible de sa vraie valeur. Pour cela, les communautés de la sphère-or vont devenir les grandes animatrices de ce marché en utilisant leurs connaissances privilégiées sur la valeur en or du prix du panier de consommation.

Chacune d'entre elles pourra en effet se positionner sur ce marché unique compte tenu des prix qu'elle aura par ailleurs négociés pour la vente en direct d'une partie de son or à des communautés de la sphère réelle. Elles seront les seules à détenir cette information privilégiée, qu'elles prendront soin de mettre à jour quotidiennement en interrogeant et en négociant tous les jours dans le cadre de leurs relations bilatérales avec les producteurs de la sphère réelle afin de s'approvisionner au meilleur prix en paniers de consommation qu'elles ne produisent pas. Sur le marché d'échange centralisé, si les prix de vente du panier de consommation affichés dans le carnet d'ordres sont inférieurs à ce que l'une d'entre elles aura pu obtenir en direct, cette dernière se positionnera à l'achat. Dans le cas inverse, les producteurs de la sphère réelle arrêteront de fournir directement aux producteurs d'or pour vendre leur production directement sur le marché centralisé organisé, à moins que ces derniers n'acceptent de les payer plus cher.

Naissance de la Bourse et émergence du marché boursier

La liberté de choix, la possibilité d'arbitrage entre un échange bilatéral confidentiel et un échange public sur un marché centralisé donneront alors toute la fluidité nécessaire à ce dernier pour le rendre essentiel et fondamental : le prix en or du numéraire qui y sera affiché tendra nécessairement à être le **prix d'équilibre**, un prix qui ne favorise ni ceux qui détiennent de l'or et qui désirent acheter des paniers de consommation ni ceux qui veulent de l'or et qui désirent vendre des paniers de consommation pour en obtenir. Le prix d'équilibre est le prix qui ne favorise ni vendeurs ni acheteurs compte tenu du carnet d'ordres, et de la masse de vendeurs et d'acheteurs. **Ce prix est fondamental** parce qu'il révélera finalement toute l'information détenue par tous les intervenants à propos de la rareté relative panier de consommation/or. Cette fluidité dans les échanges est ce que nous nommons la **liquidité** du marché.

L'or s'imposera alors par le biais de ce marché comme la marchandise d'échange international universellement reconnue mais aussi comme l'unité de mesure de la valeur du panier de consommation. Le panier de consommation étant le **numéraire**, ou l'étalon de la richesse produite par chaque communauté, car significatif de son bien-être, ce marché permettra d'établir sa valeur fondamentale dans une unité standard (en or) reconnue par toutes les communautés.

De tels marchés organisés publics d'échange, comme celui du marché du crédit ou celui du panier de consommation, où sont définies des valeurs d'échange reconnues, forment la bourse. L'expression **« Bourse » apparaît** au XIVe siècle **à Bruges**, en Belgique. Bruges était le grand partenaire commercial de Venise, cité totalement ouverte sur l'extérieur, qui commerçait avec le monde entier. La première Bourse moderne aurait ainsi été créée lorsque les associations de marchands étrangers prirent l'habitude de se réunir à Bruges sur la place devant l'hôtel de la famille « Van der Beurse » afin d'y fixer les prix de toutes les marchandises, ainsi que d'y échanger les monnaies de toute l'Europe. Ils déclaraient alors aller à la « Beurse ». Comme pour notre marché centralisé public d'échange du panier de consommation contre de l'or, l'efficacité de toute bourse réside dans sa capacité à parvenir, grâce à la centralisation des ordres de vente et d'achat, à un prix que nous qualifions en économie et en finance de **prix d'équilibre**, et qui sera significatif de toute l'information concernant les marchandises qui y sont échangées, détenue par les intervenants et révélée par leur intervention. Il ne peut y avoir de meilleur prix, c'est-à-dire de prix qui intégrera une information plus complète. Il s'agit d'une conclusion générale du fonctionnement des marchés boursiers.

Les autres types de marchés boursiers

Le marché centralisé d'échange du panier standard de consommation contre de l'or sera appelé « bourse A ». Les producteurs d'or sont aussi les organisateurs du marché financier des titres, où se confronteront les offres de prêt d'or, d'une part, s'exprimant pour chacune en termes de rendement réel exigé, et les demandes d'or d'autre part, en termes de taux de rémunération réelle offert aux prêteurs, qui découleront directement des rendements des investissements qui seront financés. Sur ce marché, les « carnets d'ordres » exprimeront les quantités d'or demandées ou offertes et les prix en termes de taux réels demandés et offerts. Les emprunteurs demandent une certaine quantité d'or pour financer leurs investissements et affichent les rendements réels qu'ils offrent : face à eux, les potentiels prêteurs affichent la quantité d'or qu'ils offrent et le rendement qu'ils en exigent en termes réels. Un prix d'équilibre en termes de taux d'intérêt s'établira entre les offres et les demandes de financement d'or. Le marché centralisé des titres sera appelé

« bourse B ». Il en découlera le **taux financier d'équilibre** issu de la confrontation entre l'offre et la demande de fonds prêtables : comme nous l'avons vu, **le taux financier d'équilibre est libellé en termes réels**.

À l'image du marché du panier type de consommation, nos producteurs d'or peuvent même sublimer leur rôle, en devenant des intermédiaires pour toute marchandise standard, intervenant dans tout processus de production, comme les matières premières. La richesse des terres est en effet très inégale entre communautés. Certaines communautés posséderont un sol riche en matières premières, dépassant largement leurs propres besoins, quand d'autres occuperont une terre pauvre : les premières fourniront les secondes en matières premières. L'offre en matières premières industrielles et énergétiques étant prévisible, les deux types de communautés pourront instaurer des contrats bilatéraux de long terme sur la base du troc de matières premières des uns contre des paniers de consommation fabriqués par les autres. En revanche, les aléas météorologiques rendent ce type de contrat incomplet pour les matières premières agricoles : certaines communautés devront se tourner vers d'autres sources d'approvisionnement que leurs fournisseurs habituels, en cas de météo défavorable. En étant au contact de toutes les communautés de la sphère réelle, les producteurs d'or auront connaissance des besoins des uns et de l'offre restante des autres : ils vont pouvoir se constituer en intermédiaires, proposant d'acheter aux seconds leurs excès de production, contre de l'or, pour les revendre aussitôt aux premiers contre des paniers de biens de consommation, tout en prenant au passage une commission sur ces derniers. Ils pourront également créer des bourses d'échange de matières premières contre des paniers de consommation, ou contre de l'or, ce qui revient au même puisque le prix monétaire du panier de consommation en or est déjà connu par la bourse A : ces bourses d'échange afficheront à tout moment le prix des matières premières en or compte tenu des surproductions ou sous-productions du système qui n'avaient pas été prévues. Il y aura ainsi un prix d'équilibre de toute matière première en termes d'or. Cette bourse d'échange sera notée C. Au total, plusieurs marchés boursiers sont créés, destinés en particulier à fournir un prix fondamental sur chacun d'entre eux.

La monnaie-or

L'or, monnaie internationale des échanges entre communautés

En établissant ces trois « bourses » d'échange, que sont le marché du panier de consommation, d'une part, le marché des titres, d'autres part, que nous pouvons aussi qualifier de **bourse aux actions d'investissement**, et qui préfigure le marché d'actions actuel, et enfin le marché des matières premières, les producteurs d'or poursuivent un seul objectif : développer les marchés boursiers afin de rendre l'utilisation de l'or la plus impérieuse possible parmi les communautés de la sphère réelle, et d'en augmenter la valeur. Ils y réussiront parce qu'ils auront, par ce biais, donné à l'or un nouveau statut qui va bien au-delà de son rôle d'intermédiaire des échanges sur le seul marché financier des titres.

Les communautés productrices d'or, qui paraissaient au début totalement dépendantes des communautés de la sphère réelle pour se procurer les biens de consommation dont elles avaient besoin et qu'elles ne produisaient pas, prennent ainsi conscience de la valeur inestimable des services qu'elles peuvent fournir aux communautés de la sphère réelle, et qui rendront l'or si précieux, rien qu'en perfectionnant l'efficacité fonctionnelle des marchés boursiers. De son simple rôle originel de réserve de valeur universellement reconnu, hérité de sa qualité de valeur éternelle, l'or finit par s'imposer comme le véhicule des échanges sur tous les marchés boursiers. C'est ainsi que ces communautés transformeront leurs désavantages originels en avantages acquis, inversant la relation de dépendance qui les liait aux communautés de la sphère réelle.

Vecteur d'échanges sur tous les marchés boursiers (et pas seulement sur celui du crédit), qui sans lui n'existeraient pas, l'or va même s'imposer comme le seul intermédiaire de tout échange de marchandises entre communautés, devenant par la même occasion l'étalon de valeur universellement reconnu dans tout échange entre communautés. En effet, la bourse A donnera une valeur du panier de consommation en or, comme finalement à tout bien de consommation qui rentre dans sa composition. De plus, payant directement en or les biens d'équipement auprès des communautés qui les fabriquent, une valeur en or sera également attribuée à toute forme de biens d'équipement. Enfin, la bourse C fournit une valeur-or à tout type de matières premières, toute ressource de la terre. Ainsi tout type de marchandises, matières premières, biens d'équipement ou biens de consommation, aura une mesure de sa valeur fondamentale en or.

Cette marchandise si spécifique qu'est l'or et qui avait été universellement choisie au départ pour sa seule qualité de réserve de valeur, car inaltérable avec le temps, devient ainsi l'intermédiaire et l'unité de compte de tout type d'échanges intercommunautaires. Réserve de valeur, intermédiaire des échanges et unité de compte, telles sont les trois fonctions fondamentales d'une **monnaie**, qui avaient été définies par Aristote. Par le biais du développement des marchés financiers, l'or s'impose ainsi naturellement et certainement comme la monnaie intercommunautaire, ou internationale, de tous les échanges extérieurs, entre les différentes communautés, que ces échanges concernent les biens produits par la sphère réelle ou les produits financiers.

Par le mode de construction progressif que nous avons adopté, le statut de monnaie internationale de l'or a ainsi entièrement découlé de sa qualité originelle de réserve de valeur universellement reconnue : sans cela, l'or n'aurait jamais été incontournable pour les échanges entre communautés de la sphère réelle, y compris sur les marchés financiers, et ne serait jamais devenu cette monnaie entre les communautés. L'or est d'abord une marchandise réserve de valeur avant d'être la monnaie d'échange intercommunautaire. S'il en est devenu un instrument de paiement international, c'est grâce à la reconnaissance universelle, par toutes les communautés, de son statut originel de réserve de valeur éternelle qui lui donne sa valeur d'usage immuable et par l'émergence du marché boursier des titres : même si les marchés boursiers regroupent plusieurs types de marchés, celui qui symbolise la puissance de la sphère productrice de la monnaie-or est bien le marché financier des titres de créances.

Face à la sphère réelle, constituée des communautés qui produisent le panier de consommation type, les communautés de la sphère-or, que l'on qualifiera de **sphère monétaire**, produisent régulièrement de la monnaie-or pour pouvoir se procurer les paniers de consommation indispensables à la vie de leurs membres. C'est par la spécialisation des communautés dans la production de la monnaie du système que les métiers de la finance/du crédit, se développeront et enrichiront grandement le système. Dans une économie monétaire où une monnaie nationale prend le rôle de l'or, ces intermédiaires spéciaux qui sauront développer les relations entre les épargnes des uns et les besoins d'investissement des autres sont des agents financiers et/ou bancaires.

Le rôle fondamental de l'or : monnaie de transaction dans un monde de pénurie

Comme nous l'avons expliqué, conserver son or a un coût puisqu'il consiste à se priver de la rémunération que l'on peut capter en le plaçant sur le marché des titres. Ce coût supporté dans la détention d'or va rendre cette monnaie très active.

Puisque sa conservation est coûteuse, toute communauté va en effet chercher à réinjecter l'or qu'elle détient le plus rapidement possible dans la sphère réelle. Passant aux mains des emprunteurs, il est rapidement échangé contre des paniers de consommation ou des biens d'équipement que d'autres communautés de la sphère réelle seront prêtes à fournir, uniquement avec l'objectif de placer l'or ainsi acquis sur le marché financier le plus rapidement possible. La monnaie-or circule ainsi tout le temps, passant sans cesse et sans répit des mains des prêteurs aux mains des emprunteurs pour revenir aux mains des prêteurs…

Par ce biais, la monnaie-or se déplace en boucle le long d'un circuit : elle commence par être le support de l'épargne financière de certaines communautés, puis monnaie de placement de ces mêmes communautés en étant prêtée sur le marché des titres, pour être ensuite monnaie de transaction, en étant réinjectée dans la sphère réelle par les emprunteurs qui achèteront des biens (de consommation ou d'investissement) à d'autres communautés intéressées par le marché des titres. La monnaie-or circule en boucle, en étant successivement monnaie d'épargne puis monnaie de placement/créances (ou de crédit), puis monnaie de transaction puis monnaie d'épargne, puis monnaie de crédit puis…

Sur ce circuit, la monnaie a une vitesse de circulation : un même stock de monnaie passera plusieurs fois par an par le marché du crédit ou par le marché des biens grâce à sa transformation régulière en monnaie de transaction ou de créances. Une vitesse de circulation de 5, par exemple, signifie que la même monnaie tourne 5 fois dans l'année : elle est notamment 5 fois par an support à des épargnes différentes sur le marché du crédit. Ainsi, un stock de monnaie-or de M couvrira l'équivalent de 5 * M de crédits durant une année.

Cette vitesse de circulation dépendra en particulier du degré d'organisation des marchés boursiers et du marché du crédit. Si la rencontre du prêteur et de l'emprunteur est immédiate, la quantité d'or qui se trouve dans les coffres des différentes communautés prêteuses est faible parce que leur épargne en or se transforme promptement et facilement en créances puis en biens d'équipement ou de consommation. Lorsqu'au contraire le marché financier des fonds prêtables est mal organisé ou désorganisé, emprunteurs et prêteurs éprouvent d'autant plus de difficultés à se rencontrer et les épargnes demeurent en or bien plus longtemps.

L'équilibre du marché de la monnaie

Les besoins en or des communautés de la sphère réelle découlent notamment directement de leur intérêt vis-à-vis du marché financier des titres : plus la masse d'épargne qui voudra s'y investir sera élevée, plus le besoin de monnaie-or sera fort. Une forte demande de monnaie signifiera nécessairement qu'il y aura une masse considérable de projets d'investissement à rendement élevé, qui intéressera les communautés épargnantes. Dans le cas contraire où les projets d'investissement offrent un rendement trop faible en général, les besoins en monnaie seront étiolés.

Compte tenu de sa vitesse de circulation et d'un montant annuel déterminé d'épargne extérieure intéressée par le marché du crédit, la sphère réelle aura alors un besoin de stock de monnaie bien défini. Si le montant de l'épargne extérieure désireuse de se placer sur le marché du crédit est de l'équivalent de 100 milliards (de pièces) d'or sur une année, le stock de monnaie dont elle aura besoin sera de l'équivalent de 20 milliards de pièces d'or avec une vitesse de circulation de 5.

Le besoin en monnaie-or des communautés réelles est ainsi défini en stock : ce n'est qu'à la condition que ce besoin de monnaie s'intensifie qu'elles seront demandeuses d'une monnaie supplémentaire. Or, face à elles, les communautés de la sphère-or produisent régulièrement de l'or pour pouvoir se procurer les paniers de consommation indispensables à la vie de leurs membres : lorsqu'il sera injecté dans la sphère réelle en étant échangé contre des paniers de consommation, tout nouvel or s'ajoutera au stock d'or existant pour l'amener à un niveau peut-être plus élevé que celui désiré par les communautés de la sphère réelle. Il n'y a aucune raison pour que les besoins de la sphère réelle correspondent aux besoins de la sphère monétaire, qui a cependant le pouvoir d'introduire toute la monnaie qu'elle désirera. Dans ce cas, il y aura un excès de monnaie parce que la quantité produite d'or (= l'accroissement du stock de monnaie) sera supérieure au supplément de monnaie demandée par la sphère réelle (= accroissement désiré du stock de monnaie). La sphère réelle produisant le panier de consommation et la sphère monétaire la monnaie, les échanges entre les deux communautés se résument à l'échange du panier de consommation contre de l'or : un excès d'offre d'or de la part de la sphère-or signifie tout simplement que le nombre de paniers de consommation qu'elle désire est supérieur au nombre de paniers de consommation que la sphère réelle est prête à produire pour obtenir de l'or en échange. Si l'offre d'or est excessive pour la sphère réelle, son prix en termes de paniers de consommation baissera ou le prix monétaire (en or) du panier de consommation augmentera. Face à un même nombre de paniers de consommation destinés à être échangés contre de l'or, un supplément d'or injecté par la sphère monétaire se traduira par une hausse monétaire du prix du panier de consommation.

Dans un régime de pénurie de paniers de consommation (et donc d'abondance relative de monnaie) où notamment la sphère monétaire produit toujours davantage de nouvelle monnaie pour satisfaire au mieux le bien-être de ses membres, le système générera une hausse perpétuelle du prix monétaire du panier de consommation. On observerait alors une hausse continue du prix monétaire du panier de consommation. C'est ce que nous appelons l'**inflation**.

Le phénomène inverse peut aussi avoir lieu. Par exemple, le besoin de monnaie-or peut s'accentuer par accroissement du taux de rendement des investissements extérieurs multipliant les opportunités de placement sur le marché des titres. Si la sphère-or n'est pas capable de fournir le supplément d'or demandé, le prix de l'or montera, ou ce qui revient au même le prix monétaire du panier de consommation baissera, les deux traduisant la même réalité :

la pénurie de monnaie pour satisfaire les besoins de la sphère réelle se résout en quelque sorte par l'ajustement à la baisse du prix d'échange du panier de consommation contre de l'or. Si le besoin de monnaie ne cesse de s'intensifier, générant une demande permanente de nouvelle monnaie, que l'offre de nouvelle monnaie ne peut combler, alors le prix monétaire du panier de consommation ne cessera de baisser par insuffisance répétitive de nouvelle monnaie. C'est ce que nous qualifions de **déflation**.

L'inflation apparaîtra dès que les besoins de monnaie de la sphère réelle seront insuffisants pour absorber la nouvelle offre de monnaie issue de la sphère monétaire à cause du nombre trop faible de projets d'investissement extérieurs suffisamment rentables. **L'inflation est donc l'expression tout autant d'un excès de nouvelle monnaie générée par la sphère monétaire, que d'insuffisance d'investissements rentables.** De même, la déflation apparaîtra lorsque la nouvelle offre de monnaie sera régulièrement inférieure au développement fort des besoins de monnaie de la sphère réelle, provoqué par des taux de rendement élevés des investissements extérieurs.

L'or, la monnaie des échanges internationaux

La production de biens (et services) de chaque nation qui n'est pas destinée à son économie intérieure constitue ce que nous appelons ses **exportations** ; à l'inverse, les biens que chaque nation se procure auprès des autres définissent les **importations**. Les investissements réalisés par les nations à l'extérieur sont ce que nous appelons les investissements extérieurs. Tout ce qui est procuré par l'extérieur ou tout ce que l'on se procure auprès des autres communautés est réglé dans la monnaie internationalement reconnue qu'est l'or, pour son statut de réserve de valeur éternelle. On peut alors dire que l'or est la monnaie des échanges internationaux pour son statut de valeur éternelle. Le solde commercial entre deux nations, différence entre les exportations et les importations, est réglé en or, tout comme le solde des investissements extérieurs. On comprend pourquoi l'or occupait une place si importante dans le fonctionnement entre nations, jusqu'à l'avènement du nouveau système monétaire international sur lequel nous reviendrons dans le livre II : sans or, on ne pouvait pas se procurer les biens que l'on ne produisait pas. On saisit également la raison pour laquelle les périodes de découvertes de gisements massifs d'or ont été des périodes inflationnistes, où l'offre de d'or dépassait ses besoins, comme nous l'avons précédemment analysé. Enfin, on ne peut logiquement pas s'étonner de l'attrait éternel de l'or notamment et surtout en temps de crise.

L'étalon-or

Par ses propriétés, l'or s'affirme naturellement comme la monnaie internationale, servant au règlement des échanges de marchandises et de capitaux entre nations. Le système où l'or constitue la monnaie internationale, servant au règlement entre nations des échanges de marchandises et de services dans la sphère réelle, mais aussi des placements dans la sphère financière, est à la base de l'étalon-or (en anglais : *Gold Standard*) : l'étalon-or est un système international dans lequel l'or est la monnaie de règlement entre pays (autrement dit entre communautés). Il est justement fondé sur la reconnaissance des propriétés de l'or que nous avons décrites, à savoir une valeur inaltérable dans le temps universellement reconnue. Il a été adopté par l'Allemagne en 1871, pour par la suite se généraliser à l'ensemble des pays développés jusqu'à la fin du XIXe siècle. L'adoption de l'or en tant que monnaie internationale a alors grandement favorisé les échanges internationaux de marchandises et de capitaux : l'étalon-or a marqué la première mondialisation. Nous le développerons davantage dans le livre II.

CHAPITRE 9

La monnaie spéculative de Keynes et la liquidité financière

La monnaie opportuniste sur les marchés financiers = la monnaie spéculative de Keynes

La monnaie-or serait une monnaie sans cesse active parce que la conserver coûte cher sans rien rapporter. Dès qu'elle se trouverait entre leurs mains, les épargnants la réinjecteraient dans la sphère réelle par le biais du marché financier afin de bénéficier dès que possible d'une rémunération en termes de paniers de consommation.

Parallèlement, peut émerger le besoin d'un type de monnaie radicalement différent. Certaines communautés pourraient en effet être suffisamment à l'aise matériellement pour être des demandeurs de monnaie-or afin de la conserver sans chercher à la placer immédiatement sur le marché du crédit. **Cette monnaie ne sera pas une monnaie « qui brûle les doigts » car coûteuse pour ses détenteurs, significative du monde de rareté, dans lequel ils vivent. Au contraire, elle sera une monnaie qui se conserve, significative pour eux d'un monde d'abondance.**

Prenons le cas d'une communauté dans la sphère réelle qui a certes toujours besoin d'accumuler des créances sur le marché des titres, afin d'assurer la consommation de ses membres durant leur retraite, mais qui par ailleurs en détient déjà suffisamment pour couvrir leurs besoins de consommation durant la première partie de leur période d'inactivité. Si les rendements offerts sur le marché des titres sont jugés faibles, le confort financier ou matériel de ses membres leur donnera la possibilité d'attendre pour investir leur monnaie-or, afin de capter des rendements plus élevés dans le futur en finançant des projets d'investissement plus rentables.

Ces communautés ont par conséquent « le luxe » de pouvoir adopter une posture d'attente pour le placement de leur or sur le marché financier, posture qui pourra se révéler fortement rémunératrice. Car, pour se procurer l'or que l'on prêtera ensuite, on devra dans un premier temps s'engager à produire des paniers de consommation que l'on devra par ailleurs échanger. En l'absence d'or disponible, on risque alors à tout moment de se voir « privé » de placements fortement rémunérateurs par d'autres communautés, qui possédaient déjà la quantité d'or nécessaire au financement d'investissements au taux de rendement très élevé. Plutôt que de se décider à produire puis échanger des paniers de consommation une fois affichés les rendements des investissements qui demandent un financement sur le marché financier, les communautés qui en ont les moyens préféreront acheter leur or par avance, afin de pouvoir « saisir » le moment venu les investissements offrant les rendements les plus intéressants.

Le coût de cette **épargne financière** qui aura permis de se procurer l'or par avance sera en général d'autant plus élevé pour la communauté que sa préférence pour le présent sera forte. Cette posture financière n'est donc pas l'apanage des communautés modestes mais des communautés matériellement les plus aisées, dont l'épargne et l'attente de son placement ne portent pas préjudice à leur bien-être du moment. Leur taux de préférence pour le présent très faible, voire nul, devrait rendre cette épargne financière d'attente (quasi-)gratuite : à ce titre, elle pourrait se placer à taux (quasi-)nul sur le marché financier. Mais elle ne le sera jamais.

En adoptant une posture d'attente sur le marché financier des titres, ces communautés vont pouvoir endosser un comportement de « prédateurs » attendant patiemment leur proie, pour saisir les projets d'investissement les plus rémunérateurs. Ce comportement opportuniste pourra également leur permettre de « sécuriser » le prix auquel elles achèteront l'or, si elles ont la crainte que son prix en termes de paniers de consommation ne monte.

Cette **monnaie d'attente** est constituée dans l'objectif de profiter de rendements d'investissements futurs potentiellement plus rémunérateurs que ceux proposés sur le moment sans savoir s'ils le seront réellement. Cette monnaie dont la détention permet de tirer profit de l'inconnu entourant le futur est qualifiée de **monnaie spéculative** par Keynes : on **spécule** sur les marchés boursiers, autant sur le taux de rendement futur du marché des titres que sur le prix de l'or en termes de numéraire. Ce sens attribué par Keynes à la spéculation financière peut sembler en décalage par rapport à sa définition actuelle sur laquelle nous reviendrons plus loin dans l'ouvrage. Mais la définition de Keynes a tout son sens. Selon son origine étymologique latine, **spéculer signifie observer** : les communautés qui spéculent sont celles qui « observent » les marchés financiers avant d'y placer leur monnaie-or. De plus, elles comptent bien (= elles spéculent) sur le futur pour obtenir des rendements futurs plus élevés pour leurs placements.

Les communautés riches ou financièrement aisées ont le confort, le luxe de pouvoir attendre de placer leur monnaie-or parce que l'acte d'épargne ne leur coûte (quasiment) rien : constituer un stock de monnaie-or d'attente leur sera profitable. C'est ainsi que nous définirons les communautés financièrement aisées. Cette « monnaie d'attente » se montre alors radicalement différente de la monnaie de transaction. Au contraire de cette dernière, lorsqu'elle est constituée, elle n'est pas destinée à circuler rapidement, restant stagnante chez ceux qui la possèdent. Contrairement à la monnaie-or de transaction qui n'est jamais conservée, cette nouvelle monnaie-or pourra même s'accumuler chez ses détenteurs.

À côté de la monnaie transactionnelle, constituée en prévision d'un placement immédiat sur le marché financier et ainsi réinjectée rapidement dans la sphère réelle, il y a maintenant un nouveau type de monnaie, la monnaie d'attente, cette monnaie spéculative selon Keynes, mais que nous préférerons qualifier de **monnaie opportuniste** : stagnante, réalisée sans contrepartie immédiate sur le marché financier, elle est l'apanage des communautés aisées qui décideront de son montant « raisonnable » à détenir. Par conséquent :

Monnaie = (monnaie de transaction dans la sphère réelle)
+ (monnaie opportuniste financière
ou monnaie spéculative keynésienne)

Le taux financier d'équilibre : des significations très différentes entre le monde de pénurie et le monde d'abondance des épargnants

Cette monnaie opportuniste impose *de facto* un seuil minimal au taux de rendement des investissements que les communautés riches sont prêtes à financer. Ce taux minimal représentera le coût pour elles de se priver de la jouissance de leur or sur le marché des titres. Car, pour ces communautés aisées, conserver leur or intègre bien une valeur, qui réside dans l'opportunité de capter dans le futur un rendement plus avantageux sur le marché des créances. Prêter leur or implique la perte de cette opportunité, que leur offre le futur. Céder la disponibilité de sa monnaie-or s'accompagne d'un coût financier. Convaincues que l'avenir pourra leur offrir (bien) mieux, ces communautés refuseront de céder la disponibilité de leur or en deçà d'un taux minimum significatif de cette perte d'opportunité. Le taux financier devra être suffisamment élevé pour les faire renoncer à ce comportement opportuniste.

Pour les communautés qui se trouvent dans cette aisance financière, le rendement exigé pour le placement de leur or ne correspondra pas au coût de leur épargne, provenant des pertes de bien-être présent, très faible voire quasi-nul pour elles, mais à la perte d'un rendement futur plus rémunérateur par la cession de la jouissance de cette monnaie le temps d'un prêt. Le taux de rendement exigé ne correspondra pas à leur taux de préférence pour le présent (= coût de l'épargne) mais bien à la valeur qu'ils accordent à la liquidité financière de la monnaie-or dans leur patrimoine ou plus précisément à la valeur de la possession de monnaie-or sur les marchés financiers. Le taux de rémunération financière devra naturellement être supérieur, ou *a minima* égal, à la valeur que ces communautés attribuent à la monnaie d'attente, et qui représente ce que Keynes appelle le **prix de la liquidité**, que nous précisons par les qualificatifs de **patrimoniale** et plus spécifiquement **financière** : **le taux financier représente pour elles le prix de la liquidité financière.**

On explique ainsi fondamentalement pourquoi le taux financier ne peut descendre aussi bas que ce que justifierait le coût d'épargne des communautés financièrement les plus aisées : le taux financier ne compensera plus l'abstinence de l'épargnant, comme dans les communautés classiques où l'acte d'épargne est coûteux en termes de bien-être présent, mais il dédommagera de la perte d'opportunité d'un placement futur plus rémunérateur durant la durée du prêt. Et, il n'y a rien de répréhensible dans cette exigence des communautés financièrement aisées : la cession immédiate de leur « monnaie-or d'épargne » intègre un coût financier correspondant à la perte d'un placement futur plus rémunérateur, que l'épargnant fera normalement payer à l'emprunteur.

Par conséquent, tous les investissements dont les rendements seront inférieurs à ce seuil minimal, significatif du prix de la liquidité financière pour les communautés aisées, ne pourront dès lors trouver un financement *via* le marché financier. Lorsque les communautés les plus développées deviennent financièrement aisées, le marché financier ne peut plus conduire à une uniformisation du développement économique.

Si les communautés épargnantes sont financièrement aisées, le sens du taux d'intérêt d'équilibre sur le marché financier est très différent de celui d'un monde de pénurie, où il couvre le coût de l'épargne des communautés épargnantes, loin d'être nul (en termes de bien-être présent). Dans un monde d'abondance des communautés financièrement épargnantes, il représentera la valeur de la liquidité financière, autrement dit la valeur de la monnaie-or détenue dans son patrimoine, qui permettra de capter un placement futur plus rémunérateur.

Un fonctionnement économique qui peut dégénérer à cause de cette monnaie financière

Il se pourrait même que nous soyons dans le cas de figure structurel où se multiplieraient non seulement les communautés épargnantes financièrement aisées pour lesquelles le coût de l'épargne est nul (ou quasi-nul), inférieur donc à la valeur accordée à la liquidité financière dans leur patrimoine, mais aussi les communautés emprunteuses dont les projets d'investissement sont trop faiblement rémunérateurs pour couvrir ce prix de la liquidité. La généralisation d'une épargne de coût nul (ou quasi-nul) et l'épuisement des gisements de rendement des investissements sont les caractéristiques fondamentales d'une diffusion de l'aisance matérielle dans l'ensemble du système, chez les communautés épargnantes d'une part, au niveau de vie le plus élevé, mais aussi chez les communautés emprunteuses d'autre part, qui ont un niveau de vie moins élevé, mais pas suffisamment pour offrir des investissements suffisamment rentables. La faiblesse des rendements des investissements peut aussi être la traduction de limites imposées dans certaines communautés par la qualité des ressources de main-d'œuvre ou par les contraintes foncières. Ce paysage économique illustre un monde où le progrès technique s'épuise nécessairement.

La conjonction de communautés épargnantes financièrement confortables et de l'épuisement de la plus-value des investissements des communautés manquant d'épargne rend alors inéluctable une accumulation de monnaie spéculative. On assistera chez les communautés épargnantes à la généralisation du comportement opportuniste précédemment analysé puisque, par insuffisance de rendement offert sur le marché financier pour couvrir la perte de liquidité patrimoniale, elles achèteront de l'or pour le conserver, en attendant des investissements au rendement acceptable pour le placer. Elles seront demandeuses de toujours plus de monnaie spéculative, qu'elles vont accumuler : cette monnaie ne coûte rien pour ses détenteurs, alors même qu'elle possède une valeur potentiellement importante en offrant la possibilité de capter dans le futur des rendements occasionnellement bien plus élevés dans un monde où la faiblesse des rendements se généralise.

Contrairement à une économie de pénurie où elle est un simple véhicule au placement de l'épargne sur le marché des créances, la monnaie change de statut : par sa valeur d'attente sur les marchés financiers pour les communautés épargnantes, financièrement aisées, la monnaie devient une composante fondamentale du patrimoine des communautés financièrement riches, qui modifie fondamentalement le mode de gestion de leur épargne et par ricochet le fonctionnement de l'ensemble du système.

Le monde d'abondance : la vision de Keynes

Le monde d'abondance que nous venons de décrire n'est autre que le monde tel que le voyait Keynes. Sa vision du monde est clairement formulée dès les premières pages de son ouvrage *Economic Consequences of the Peace* (1919). Elle n'a cessé d'être reprise avec une précision croissante dans ses œuvres ultérieures, *Tract on Monetary Reform* (1923), puis *Treatise on Money* (1930), pour avoir sa forme définitive dans son œuvre majeure, son succès mondial, la *Théorie générale* (1936). La définition du monde matériellement riche y est donnée en ces termes : « Dans une communauté riche, non seulement, la propension marginale à consommer est plus faible [comprendre le taux d'épargne et donc l'épargne y est naturellement plus élevé], mais du fait que le capital déjà accumulé est plus considérable, les occasions d'investissement supplémentaire sont moins attrayantes. »

Il s'agit exactement de la définition du monde d'abondance que nous venons d'adopter : une épargne abondante faiblement coûteuse mais également un appauvrissement des rendements offerts par les investissements rendent le financement de l'investissement par les riches épargnants bien plus difficile. Keynes représentait l'abondance de l'épargne et son coût relativement faible pour les communautés matériellement riches par un niveau de l'épargne dépendant directement du niveau des revenus, c'est-à-dire du niveau de vie : plus ce dernier était élevé, plus l'épargne était considérable, à des coûts de plus en plus faibles voire nuls.

Keynes était ainsi convaincu que le système économique avait basculé dans un monde d'abondance pour les pays épargnants qui avaient atteint des niveaux de développement économique élevés : de ce fait, l'épargne des pays riches, au coût quasi-nul voire nul, ne cessait de grossir et s'accumulait en monnaie, à cause d'un rendement de l'investissement qui ne cessait de s'affaiblir pour même tendre à terme vers 0.

Son diagnostic sur l'affaiblissement durable du rendement des investissements semble placer Keynes dans le clan des économistes partageant la thèse de « stagnation séculaire », dans laquelle le monde serait rentré juste avant la Grande Dépression des années 1930, à cause de l'épuisement des investissements dégageant une plus-value suffisante pour pouvoir être financés par le marché des titres. La demande de monnaie spéculative sur les marchés financiers augmente avec une baisse du taux de rendement des investissements.

De surcroît, la préférence pour la liquidité (comprendre la préférence pour la monnaie-or dans notre approche) se trouve justifiée par « l'existence d'incertitudes quant à l'avenir du taux d'intérêt [comprendre du taux financier] lorsqu'il existe un marché organisé où se traitent les créances [comprendre "lorsqu'il existe un marché financier des créances développé"] » (p. 184). Et plus l'incertitude est importante plus la demande de monnaie financière sera importante. Déjà, le stock d'or demandé par les communautés épargnantes sera d'autant plus élevé que les dates exactes des besoins futurs de consommation des communautés ne sont pas connues. En effet, quand il est impossible de connaître exactement la date de mortalité de chaque membre, le plus simple pour la communauté est « d'acheter suffisamment d'or » pour le conserver sans chercher à l'investir sur le marché des titres. De la même façon, la demande de monnaie financière sera d'autant plus forte que l'incertitude sur les taux d'intérêt sera grande. Nous y reviendrons plus loin dans le courant du livre II.

Figure I.3. La dynamique d'investissement selon Keynes : dans un monde d'abondance

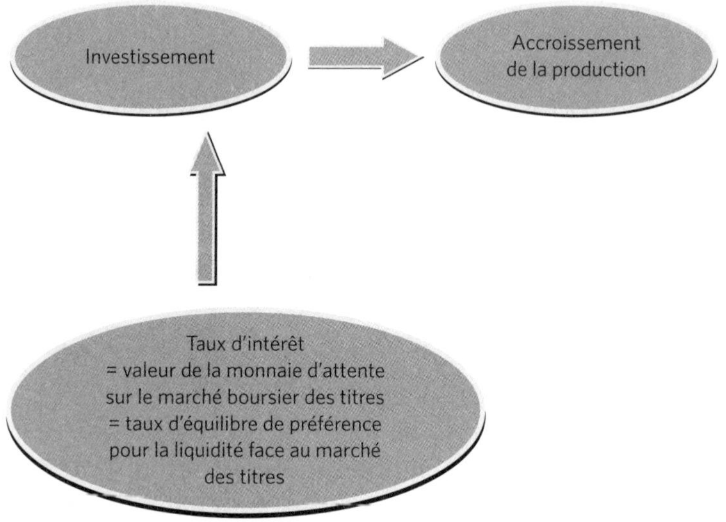

Le concept de la liquidité financière (spéculative) de Keynes introduit une nouvelle dimension financière, donc orthogonale au fonctionnement purement réel du système naturel interne à chaque communauté. Avant Keynes, les économistes considéraient que les marchés financiers n'étaient pas susceptibles de modifier fondamentalement le fonctionnement réel du système. Comme dans un système naturel, la dynamique du système devrait rester gouvernée par l'épargne, qui est de nature réelle, même lorsqu'elle est financière, puisqu'en se plaçant sur les marchés financiers, elle finance un investissement. Pour Keynes, en revanche, les marchés financiers modifient le fonctionnement même du système par la valeur « spéculative » qu'ils attribuent *de facto* à la monnaie. Cette dimension patrimoniale de la monnaie est nouvelle et n'existe pas dans le système naturel interne à chaque communauté où n'existe ni monnaie ni *a fortiori* de marchés financiers des titres. Pour Keynes, toute représentation économique doit prendre en compte le fonctionnement des marchés financiers qui modifient la gestion de l'épargne.

CHAPITRE 10

Régime de pénurie (néo)classique *vs* régime d'abondance keynésien

Ce monde d'abondance matérielle pour ceux qui détiennent l'épargne financière, décrit par Keynes, est en totale opposition avec le monde de pénurie que nous avions décrit auparavant. C'est ce qui en fait toute son originalité et rend le fonctionnement du système économique si différent.

Le monde de pénurie et l'unicité de l'équilibre qui est optimal

Nous touchons là le véritable enjeu de la science économique de ces quatre-vingts dernières années. Il y a bien deux mondes qui s'affrontent dans la théorie économique, l'un de pénurie, l'autre d'abondance. Jusqu'à Keynes, seul **le monde de pénurie structurelle** de biens (que nous précisons pour les épargnants) était enseigné. Son corpus théorique a été conçu et développé par les économistes du XIXe siècle et du début XXe, que nous nommons les **classiques** puis les **néoclassiques**, pour être repris et amélioré par les **monétaristes** et les **nouveaux classiques** à partir de la seconde moitié du XXe siècle : pour toutes ces écoles de la pensée économique, le développement économique s'inscrit dans un monde de pénurie (de paniers de consommation) donc de l'épargne dont seul le progrès technique pouvait repousser sans cesse les limites. La valeur « matérielle » est gouvernée par la rareté des facteurs de production. Alors que les ressources de la terre sont fixes, alors que les ressources en main-d'œuvre ne se modifient que sur le très long terme, dans cette théorie portant sur un monde de pénurie, **le seul obstacle au développement économique est l'insuffisance d'épargne**, qui maintiendrait des taux d'intérêt trop élevés à cause de la préférence que la grande masse de l'humanité donnerait aux satisfactions immédiates par rapport aux satisfactions différées. Seule l'abstinence, définie par Pigou dans ses *Economics of Welfare* comme « l'ajournement d'une consommation dont une personne a le pouvoir de jouir tout de suite », est vertueuse, en étant source de financement d'investissements qui réduiront la pénurie matérielle.

Dans ce monde, l**e taux d'intérêt d'équilibre du marché des fonds prêtables, autrement dit le taux financier d'équilibre, est réel** : il correspond au taux de rendement du dernier investissement réalisé, mais aussi au coût de la dernière épargne financière en termes de bien-être présent. En définissant le taux d'intérêt financier d'équilibre, un marché financier mondialisé des créances détermine le taux réel d'équilibre du système et conduit le système vers un niveau de développement économique uniforme entre toutes les communautés.

C'est **Walras**, économiste français du XIXe siècle, qui a le premier démontré dans ses *Éléments d'économie politique pure* (1874), **l'unicité et l'optimalité de l'équilibre** atteint dans un monde de pénurie grâce au marché des créances. On a dès lors associé le nom de Walras à toute la théorie qui porte sur ce monde de pénurie et qui **attribue aux forces libres s'exprimant sur les marchés globalisés**, de biens d'une part (marchés de la sphère réelle) et de créances d'autre part (marchés financiers), **des vertus régulatrices conduisant**

naturellement l'ensemble du système au meilleur des mondes. On a alors décidé de qualifier de « walrassienne » toute théorie défendant le rôle vertueux du libéralisme économique, s'appuyant sur la liberté et la mondialisation des échanges, qui désignent ce phénomène d'ouverture des économies nationales sur des marchés globalisés, mondiaux, mus par la libre circulation des biens, des capitaux (et des hommes).

Les néoclassiques soutiennent ainsi expressément qu'à chacune des valeurs possibles de l'intérêt correspond un certain montant de sommes que les individus sont prêts à épargner et un certain montant des investissements en biens capitaux nouveaux, qui dégageront ce rendement d'intérêt : ces deux montants tendent l'un vers l'autre et le taux de l'intérêt est la variable qui les amène à être égaux. Le taux de l'intérêt se fixant ainsi au point où l'épargne financière, qui représente l'offre de capital financier nouveau, est égale à la demande dont ce capital est l'objet. Il s'agit bien d'un processus autorégulateur d'ajustement qui se déroule sans qu'il y ait besoin d'intervention spéciale d'une quelconque autorité. Dans ce cadre, la **demande de monnaie** du système est **uniquement transactionnelle** : l'offre de monnaie détermine seulement le prix monétaire du panier de consommation. L'offre de monnaie n'aura pas d'impact sur le taux réel d'équilibre.

Le monde d'abondance des communautés épargnantes et la remise en cause de l'optimalité classique

Pour **Keynes**, en revanche, le système, qui avait basculé dans le **monde d'abondance** que nous avons décrit, est maintenant gouverné par la préférence pour la liquidité financière. De ce fait, « dans les conditions contemporaines, **la croissance des richesses, loin de dépendre de l'abstinence des milieux aisés, comme on**

le croit en général, a plus de chance d'être contrariée par elle » comme l'écrit Keynes. Car l'intérêt d'équilibre sur le marché des créances ne rémunère plus le sacrifice de la jouissance d'un revenu mais bien la perte de liquidité dans le patrimoine de la communauté épargnante : le taux d'intérêt financier d'équilibre ne peut pas baisser jusqu'au niveau significatif du coût de l'épargne des communautés aisées, parce qu'il sera stoppé dans son mouvement baissier par le prix de la liquidité patrimoniale sur les marchés financiers en dessous duquel il ne peut pas descendre. Keynes interprète cette exigence des « communautés financièrement aisées », comme une « espèce de chantage ou de caprice » : elle s'apparente pour lui à une rente qu'elles exigent, équivalente à l'écart entre le prix de la liquidité et le coût de leur épargne. Par conséquent, le **taux d'équilibre atteint sur le marché des créances devient sous-optimal** puisqu'il aurait pu être bien plus bas, sans cette monnaie « spéculative ». Socialement, il s'agit d'une charge contre les marchés financiers et les « capitalistes oisifs car aisés ».

Ce monde d'abondance des communautés épargnantes s'avère très déstabilisant pour le système économique par le biais des marchés financiers. Pour Keynes, sa monnaie spéculative est susceptible de provoquer des dépressions, comme nous le décrirons plus loin, si aucune régulation n'est effectuée par des autorités. Le système libéral, livré à lui-même, pourra enregistrer des crises autodestructrices dues à des bonds « subjectifs » du taux financier sur le marché des titres, le ramenant plusieurs années en arrière. À cause des marchés financiers, il n'est pas ce système optimal loué par les classiques : l'équilibre optimal des classiques est inatteignable.

En reniant le monde de pénurie des classiques, Keynes s'est ouvertement mis en opposition avec les apôtres de l'économie libérale, démontrant que le monde libéral d'abondance qu'il décrit ne conduit pas au meilleur des mondes, ni au meilleur développement économique pour le plus grand bien de tous et de toutes les communautés, comme le « postulaient » selon lui les classiques.

La *Théorie générale* a été un tournant dans la science économique. Grâce à ses nouveaux concepts et au mode de construction qu'il a adopté, Keynes a créé, à partir de ce qui était appelé auparavant l'économie politique, « la macroéconomie », dont il peut être considéré comme le père fondateur. La macroéconomie étudie et analyse le fonctionnement et la dynamique des systèmes globaux comme nous le faisons depuis le début de l'ouvrage. Et nous dirions que Keynes a commencé à construire réellement la macroéconomie moderne en y intégrant la sphère financière, qui avait été mise de côté par les (néo)classiques. Pour ces derniers, les marchés financiers ne changeaient pas la nature fondamentale de l'épargne : en reprenant la définition classique de l'épargne, « qui s'échange contre des capitaux neufs », l'épargne même financière était échangée contre des capitaux réels (= des biens d'investissement). Pour Keynes, au contraire, l'épargne financière demeure : l'épargne financière s'échange contre des capitaux « financiers » et c'est par cette dimension que Keynes reconnaît l'impact fondamental des marchés financiers sur le fonctionnement du système économique.

Sa vision diamétralement opposée à celle du monde de pénurie des classiques avait le mérite de donner une explication – la seule – à la Grande Dépression des années 1930, à un moment où le laissez-faire promulgué par la théorie libérale faisait sombrer le monde dans la crise des années 1930. Keynes est alors devenu probablement l'auteur économique le plus célèbre de la planète jusqu'à aujourd'hui, le plus adulé mais aussi paradoxalement le plus vilipendé. Tout comme la Bible pour de nombreux monothéistes, la *Théorie générale* est devenue une référence essentielle en économie mais qu'une minorité a lue entièrement et dont la compréhension reste sujette à question y compris parmi ceux qui se qualifient de keynésiens ou d'antikeynésiens. Il n'est alors pas surprenant que peu soient allés jusqu'à en analyser l'essence et à la conserver. Or, c'est bien cette voie que nous nous proposons de poursuivre : conserver le régime d'abondance de Keynes mais en l'adoptant à notre système économique, le système entrepreneurial, que nous allons maintenant décrire et analyser.

Tableau I.4. Comparaison des deux mondes : classique et keynésien

	Régime classique	Régime keynésien
Monde	De pénurie	D'abondance chez les communautés épargnantes
Déterminant des investissements	Sphère réelle	Sphère financière
Taux d'intérêt d'équilibre	Taux de préférence pour le présent	Taux de préférence pour la liquidité financière

LIVRE II

LE SYSTÈME ENTREPRENEURIAL

Le système naturel vient de nous fournir la preuve que l'instauration de marchés financiers internationaux s'impose en l'absence même d'entreprises, de banques et de tout acteur considéré comme financier aujourd'hui. Il vient de nous montrer que des marchés de marchandises mondialisés tout comme des marchés financiers mondialisés se créeraient parce qu'ils seraient apporteurs de bien-être pour les communautés qui y échangeraient des marchandises ou une épargne contre une créance. Les marchés financiers, le libre-échange, la mondialisation ne sont donc pas la conséquence du libéralisme ni du capitalisme. Ce constat qui découle du système naturel va totalement à l'encontre de tous les lieux communs qui circulent, alimentés aujourd'hui par les hommes politiques, mais aussi par une très grande partie des économistes.

Néanmoins, le financement international soulève des problèmes : il s'avère sous-optimal lorsque le monde d'abondance s'approche. Les communautés prêteuses demanderont un taux de retour sur investissement de plus en plus élevé relativement au coût de leur épargne. De ce fait, les communautés emprunteuses ne pourront obtenir un coût de financement aussi faible que le coût de l'épargne intérieure des communautés les plus riches. *In fine*, pour rattraper son retard économique sur les meilleures, chaque communauté ne pourra compter que sur sa seule épargne intérieure pour financer ses investissements et développer sa capacité productive. L'épargne intérieure constitue bien la limite ultime du développement économique de chaque communauté. Pour utiliser au mieux cette épargne intérieure trop rare en général, donc coûteuse, la communauté devra sans cesse rechercher les investissements qui dégageront le maximum de plus-value et qui généreront le taux de rendement réel le plus élevé, rentabilisant au mieux l'acte d'épargne.

Dans ce but, les communautés chercheront à investir dans les seules « techniques supérieures », celles qui dégageront la plus-value la plus élevée pour le même coût en épargne du capital productif qui sera constitué. L'ensemble de ces techniques supérieures forme l'état de l'art (des techniques de production), que nous avons défini dans le chapitre 4 et qui détermine la production maximale Q que la communauté pourra générer à partir de ses ressources en terre, T, en main-d'œuvre, N, et en capital productif que ses capacités d'épargne permettront de fabriquer. Nous l'avions représenté par une fonction : $Q = f(K, N, T)$.

Cette fonction représente la **frontière optimale de production** : elle illustre la capacité productive maximale en paniers de consommation de la communauté, en utilisant au mieux ses ressources issues de la terre, ses connaissances, mais aussi ses capacités scientifiques, technologiques, humaines, ainsi que ses capacités d'épargne pour la fabrication du capital productif.

Mais, au fur et à mesure que la communauté se développe, la recherche de la technique optimale de production du panier de consommation type se complexifie. Une technique de production du panier de consommation type est constituée d'un bouquet de techniques de production élémentaires portant sur chacun de ses constituants. Avant de s'engager dans une nouvelle technique globale de production du panier de consommation, la communauté devra alors évaluer les résultats de chaque technique de production de chaque produit inclus dans le panier type et calculer la quantité de paniers de consommation qu'elle pourra fabriquer dans chacune des combinaisons de techniques élémentaires. Lorsque le panier de consommation type est constitué d'un nombre limité de produits, comme dans les communautés peu développées, l'exercice ne pose pas de complexité. En revanche, dès que le champ des biens de consommation s'élargit, le programme devient très vite bien plus difficile. Pour donner un ordre d'idées au lecteur, supposons que le panier de consommation soit composé de 10 constituants pour chacun desquels un choix entre 5 biens différents est possible et que pour chacun de ces biens 2 types de processus de fabrication soient possibles : pour la voiture, il y aurait un choix entre 5 modèles possibles, idem pour le four, pour la TV, etc., et pour chacun de ces produits il y aurait le choix entre deux techniques de production. Soit, au total, 50 biens produits selon 2 techniques possibles pour chacun. Pour sélectionner le processus de production du panier type, il faudra analyser les 2^{50} combinaisons possibles, autrement dit plus d'un trillion de combinaisons possibles. Sans un superordinateur, la résolution de ce programme pourra prendre beaucoup de temps.

Un moyen pour la communauté de s'en sortir pourrait être d'imposer volontairement une limite au périmètre des biens de consommation qui constitueront le panier de consommation : il n'y aura qu'un type d'automobile, la voiture du peuple, qu'un type de machine à laver, qu'un type de téléviseur et qu'un type de tout bien intervenant dans la composition du panier type. C'est ce que faisaient les anciennes économies communistes : on imposait à la communauté le bien qui devait être représentatif d'une des composantes fondamentales du panier de consommation.

Mais, si la communauté veut conserver la possibilité de proposer à ses membres des milliers de produits différents, elle devra se tourner vers un autre mode de fonctionnement, l'antithèse même de la gestion collective que nous venons de décrire. Pour découvrir et mettre en place les techniques supérieures de production du panier de consommation, elle pourra par exemple adopter un système de « sélection naturelle » où les meilleurs produits de consommation, ainsi que leurs meilleurs procédés de production seraient décidés par l'ensemble des membres de la communauté et non plus par une équipe de représentants « ingénieux » qui agiraient au nom de la communauté. Les produits de consommation composant le panier type de consommation ne seront plus imposés par une unité centralisatrice mais ils seront le résultat de la **liberté de choix de l'individu** en fonction de ses singularités. Parallèlement, la recherche des techniques de production optimales des biens les plus utiles ne sera plus centralisée, car le fruit du travail d'équipes ingénieuses qui imposeront leurs choix, mais bien individuelle, déléguée à une entité sociale que l'on nommera l'**entreprise**. On délègue à l'entreprise l'économie, au sens où nous l'avons décrit dans le chapitre 3 du livre I : autrement dit on lui délègue la gestion et l'administration des ressources productives rares de la communauté qu'elle va chercher à intégrer au mieux aux fins du bien-être de ses membres. Pour cette raison, nous qualifions ce nouveau système économique de « **système entrepreneurial** ».

La communauté aboutira à la technique de production optimale du panier type de consommation, constitué des meilleurs produits que la communauté pourra fabriquer à partir de ses ressources, par la confrontation de la demande de biens de consommation de la part des membres de la communauté à l'offre de produits, déléguée à cette nouvelle entité sociale qu'est l'entreprise. La puissance d'un tel système, pleinement assise sur la totale liberté de choix des demandeurs, les membres de la communauté, d'une part, mais aussi des offreurs, l'entreprise, d'autre part, résultera de sa capacité à opérer une sélection naturelle de ce qu'il y a de meilleur pour la communauté : le système œuvre finalement pour le bien-être de la communauté et l'intérêt général, alors même que chaque entité, chaque individu agira pour son propre bien-être et son intérêt particulier. C'est tout le principe du **libéralisme** : atteindre l'optimum collectif alors que chacun poursuit son optimum individuel. Nous allons maintenant nous attacher à comprendre le fonctionnement du système entrepreneurial, qui va finalement s'avérer fondamentalement différent du système naturel.

PARTIE 1

Un fonctionnement patrimonial

CHAPITRE 1

L'entreprise préservée par la liberté et la concurrence

L'entreprise : la reconnaissance de la propriété privée de la production

La communauté crée ainsi une entité sociale *ad hoc*, l'**entreprise** : l'entreprise remplacera efficacement l'équipe d'ingénieurs centralisatrice dans la recherche et la mise en place des techniques de production qui maximiseront la quantité de paniers de consommation que la communauté pourra produire en fonction de ses propres capacités. Notamment, elle cherchera à utiliser au mieux l'épargne réelle, rare donc si précieuse, de la communauté. L'entreprise sera le véhicule « actif » de toute nouvelle épargne de la communauté : elle devra conduire les opérations d'investissement, qui dégageront la plus forte plus-value et qui satisferont les exigences de rendement de l'épargne.

Dans le cadre de cette nouvelle organisation, que l'on qualifie de **système entrepreneurial**, l'entreprise est en quelque sorte au service de la communauté : en lui offrant les actes d'investissement qui généreront la plus-value, donc le rendement le plus élevé, elle est le bras armé de la communauté pour développer au mieux sa richesse matérielle, mesurée en paniers de consommation produits, utilisant toutes ses ressources en main-d'œuvre, compte tenu des contraintes imposées par la terre.

Cette nouvelle organisation va cependant entraîner une modification radicale dans le mode de répartition de la production. Dans un système naturel, l'outil de production était collectif : la production était répartie entre tous les membres de la communauté par une équipe centralisatrice. Dans le système entrepreneurial, l'épargne réelle finance toujours le capital productif mais par le biais de l'entreprise qui détient seule le résultat des investissements : le capital productif, mis en œuvre par l'entreprise, en devient privatif, « détenu par l'épargne réelle » de la communauté.

L'entreprise est la propriété de l'épargne de la communauté qui, en contrepartie du financement de l'investissement réalisé par l'entreprise, détiendra toute la plus-value qui en découlera. **L'existence même de l'entreprise reconnaît implicitement « la propriété privée » de la « plus-value »**. La plus-value issue d'un acte d'investissement n'appartient plus à la collectivité, elle n'est plus répartie par une équipe centralisatrice entre tous les individus de la communauté, comme dans le système naturel. Elle appartient dans cette nouvelle organisation entrepreneuriale aux seuls individus qui ont fourni l'épargne à l'entreprise afin qu'elle puisse mener à bien les investissements générant une plus-value qui compensera le coût de leur épargne. **La plus-value est « privatisée » et la répartition de la production ne peut plus, de ce fait, être égalitaire.** L'entreprise détient la plus-value et les épargnants qui ont financé l'entreprise détiennent l'entreprise.

Une première question en découle : la plus-value revenant entièrement aux épargnants, à qui va revenir le reste de la production ? Dans un souci d'**équité**, elle devrait appartenir à tous ceux qui ont contribué à la production des paniers de consommation, c'est-à-dire apparemment à la force de travail sans laquelle ni la production ni même la plus-value rémunérant l'épargne n'auraient été possibles. Alors que les fruits du travail et de l'épargne (= du capital) appartenaient dans le système naturel à l'ensemble de la collectivité, en étant redistribués égalitairement ou du moins en fonction des décisions d'une équipe centralisatrice, le partage de la production de l'entreprise est ici réalisé automatiquement en fonction d'une règle simple : les individus qui fournissent leur épargne à l'entreprise pour financer son investissement détiennent la plus-value et les travailleurs détiendront logiquement le reste de la production. Une conséquence en découle : les travailleurs (déjà en place) ne bénéficieraient ainsi aucunement des plus-values des investissements, qui reviendraient entièrement aux épargnants. En particulier, dans une situation de plein-emploi, on nierait tout rôle de la main-d'œuvre dans tout accroissement de richesse, que l'on attribuerait entièrement à l'épargne sous prétexte qu'elle aurait seule permis la construction du nouveau capital, sans lequel l'accroissement de la production du panier type de consommation n'aurait pas été possible.

Un partage équitable de la production entre entreprise et salariés

Néanmoins, une telle physionomie ne peut pas décrire l'équilibre du système productif. Pleinement utilisés, les travailleurs se sauront rares et donc indispensables pour produire toute plus-value. En usant de leur « **pouvoir de négociation** » sur les entreprises, ils pourront dès lors réclamer et obtenir la part de production la plus élevée possible, tout en en laissant suffisamment à l'entreprise afin de rémunérer l'épargne qui aura financé son acte d'investissement. En d'autres termes, la part de la plus-value qui dépassera la rémunération exigée par l'épargne qui aura financé l'investissement l'ayant générée ira aux travailleurs.

L'insuffisance structurelle de main-d'œuvre donne naissance à un mécanisme naturel de partage équitable de toute plus-value créée, entre l'épargne d'une part, qui finance la formation du capital productif, et la force de travail d'autre part, qui met en œuvre le nouveau capital productif : par les forces naturelles issues d'un marché libre, le « système entrepreneurial » finira par répartir la production équitablement entre épargnants et travailleurs, en rémunérant l'épargne à sa juste valeur, autrement dit au niveau de la valeur-temps de la consommation différée des épargnants (*cf.* livre I), et en attribuant le reste de la production à la force de travail.

Du rôle vertueux de la concurrence et de la nocivité des monopoles

L'entreprise peut cependant chercher à conserver la plus-value dans le seul « intérêt égoïste » des épargnants qui l'auront financée : afin d'éviter le pouvoir structurel de la force de travail et conserver ainsi l'entière plus-value initiale, elle pourrait en effet entretenir délibérément une situation sous-optimale de sous-emploi où elle n'embaucherait pas toute la main-d'œuvre disponible. Ce faisant, elle ne produirait pas la totalité de ce qu'elle pourrait produire en faveur de la communauté. Comme dans le système naturel, c'est en utilisant toutes les ressources disponibles de la communauté, en particulier en main-d'œuvre, que l'on fabriquera dans le système entrepreneurial le maximum de paniers de consommation pour les membres de la communauté. En un mot, l'entreprise maintiendrait continuellement et délibérément un état sous-optimal de sous-production de biens/paniers de consommation, dans le seul intérêt des épargnants qui l'avaient financée mais au détriment de toute la communauté. C'est ce qui se passe dans les situations de **monopole**.

Pour éviter cet écueil, on va plonger l'entreprise dans un environnement concurrentiel : il n'y aura pas qu'une entreprise mais bien plusieurs entreprises capables de fabriquer le même produit avec la même technique de production. Si l'entreprise initiale cherche à sous-employer la main-d'œuvre pour le plus grand bénéfice de ses financeurs, d'autres entreprises, en reproduisant la même technique, pourront utiliser les travailleurs qui auront été laissés disponibles par la première pour générer une plus-value qui intéressera la communauté. Elles pourront ainsi produire un supplément de paniers/biens de consommation que demande la communauté. La mise en concurrence incite naturellement l'entreprise, représentative de toutes les entreprises, à utiliser pleinement la main-d'œuvre et toute l'épargne disponible pour conduire le système à son niveau de production maximal.

Immergé dans un environnement concurrentiel, le système entrepreneurial oblige l'entreprise à utiliser pleinement la main-d'œuvre disponible : elle réalisera la production maximale de paniers de consommation, et toute l'épargne finira par être rémunérée à sa juste valeur et non pas plus, le reste de la production allant aux travailleurs. **La concurrence ne joue pas contre la main-d'œuvre ni contre la communauté**, bien au contraire : en rendant inévitable la pleine utilisation de la force de travail, **elle pérennise le pouvoir structurel de la main-d'œuvre sur l'entreprise, et aboutira à la production maximale de paniers de consommation qui sera équitablement répartie, entre tous les acteurs, y compris les travailleurs.**

L'entreprise doit lutter pour sa survie en dégageant perpétuellement de nouvelles plus-values

Sans nouvel acte d'investissement qui dégagera une nouvelle plus-value, l'entreprise perdrait son rôle social : une fois la frontière optimale de production atteinte, elle aura finalement accompli sa mission économique, qui consiste à produire le maximum de paniers de consommation avec les ressources disponibles de la communauté. Elle ne sera dès lors plus d'aucune utilité pour la communauté et disparaîtra.

Pour conserver son rôle social, l'entreprise devra par conséquent innover perpétuellement dans les produits, dans les technologies qu'elle utilise, dans les procédés de production, afin de générer sans cesse de nouvelles plus-values par de nouveaux actes d'investissement, avec ou sans nouvelle épargne : il en va de son existence puisque, sans cela, elle est vouée à disparaître.

En l'absence de nouvelles techniques de production génératrices de plus-values, pour conserver son statut social et continuer à exister, l'entreprise pourrait néanmoins chercher à justifier son maintien par sa capacité à conserver les plus-values précédemment générées, au-delà du coût de l'épargne. Pour cela, elle doit éviter la concurrence d'autres entreprises. Dans cet objectif, certaines entreprises absorbent de petits, mais futurs grands, concurrents ou imposent des barrières à l'entrée à de nouveaux concurrents potentiels, souvent avec l'aide des États. En conservant la plus-value qu'elles auront su générer initialement, elles la transformeront en **rente de situation** pour les hommes qui les dirigent. Affectés de conservatisme et de prudence, leurs dirigeants prendraient alors des décisions d'investissement confortables pour eux mais en même temps peu optimales pour la communauté, freinée dans son développement économique par leur volonté d'empêcher la **démocratisation de la plus-value** par la concurrence.

Néanmoins, la liberté d'entreprendre élimine à terme la possibilité pour les entreprises de conserver leurs plus-values. Car l'ingéniosité de l'homme finit toujours par trouver les moyens de casser tout conservatisme, même ceux indûment protégés par des lois. D'ailleurs, il n'est pas étonnant de constater que les actes d'investissement innovants, réellement révolutionnaires, soient mis en place en général par de jeunes entreprises, des jeunes pousses, des start-up, qui ont tout à prouver, plutôt que par des entreprises déjà bien établies, des dinosaures, qui cherchent plutôt à protéger leur pré carré et à entretenir une rente de situation, plutôt qu'à créer de nouvelles plus-values, à moins que leur leadership dans leur secteur ne soit menacé : Google, Amazon, Facebook n'existaient pas il y a un peu plus de deux décennies et Apple était une entreprise sur le déclin. Au final, du fait de la liberté d'entreprendre, toute entreprise qui n'est plus capable de créer de nouvelles plus-values ne remplira plus son rôle social et finira par disparaître.

L'apport du système entrepreneurial plongé dans la concurrence : un développement économique équitable, accéléré par le progrès technique perpétuel généré par l'entreprise

Dès qu'une nouvelle plus-value est générée par l'entreprise, le régime concurrentiel assure sa répartition équitable entre d'une part les individus qui ont apporté leur force de travail à l'acte de production et d'autre part les épargnants, qui ont financé le capital productif nécessaire. Parallèlement, ce partage, grâce à la démocratisation de la plus-value, rend l'existence de l'entreprise précaire si elle n'est plus capable de générer de nouvelles plus-values par de nouveaux investissements. Le régime concurrentiel impose à l'entreprise un combat de tous les jours, où elle devra prouver perpétuellement le bien-fondé de son existence, en montrant sa capacité à sans cesse dégager de nouvelles plus-values par de nouveaux actes d'investissement. L'évolution économique de la communauté dans un système entrepreneurial plongé dans un environnement concurrentiel se traduit nécessairement par un processus perpétuel de créations, d'innovations, d'adaptations, mais aussi de disparitions d'entreprises qui n'auront pas su se renouveler ni se remettre en question ou qui n'auront pas su dresser des barrières à l'entrée de leurs marchés.

Dans sa course à la survie, sous la contrainte de la concurrence, l'entreprise se doit de trouver et de mettre en place le plus rapidement possible les techniques supérieures de production qui composent la frontière optimale de production, mais aussi d'en repousser perpétuellement ses limites. En l'obligeant à remplir son statut social, la concurrence fait de l'entreprise un outil exceptionnel de développement économique, de générateur de progrès technique et d'innovation au profit de l'ensemble de la communauté. La puissance du système entrepreneurial est le résultat de cette force inexorable créée par la concurrence qui plonge l'entreprise dans une course effrénée à l'atteinte de la frontière optimale de production mais aussi à la création et à l'innovation, qui repoussent sans cesse cette frontière, pour le plus grand bien de la communauté : **en étant potentiellement destructrice de l'entreprise, la concurrence devient le moteur de la création de richesse par le progrès technique qui sera généré perpétuellement par l'entreprise**.

Le système est supérieur à l'individu : la main invisible

Le « système entrepreneurial concurrentiel » conduit l'entreprise à se comporter d'une manière qui sera bénéfique pour toute la communauté et non pour les seuls épargnants qui détiennent le capital productif qu'elle met en place. L'évolution économique devient le résultat de l'action d'**une main invisible** qui conduit l'entreprise, mais aussi tout membre de la communauté en général, à remplir une fin qui n'entre nullement dans ses intentions individualistes.

La liberté de choix de l'individu conduira les membres de la communauté à sélectionner les biens de consommation qui constitueront le panier de consommation type. Parallèlement, la concurrence oblige les entreprises qui les produisent à améliorer perpétuellement l'efficacité productive de la fabrication du panier type de consommation, et à sans cesse innover pour produire toujours plus avec ou sans nouvelle épargne, avec ou sans nouvelles unités de main-d'œuvre. La **main invisible** conduira alors non seulement à la production optimale du panier type de consommation, ce panier de consommation idéal pour la communauté, qui n'aurait pu trouver meilleur panier de consommation par un choix centralisé, mais aussi à une distribution équitable de la production de paniers de consommation, entre les travailleurs et les épargnants qui sont les détenteurs de l'entreprise. Par une « main invisible », le penchant égoïste des entités et des individus amène la communauté à l'optimum collectif, qui est aussi équitable.

Cette métaphore rhétorique, issue d'Adam Smith, évoque l'idée selon laquelle les actions d'investissement menées par des entités et guidées par le seul intérêt individualiste amènent finalement à la richesse maximale de la communauté et au bien-être commun. **Elle ne fait qu'affirmer la puissance du système sur l'individu** : *la « main invisible » est « la figure même de la transcendance du système entrepreneurial à partir de l'immanence de l'entreprise et de l'individu »*. **Le système permet à la communauté d'atteindre son optimum collectif en laissant la liberté à chaque entité, individu comme entreprise, d'agir selon son propre intérêt pour réaliser son optimum individuel : telle devrait être la dynamique fondamentale du système libéral.**

CHAPITRE 2

L'entreprise : actif patrimonial de la communauté

Dans le système naturel, l'épargne de la communauté finançait l'investissement. Dans un système entrepreneurial, toute l'épargne de la communauté finance l'investissement par le biais de l'entreprise. Parallèlement, les épargnants, en plaçant leur épargne dans l'entreprise, détiennent perpétuellement le revenu que le système attribue à l'entreprise et qui est issu des plus-values qu'elle saura générer. Dès lors, ils ne financent plus seulement l'investissement : par leur acte d'épargne, ils deviennent les propriétaires de l'entreprise et recueillent ses revenus. Leur acte d'épargne est un acte fondamental d'achat de propriété. Relativement au système naturel, le système entrepreneurial ajoute de ce fait une dimension fondamentale supplémentaire : la **dimension patrimoniale**.

Un **actif patrimonial** est une propriété, générant en général une ressource identifiée, un revenu, pour l'entité qui la possède : dans le système entrepreneurial, l'entreprise est un actif patrimonial que l'on qualifiera d'**actif entrepreneurial**, et les revenus qu'elle génère, en paniers de consommation, reviennent aux membres épargnants, qui y ont investi leur épargne. C'est cet actif patrimonial que nous allons analyser ici.

L'état statique : entreprise = capital physique productif

Si plus aucune nouvelle technique de production ne voit le jour, la production de paniers de consommation sera fixe, tant que les ressources de la communauté ne varieront pas : nous appelons cet état de la communauté **état statique**, puisque ni les ressources, ni l'état des techniques et donc ni même la production ne seront plus modifiés.

Dans l'état statique, la frontière de production aura été atteinte et l'entreprise devient de ce fait inutile puisque les techniques de production n'évoluent plus : les détenteurs d'épargne pourront se passer d'elle. Il leur suffira en effet d'acheter directement les machines, qui ne seront plus modifiées puisque les techniques ne changeront plus, et qu'ils mettront à disposition de la main-d'œuvre en échange d'un loyer pour que les travailleurs puissent produire les paniers de consommation pour la communauté, dans le cadre d'un contrat avec la communauté. Plus personne n'aurait ainsi besoin d'entreprise : les épargnants seraient propriétaires des machines (ou du capital productif) qu'ils entretiendraient, et qu'ils loueraient à la communauté à un prix qui assurerait leurs exigences minimales de rémunération. Le creuset de l'épargne de la communauté se résume alors simplement au capital physique productif, qu'il faudra juste remplacer lorsqu'il sera usagé : détenir l'entreprise revient *in fine* à détenir en direct le capital productif.

Dans cet **état statique** où il n'y a plus aucune nouvelle plus-value dégagée et où les techniques sont figées, la présence de l'entreprise devient totalement transparente : la frontière de production étant atteinte et les techniques de production n'évoluant plus, l'entreprise n'a plus aucun rôle social, elle peut donc disparaître du système. Les revenus que l'entreprise distribue aux épargnants reviennent aux loyers perçus pour l'utilisation du capital productif, versés sous forme de paniers de consommation.

La production de paniers de consommation est répartie entre les détenteurs de l'entreprise, l'épargne, et la main-d'œuvre. Elle le sera de manière équitable grâce aux propriétés redistributives du système entrepreneurial concurrentiel : en dehors de la rémunération exigée par l'épargne qui a été nécessaire pour fabriquer le capital productif et qui satisfera la valeur-temps des épargnants, toute la production irait ainsi à la main-d'œuvre.

Si bien que la production totale Q_0 de paniers de consommation est répartie entre salaires et loyers :

$$Q_0 = \text{salaires} + \text{loyers du capital productif}$$

Les loyers correspondront tout autant à la rémunération de la valeur-temps de l'épargne qui a été nécessaire pour fabriquer le capital productif, qu'au service apporté par le capital productif[1] dans la production de paniers de consommation. Détenir l'entreprise en ayant placé son épargne revient à détenir le capital productif de l'entreprise qui servira à la production de paniers de consommation, dans le cadre de l'état de l'art (des techniques de production) connu (autrement dit de la connaissance de la fonction f[K, N, T]).

Finalement, dans l'état statique, toute la production est distribuée aux détenteurs des deux facteurs de production que sont la main-d'œuvre d'une part et le capital productif d'autre part : telle serait d'ailleurs l'approche dans un système naturel qui reconnaîtrait la dimension patrimoniale du capital productif en différenciant ses propriétaires de la main-d'œuvre, mais où n'existerait nullement l'entreprise. On aurait ainsi tendance à oublier l'existence même de l'entreprise.

1. Pour ne pas troubler le lecteur à ce niveau du livre, le capital productif se résume ici aux biens d'équipement et aux locaux de production que l'on nomme « capital fixe ». Il devrait cependant également inclure les stocks de marchandises aux mains de l'entreprise, en cours de transformation ou en produits finis, qui forment le capital circulant ou variable de l'entreprise.

L'entreprise : l'actif patrimonial significatif du développement économique de la communauté dans le système entrepreneurial

Lorsqu'aucune nouvelle plus-value ne peut être dégagée, l'entité « entreprise » n'a plus aucune utilité. C'est le cas dans l'état statique. L'entreprise ne peut donc pas exister dans l'état d'équilibre statique où elle se résume au capital productif.

L'entreprise cherchera à éviter perpétuellement l'état statique, qui signe son arrêt de mort. Pour cela, elle sera toujours en quête de nouvelles techniques de production, même et surtout en l'absence de nouvelle épargne : l'entreprise ne peut se permettre de rendre son existence conditionnelle à une nouvelle épargne hypothétique de la communauté. Elle recherchera perpétuellement de nouveaux progrès techniques qui généreront de nouvelles plus-values, donc de nouveaux revenus pour ses propriétaires sans ajout de nouveau capital, sans supplément d'épargne (*cf.* la définition du progrès technique dans le livre I).

Par conséquent, l'épargne de la communauté, qui est nécessairement placée dans l'entreprise, possède certes le capital productif, mais aussi et surtout une entité, qui continue à créer de la richesse, par ses actes d'investissement générateurs perpétuels de nouvelle plus-value pour la communauté, sans nouvelle épargne. « L'actif entrepreneurial », qui désigne dans le système entrepreneurial l'entreprise en tant que générateur de revenus pour ceux qui la détiennent, est bien supérieur au seul capital/facteur de production du système naturel.

Fondamentalement, l'entreprise rémunère à partir des loyers sur son capital productif et du progrès technique qu'elle générera

En particulier, les revenus de « l'actif entrepreneurial », en d'autres termes les revenus de l'entreprise, distribués à ceux qui la détiennent, ne se résument alors plus aux loyers sur le capital productif : ils intègrent aussi tout supplément de production issu de tout progrès technique (sur le travail ou sur le capital) que saura générer l'entreprise.

Pour le saisir, partons d'un état initial d'équilibre statique (état 0) où l'entreprise a disparu puisqu'elle revient à la détention du capital productif. L'ensemble de la production est distribué entre les salaires et les loyers du capital productif soit :

$$Q_0 = \text{salaires } (0) + \text{loyers du capital productif } (0)$$

où salaires (0) et loyers du capital productif (0) représentent respectivement les salaires versés et les loyers du capital productif dans l'état d'équilibre initial (= état 0).

Considérons qu'une nouvelle technique dégageant une plus-value, Π_1, sans nouvelle épargne (donc par progrès technique), soit découverte : l'entreprise réapparaît et la nouvelle production Q_1 dans le nouvel état (état 1) sera l'ancienne production Q_0 augmentée de la plus-value que nous noterons Π_1.

Soit :

$$Q_1 = Q_0 + \Pi_1$$

La plus-value Π_1 représente le supplément de production $(Q_1 - Q_0)$, que l'entreprise aura réussi à générer grâce à un nouveau processus productif intégrant un progrès technique : cette nouvelle plus-value qui est générée sans nouvelle épargne (*cf.* définition du progrès technique du livre I, chapitre 4) n'appartient à l'origine qu'aux détenteurs de « l'actif entrepreneurial », c'est-à-dire aux épargnants.

La production de paniers de consommation reste partagée entre la main-d'œuvre et les détenteurs de l'épargne, qui, en s'étant investis dans l'entreprise, recueillent ses revenus ; si bien qu'après réalisation du progrès technique par l'entreprise, la production sera répartie comme suit dans l'état 1 :

$$Q_1 = \text{salaires (1)} + \text{(revenus de l'entreprise) (1)}$$

Puisque :

$$Q_1 = Q_0 + \Pi_1 = \text{(salaires (0))} + \text{(loyers du capital productif (0)} + \Pi_1\text{)},$$

alors :

$$\text{salaires (1)} = \text{salaires (0) et}$$

$$\text{(revenus de l'entreprise) (1)} = \text{loyers du capital productif (0)} + \Pi_1$$

Lorsqu'une nouvelle plus-value est créée par un progrès technique, les revenus de l'entreprise sont formés des loyers sur le capital productif de l'état d'équilibre statique initial et de la nouvelle plus-value générée par le progrès technique.

Au final, l'actif entrepreneurial génère comme ressources pour l'épargne qui la détient non seulement les loyers versés par la communauté pour l'utilisation du capital productif, mais aussi l'équivalent du progrès technique généré à chaque instant par l'entreprise. En plus des loyers, les propriétaires détenant l'entreprise auront droit aux paniers de consommation supplémentaires qui correspondent à la récupération du progrès technique.

La dimension patrimoniale de l'épargne : un placement dans l'entreprise, actif patrimonial réel

Sous l'aiguillon de la concurrence, l'entreprise se doit d'être comme une magnifique boîte à idées d'actes d'investissement élémentaires productifs à mettre en place et à réaliser pour dégager perpétuellement de nouvelles plus-values. Quand on place son épargne dans l'entreprise, on investit nécessairement dans sa capacité à créer du progrès technique, autrement dit à générer des nouvelles plus-values sans nouvelle épargne. On place finalement son épargne dans un actif patrimonial qui distribue perpétuellement de nouveaux revenus grâce au progrès technique qu'elle se doit de développer dans un système concurrentiel. Comme les revenus qu'il distribue sont en paniers de consommation, autrement dit le numéraire de la sphère réelle, cet actif est « réel ».

Au final, la différence de la signification de l'épargne est grande entre le système naturel et le système entrepreneurial. Dans le système naturel, le placement de l'épargne se ramène à une logique de flux dans la seule sphère réelle, celle qui produit les paniers de consommation : l'épargne finance un investissement ou un supplément de capital productif physique, facteur de production. C'est l'approche de l'économie aujourd'hui. Néanmoins, dans le système entrepreneurial, l'épargne prend une dimension supplémentaire : dans le système entrepreneurial, on place son épargne dans l'actif patrimonial productif, qu'est l'entreprise. L'épargne certes finance l'investissement, qui est effectué par les entreprises, mais elle s'intègre aussi dans une logique beaucoup plus large de stock ou patrimoniale, puisqu'elle détient les progrès techniques réalisés par l'entreprise. Du fait d'un progrès technique perpétuel, la dimension d'actif patrimonial de l'entreprise y est primordiale. C'est cette dimension qui est aujourd'hui sous-estimée par la théorie économique actuelle et qui a été peu développée. Et c'est ce que nous nous proposons de découvrir dans la suite de l'ouvrage. Elle modifie radicalement le fonctionnement du système, en particulier dans l'attribution du progrès technique.

La mécanique patrimoniale fondamentale d'attribution du progrès technique

Dans le système naturel, le progrès technique était réparti par l'équipe centralisatrice entre tous les membres de la communauté. Dans le système entrepreneurial, il appartient aux épargnants, détenteurs de l'entreprise. La détention du progrès technique par l'épargne est cependant provisoire. Car, imaginons qu'à la suite de ce progrès technique, les techniques de production restent de nouveau figées : la communauté serait de nouveau dans un état statique où la production serait entièrement partagée de manière équitable entre les détenteurs du capital productif qui recevraient un loyer et la main-d'œuvre qui serait rémunérée par leur salaire.

Par conséquent, tout progrès technique devra être nécessairement redistribué aux détenteurs du capital productif physique ou à la main-d'œuvre puisque toute la production est répartie entre eux dans l'état statique, où l'entreprise disparaît. Il en découle un constat sans équivoque concernant le fonctionnement patrimonial du système entrepreneurial : les propriétaires de l'entreprise sont dans l'incapacité de conserver tout progrès technique sans installer et détenir du nouveau capital. Ils sont contraints d'accumuler du capital, s'ils veulent conserver une partie du revenu issu du progrès technique.

En définitive, même si les détenteurs de l'entreprise sont les seuls à bénéficier initialement de la plus-value issue d'un progrès technique, il leur faudra ajouter du capital productif supplémentaire pour la posséder définitivement. Sinon, la main-d'œuvre finira par se l'approprier.

De la même façon, au niveau individuel, la plus-value résultant d'un progrès technique sur la main-d'œuvre ne peut rester indéfiniment dans les mains de celui ou ceux qui détiennent l'entreprise qui en est à l'origine : grâce à la concurrence, une autre entreprise, qui utilisera la main-d'œuvre rendue disponible, pourra s'approprier définitivement une part de ce progrès technique en investissant. D'autres sauront capter définitivement une part du progrès technique en investissant dans du nouveau capital.

Détenir une entreprise revient finalement fondamentalement à détenir certes le capital physique productif, l'outil de production, mais aussi tout nouveau progrès technique dégagé par l'entreprise, mais ce de façon provisoire. Pour détenir définitivement une part de la plus-value issue du progrès technique, il faudra accroître le capital productif. Pour accroître définitivement la part des paniers de consommation qui leur revient de droit et qui leur est attribuée par le système, autrement dit pour accroître définitivement leurs revenus, il faudra aux détenteurs de l'entreprise accumuler du nouveau capital productif : on ne peut détenir définitivement des revenus supplémentaires sans ajouter du nouveau capital. Il s'agit de la mécanique fondamentale patrimoniale de l'attribution du progrès technique et de la distribution de richesse produite dans le système entrepreneurial.

Même fondée sur la propriété privée, l'entreprise est un actif patrimonial social

En gérant au mieux les intérêts de l'épargne par la recherche de la plus-value maximale, l'entreprise agit dans l'intérêt de toute la communauté, fédérant l'objectif commun de tous ses membres : repousser sans cesse la frontière de production, en produisant toujours plus de biens de consommation sans nouvelles ressources réelles (sans nouvelle unité de main-d'œuvre, sans nouvelle épargne réelle) pour le plus grand bien-être de tous puisque la production sera équitablement répartie. À ce titre, dans un système entrepreneurial plongé dans la concurrence, l'entreprise n'est pas simplement un actif patrimonial individuel mais elle est aussi un actif patrimonial social : *elle représente l'actif qui génère le progrès technique* qui sera par la suite équitablement réparti entre les détenteurs du capital et la main-d'œuvre.

Le développement économique de la communauté résulte de tous les suppléments de paniers de consommation que ses actes d'investissement sauront générer : la richesse qu'elle produit est distribuée équitablement entre tous ceux qui y ont contribué par leur épargne ou par leur force de travail. Finalement, l'entreprise est l'actif de la communauté significatif de son développement économique.

Par sa dimension d'actif patrimonial social ainsi mis en évidence, l'entreprise ne s'apparente pas à une entité « voile », qui serait, à l'image de l'état statique, uniquement détentrice du capital physique, comme le considère la théorie néoclassique. Par son statut que lui a délégué la communauté, elle est d'abord et avant tout l'actif créateur de richesse réelle au profit de l'ensemble de la communauté.

La communauté dans son ensemble échange l'épargne non plus seulement contre un investissement mais contre un actif patrimonial réel qui distribue un revenu perpétuel en paniers de consommation à partir de la richesse qu'elle crée. Finalement, dans le système entrepreneurial, l'épargne de la communauté se place certes dans un acte d'investissement ou dans un supplément de capital productif comme dans le système naturel, mais aussi dans l'actif patrimonial réel qu'est l'entreprise. Comme Walras l'avait écrit : « L'épargne s'échange contre des capitaux » et non simplement contre un investissement (*Éléments d'économie politique pure*).

Capitalisme *vs* système entrepreneurial : le capitalisme, le « faux ami » du système entrepreneurial

On a traduit cette dimension d'actif patrimonial de l'entreprise par la notion de **capitalisme**. Le capitalisme fait référence au caractère spécifique de l'entreprise, dont l'existence est fondée sur la scission entre d'une part ceux pour lesquels l'entreprise œuvre et qui détiennent le capital productif par le biais de leur épargne, les capitalistes, et d'autre part la force de travail, les travailleurs, qu'elle utilise pour dégager la plus-value destinée à la rémunération des capitalistes.

Cependant, la notion de **capitalisme** n'assure pas la pérennité de l'entreprise. Dans l'état statique, il n'y a pas d'entreprise et pour autant, le capitalisme semble perdurer puisque l'utilisation de l'ensemble du capital productif est rémunérée sous forme de loyer à ses détenteurs.

Mais la scission entre capital physique et main-d'œuvre n'a alors plus de sens : sans nouvelle plus-value, il n'y aura plus aucune objection à revenir au système naturel où le capital physique tout comme l'ensemble de la production appartiendra à l'ensemble de la communauté, et non à des individus spécifiques.

Le capitalisme ou la reconnaissance de la propriété privée du capital ne pourra alors tenir qu'en fonction de la capacité des capitalistes à abuser de leur position de force sur les travailleurs, qui ont absolument besoin du capital productif pour travailler et donc pour vivre : c'est ainsi que Karl Marx, l'un des théoriciens majeurs du capitalisme, a décrié le capitalisme dans son ouvrage *Le Capital* (1867).

Marx résume les capitalistes aux propriétaires de l'outil productif sans lequel les travailleurs ne peuvent travailler et ne peuvent donc vivre. Par ce biais, les capitalistes détiennent le pouvoir : ils profiteront de leur position de force et s'entendront afin d'exploiter les travailleurs, en imposant un prix d'utilisation du capital productif supérieur à sa valeur locative.

Marx a fondé sa théorie sur **le concept marxien de la plus-value** qui ne fait cependant pas référence à la création de richesse réelle issue de nouvelles associations de capital et de travail, fondement du concept de plus-value que nous avons adopté dans cet ouvrage. Au contraire, il désigne l'appropriation indue d'une partie de la production par le capitaliste, qui abusera de sa position dominante afin de maintenir son existence qui ne se justifie plus : toute la production devrait revenir aux travailleurs qui doivent alors prendre possession de l'outil productif, propriété indue des capitalistes. On devrait ainsi retourner au système naturel où la gestion des ressources, autrement dit l'économie, n'est plus entrepreneuriale mais collective. Pour éviter cet état naturel où le capital productif n'est plus privé mais collectif, pour ne pas se retrouver dépossédés de leur actif patrimonial, les capitalistes n'ont pas d'autre choix que d'user de leur pouvoir dominant sur les travailleurs que leur confère la propriété du capital. Le capitalisme dérive alors vers un système où l'entreprise se résumerait à son **capital financier**, entre les mains des privilégiés, qui, en possédant le capital productif, ont le pouvoir sur les salariés, et qui seraient ainsi capables de détenir une part de revenus allant au-delà de la rémunération locative du capital productif.

À ce niveau, nous ne nous positionnons pas sur la théorie défendue par Marx, que nous approfondirons dans l'ouvrage suivant. Mais une vérité fondamentale peut en être tirée. Si la génération de plus-value réelle devient totalement secondaire devant la seule notion de propriété du capital, si en fait le système entrepreneurial dans lequel nous vivons aujourd'hui se résume à un capitalisme où la dimension de création de richesse réelle du capital s'efface au profit *de sa seule dimension financière*, notre système économique est destiné à disparaître. Nos systèmes économiques ne seront jamais en si grand danger que lorsque le capitalisme, fondé sur la seule séparation des capitaux et de ceux qui les mettent en œuvre (les travailleurs), prédominera sur la création de richesse (réelle) au point d'effacer le rôle social de l'entreprise.

Le capitalisme est un produit dérivé du système entrepreneurial, puisqu'il fait seulement référence à la détention privée du capital physique, **nécessaire au système entrepreneurial, mais il ne lui est pas suffisant.** Résumer le système entrepreneurial au capitalisme revient à nier le rôle fondamental de l'entreprise dans la création perpétuelle de richesse réelle en faveur de la communauté. Le système entrepreneurial est créateur de richesse, alors que le capitalisme seul ne l'est en rien. Si le système entrepreneurial exige le capitalisme, il ne lui est en aucun cas équivalent.

Le libéralisme : production optimale de la richesse produite et distribution équitable de la production

Le système entrepreneurial est centré autour de la recherche perpétuelle de plus-value par des initiatives individuelles, dans le cadre de la libre concurrence : il est donc fondé sur le **libéralisme**, autrement dit sur la liberté d'entreprise, de travail, de circulation des personnes, le libre jeu des initiatives individuelles tant de la part de l'entreprise que de l'individu formant le socle de la création de richesse. Ces libertés individuelles sont essentielles à l'efficacité fonctionnelle du système entrepreneurial. C'est en garantissant les libertés individuelles dans la communauté que le libéralisme assure la pérennité de la création et de la diffusion de richesse par l'entreprise : le développement économique du système entrepreneurial en dépend totalement.

Dans le cadre d'une pleine liberté de choix individuelle, la communauté progressera vers la frontière optimale de production qu'elle atteindra au pas de charge et qu'elle ne cessera de repousser par l'intermédiaire de l'entreprise sous l'aiguillon de la concurrence. Au total, au travers de l'entreprise, en s'appuyant sur le marché libre et la liberté de choix individuelle, la concurrence oriente l'épargne le plus rapidement possible vers les entreprises les plus efficaces et les investissements productifs optimaux, tout en réduisant au maximum le temps de convergence vers la courbe de production optimale, dont elle repoussera sans cesse les limites, avec ou sans nouvelle épargne.

En dépit de l'investissement de l'épargne réelle dans les techniques élémentaires de production de chacun des constituants du panier type de consommation, et non pas directement dans la technique globale de production du panier de consommation, la « main invisible » conduit à long terme la communauté vers cet état de perfection, vers cette courbe d'investissement idéale ou pure, et vers la production optimale de paniers de consommation que la communauté réalisera, compte tenu de ses capacités d'épargne et des capacités de sa main-d'œuvre. Cet état parfait est l'état que la communauté aurait atteint dans le système naturel, comme nous l'avons vu, *où il aurait résulté de l'omniscience d'une équipe dirigeante sur les goûts de ses membres comme sur « l'état de l'art » des technologies élémentaires de production, fournissant le maximum de paniers de consommation pour la communauté.*

Le **libéralisme entrepreneurial** affiche néanmoins dans la création de richesse sa nette supériorité sur le système naturel où en l'absence d'entreprise la gestion serait entièrement centralisée voire collective. *D'une part, le système entrepreneurial atteint, de lui-même, la courbe d'investissement idéale, bien plus rapidement que dans un système naturel. D'autre part, la concurrence incite l'entreprise à repousser perpétuellement la frontière de production par le progrès technique.*

Parallèlement, une différence fondamentale réside dans la distribution de la production de paniers de consommation. Dans un système naturel, c'est l'équipe centralisatrice qui décide de la répartition de la richesse produite. Dans le libéralisme, c'est la « main invisible » ou « le système » qui opère une distribution équitable du maximum de paniers de consommation que la communauté pourra produire avec ses ressources. Si un « membre actif » contribue pour 100 à la production pour la communauté, il aura 100. S'il contribue pour 1, il aura 1. Et tout membre qui n'y contribue pas n'aura rien. Le libéralisme c'est l'équité : mais l'équité peut être fortement inégalitaire.

CHAPITRE 3

L'autre actif patrimonial : l'actif de rente

La naissance de l'actif de rente

Dans le système naturel comme dans le système entrepreneurial, la finalité de l'épargne reste le développement de la capacité productive en paniers de consommation de la communauté. Si elle est investie dans un supplément de capital productif dans le système naturel, elle représente dans le système entrepreneurial d'abord un placement dans l'actif patrimonial qu'est l'entreprise et qui est significatif de la capacité de la communauté à créer de la richesse réelle avec ou sans nouvelle épargne. Dans les deux systèmes, toute l'épargne reste productive parce qu'elle est investie dans la création de richesse réelle pour la communauté, mais elle comporte dans le système entrepreneurial une dimension patrimoniale qu'elle ne possède pas dans le système naturel.

L'épargne est placée dans l'entreprise afin de s'approprier, sans aucun travail, non pas le simple résultat d'un investissement, mais bien un revenu perpétuel, tant que l'on détiendra une part d'entreprise.

À ce titre, l'épargne pourra se placer sur tout actif réel qui, possédé à titre privé, distribuera un revenu perpétuel sous forme de paniers de consommation, sans aucun travail. Le système entrepreneurial va alors créer un autre actif patrimonial, un actif qui va se révéler pénalisant pour le système, et sans lequel l'actif entrepreneurial ne s'en porterait que mieux : il s'agit de l'**actif de rente**, personnalisant la terre, facteur de production dans le système naturel, que le système entrepreneurial va transformer en nouvel actif patrimonial.

Comme décrit précédemment, la terre symbolise la surface de terrains constructibles, mais aussi toute la masse de ses ressources en matières premières, toutes deux étant nécessairement en quantité fixe et finie. En étant facteur de production du panier de consommation, la terre fournit un service à la communauté non seulement par l'utilisation de sa superficie constructible et habitable, qui héberge les locaux d'exploitation des entreprises et les logements de ses habitants, mais également par les matières premières qu'elle recèle. Comme développé au chapitre 2 du livre I, ces deux composantes sont indispensables à la production de paniers de consommation et à la vie des membres de la communauté.

Dans le système naturel, ce service était implicite : il ne donnait lieu à aucune rémunération explicite. Seule était rémunérée l'épargne réelle, qui en finançant un investissement dans de nouveaux équipements générait une plus-value pour l'ensemble de la communauté.

Pourtant, ce service existe bel et bien et il est immuable. La terre peut alors faire l'objet d'un revenu : en plaçant son épargne sur l'« actif terre », un individu s'approprie ses services perpétuels que la sphère productive ou la communauté devra lui louer, en lui attribuant en retour un certain nombre des paniers de consommation produits. On pourra dès lors placer son épargne dans l'actif terre, pour s'assurer un revenu sous forme de paniers de consommation, équivalant à la valeur réelle des services que la terre offre à la sphère productive et à la communauté.

Si dans le système naturel l'épargne de la communauté, qui revenait au financement d'un acte productif, n'avait qu'un seul support possible, le financement d'un investissement, elle en a deux possibles dans un système entrepreneurial où elle est un acte patrimonial : l'actif entrepreneurial et l'actif terre. L'actif terre va alors s'avérer une faiblesse structurelle du système entrepreneurial dont il est une émanation.

La rémunération de l'actif terre devrait être équivalente à la valeur de son service. En raison de son inextensibilité, l'offre de services de l'actif terre est fixe et sa valeur réelle s'élèvera parallèlement à sa demande. Or, avec son développement économique et démographique, la demande de la part de la communauté ne fera que croître dans le temps : la taille croissante de la population d'une part, et l'intensification capitalistique (= une augmentation de la masse de capital par travailleur) d'autre part engendreront des besoins grandissants de la communauté en superficie du sol et en matières premières. On pourra résumer simplement la demande de terre par une fonction croissante de la démographie d'une part et de la masse de capital (donc de machines) par habitant ou par travailleur (ou de l'intensité capitalistique) d'autre part. Il en découle que la demande de services fournis par l'actif terre, et donc par la même occasion leur valeur, devrait inéluctablement augmenter avec le temps par un simple phénomène, certain, de rareté que provoque le développement démographique et économique de la communauté.

Ainsi, en plaçant son épargne sur l'actif terre, l'individu acquiert le droit, apparemment irréversible, de bénéficier sans effort de la montée définitive de sa rémunération dans le futur. Détenir l'actif terre, indispensable au fonctionnement du secteur productif et à la vie des membres de la communauté, est dès lors fortement avantageux parce qu'il revient ainsi à s'attribuer sa rareté future certaine : il se traduira par une rente perpétuelle, réelle car versée en paniers de biens de consommation, résultat de l'équilibre entre d'une part la demande d'utilisation de la terre, qui s'accroîtra de manière irréversible dans le futur, et d'autre part l'offre de terre, qui est fixe. Cette rente représentera la valeur réelle de l'exploitation de la terre, pour les ressources qu'elle recèle (matières premières), ou pour l'occupation de son sol.

Actif de rente et actif entrepreneurial : deux actifs antinomiques

Dans le système naturel, l'épargne réelle venait s'investir dans un acte productif, créateur d'un supplément de paniers de consommation produit. Cette plus-value réelle devait constituer la seule source de rémunération à toute épargne. Dans le système entrepreneurial, avant l'instauration de l'actif de rente, l'épargne restait également entièrement productive : elle était la contrepartie d'un placement dans l'entreprise, l'actif patrimonial représentatif du développement économique de la communauté. **Avec l'émergence de l'actif de rente, l'épargne réelle de la communauté pourra être productive, lorsqu'elle se place dans l'actif entrepreneurial, mais aussi non productive, lorsqu'elle se place dans l'actif foncier**.

L'émergence de l'**actif foncier**, qui découle naturellement de la reconnaissance de la propriété privée, offre désormais aux individus la possibilité de placer leur épargne sur un nouveau support réel, qui leur permettra de détenir les droits d'utilisation et d'exploitation du sol, droits que la sphère entrepreneuriale ou la communauté leur louera ou achètera, en payant en contrepartie une rente foncière sous forme de paniers de consommation. S'il est une émanation incontournable du système entrepreneurial, ce nouvel actif sur lequel peut se placer toute épargne réelle individuelle se présente alors comme l'antithèse même de l'actif productif, sur lequel toute l'épargne réelle de la communauté est investie dans un système naturel.

D'abord, l'actif de rente concurrence l'actif entrepreneurial. L'épargne de rente, cette épargne qui se place par définition dans l'actif de rente, ne sera plus disponible, par la force des choses, pour l'investissement productif : elle diminue l'épargne globale qui aurait dû être consacrée à l'entreprise. De plus, prélevée sur la production des paniers de consommation, l'existence de la rente réduit les revenus des travailleurs et des détenteurs de l'épargne productive qui finance l'entreprise. En particulier, un accroissement de l'intensité capitalistique, ou en d'autres termes du nombre de machines, renchérira la rente (à cause de la hausse de la surface nécessaire à l'exploitation) et ponctionnera la rémunération de l'épargne réelle productive, décourageant ainsi même sa constitution.

Par ces deux canaux bien distincts, captation d'une partie de l'épargne de la communauté, qui aurait dû être investie dans l'actif productif entrepreneurial, et écimage de la rémunération réelle de l'actif entrepreneurial, l'**actif de rente** diminue l'épargne productive, consacrée au développement de la production des paniers de consommation de la communauté, alors que dans le système naturel collectif, toute l'épargne est productive : il accentue ainsi structurellement la rareté des biens de consommation et devient dans un système entrepreneurial un écueil au développement économique de la communauté.

Émanation de la dimension patrimoniale du système entrepreneurial, l'actif foncier se révèle ainsi comme l'antagoniste de l'actif entrepreneurial, qui a été créé pour accélérer le développement économique de toute communauté. Il semble davantage un héritage de la société féodale plutôt que l'expression d'une quelconque modernité du système économique. Dans la société féodale, il y avait en effet deux sphères et deux catégories distinctes d'individus : d'un côté, les membres actifs producteurs/travailleurs de la terre qui exécutaient et qui constituaient la sphère productive et de l'autre les membres oisifs rentiers, les seigneurs, exempts de tout travail car propriétaires de la terre. En l'absence totale d'entreprise, il était tout à fait possible dans ce système de recenser les potentielles épargnes réelles, pouvant financer de nouveaux investissements : il suffisait de demander qui, parmi les membres actifs, étaient ceux prêts à accepter de différer une partie de leur salaire et quel supplément ils en exigeaient en paniers de consommation. Ils continueraient à travailler normalement mais leurs salaires différés permettraient à la sphère productive de dégager le temps nécessaire à la fabrication de nouveaux biens d'investissement et à l'installation de nouvelles techniques dont ils seraient les seuls à partager la plus-value. La sphère productive pouvait ainsi choisir les actes d'investissement dont les plus-values satisfaisaient les exigences de salaires différés et étaient partagées entre les seuls membres actifs.

Dans ce système, tous ceux qui n'appartenaient pas au circuit productif, tous les non-actifs, qui ne fournissaient aucun effort de travail, se trouvaient en revanche naturellement écartés de ce processus de salaire différé, puisqu'ils ne pouvaient investir de force de travail dans la fabrication de biens d'équipement : ils n'avaient pas de possibilité de financer directement l'investissement de la sphère productive. En détenant l'actif terre, dont la rémunération ne nécessitait aucun travail, la classe non productive des seigneurs prélevait cependant régulièrement une partie de la production de la classe productive, en décidant de façon unilatérale d'une quantité **arbitraire** de paniers de consommation que la classe productive devait lui remettre régulièrement pour avoir le droit d'exploiter la terre. La location de la terre, le fermage, leur suffisait pour capter une part perpétuelle de la production, sans intégrer aucune valeur-travail. La reconnaissance de la propriété privée de l'actif foncier dans un système capitaliste décrit en fait exactement le même paysage et conduit au même résultat qu'une société féodale.

Comme le montre cette illustration du fonctionnement du Moyen Âge, la rente du sol relève bien d'un privilège de nature féodale. En ponctionnant la production qui devrait revenir aux membres actifs de la sphère productive, constituée des détenteurs de la force de travail et de l'épargne réelle productive, **l'actif de rente ne fait clairement pas partie du circuit productif qui crée la valeur.** *De surcroît, la rente est servie à partir de la production présente, voire payée avant toute réalisation de production : il ne s'agit pas d'un revenu issu d'un supplément futur de production mais bien* *d'un prélèvement qui s'impose à la production du moment et diminue d'autant la part de la production qui revient à la classe productive.*

La dimension arbitraire de la rente

Enfin, **ce prélèvement a une dimension arbitraire**. En n'étant le fruit d'aucun travail, la rente foncière crée une dimension orthogonale au secteur productif. Elle rajoute bien une dimension, inconnue de l'état naturel où tout est évalué en fonction du facteur travail : dans le système naturel, même le facteur temps, que traduit le coût de l'épargne, est significatif du coût du report de la jouissance des revenus du travail, symbolisé dans le chapitre 4 (livre I) par le travail immobilisé dans la fabrication du capital productif. La valeur du service du sol, qui n'intègre aucune notion de travail, appartient à un espace orthogonal au système naturel mais aussi à la philosophie du système entrepreneurial. **Cette indépendance vis-à-vis de toute valeur-travail donne à la rente foncière son caractère arbitraire.**

Comme la valeur-temps, la valeur que lui attribue chaque communauté dépendra de facteurs sociologiques et culturels. Mais alors que la valeur-temps est originellement une valeur productive, correspondant au coût du report de la jouissance des fruits du travail de la communauté, la rente foncière introduit quant à elle une dimension orthogonale à la valeur productive, car étrangère au travail.

Cette dimension arbitraire de la rente dans le secteur productif est un vrai sujet pour le système entrepreneurial et la communauté. La **rente** pourra en effet intégrer une **survaleur**, dans le prix de certaines matières premières comme dans les loyers versés au titre de la jouissance de tout bien immobilier. La survaleur de la rente d'exploitation du sol peut gonfler par exemple le prix de certaines matières premières. C'est la raison de l'existence de l'Opep (l'Organisation des pays producteurs de pétrole). Au départ justifiée pour des besoins de défense de propriété des pays détenant le pétrole face aux multinationales pétrolières, l'Opep a par la suite été utilisée par les pays producteurs et exportateurs de pétrole pour imposer leurs droits d'exploitation donc de consommation des ressources pétrolières aux pays consommateurs de pétrole : en fixant un volume arbitraire de production, face à une demande qui est ce qu'elle est, les pays producteurs peuvent obtenir la valeur désirée de la rente. C'est ainsi qu'en réduisant significativement leur production en octobre 1973, le prix du baril a été subitement multiplié par 4, passant de 3 dollars environ à 12 dollars. La rente pétrolière a mis dans la tourmente le système entrepreneurial du monde entier pendant plus d'une décennie, jusqu'au contre-choc pétrolier de 1986.

Aujourd'hui, la valeur arbitraire de la rente pétrolière imposée par le cartel de l'Opep s'effondre grâce à la concurrence des pays producteurs qui n'en font pas partie : les nouvelles techniques de production et le pétrole de schiste ont métamorphosé certains pays comme les États-Unis en exportateurs nets alors qu'ils étaient jusqu'alors de très gros importateurs nets, détruisant ainsi la rente pétrolière du cartel. Nouvel exemple où de nouvelles technologies ont cassé une rente en place.

De même, à cause du caractère arbitraire de la rente, il n'est pas étonnant que, lorsqu'ils sont libres, les loyers suivent l'augmentation des prix de l'immobilier. Car, du fait de sa composante arbitraire, les loyers pourraient ne pas déterminer les prix de l'immobilier mais bien l'inverse : en se déversant sur l'actif de rente, l'épargne réelle revalorisera l'immobilier, et provoquera un gonflement arbitraire de la rente foncière, que l'on justifiera *ex post*, par une pénurie de foncier, surfaite.

Rente et développement économique dans le système entrepreneurial

Au total, la rente est un prélèvement, pour partie arbitraire, qui pénalise la création de richesse de la communauté. Pour l'illustrer, nous allons reprendre la représentation de l'équilibre que nous avons utilisée dans le système naturel, entre d'une part l'épargne réelle productive, disponible pour l'accroissement des richesses de la communauté par l'accumulation de capital, et d'autre part l'investissement productif, significatif d'un supplément de capital à installer. L'actif de rente se traduit par un déplacement vers la gauche de la courbe d'épargne productive, de l'équivalent du montant total de l'épargne de rente, et par un déplacement vers le bas de la courbe d'investissement, du total de la ponction exercée par la rente sur la plus-value issue de l'investissement, autrement dit sur le supplément de production que l'investissement aura su générer : le résultat final est un investissement productif d'équilibre nécessairement plus faible que dans le cas où seul l'actif productif rémunère l'épargne. En réduisant les investissements productifs, l'actif de rente pénalise la croissance et le niveau de production des paniers de consommation. Le taux d'équilibre ne devrait pas pour autant être modifié.

Graphique II.1. Le développement économique pénalisé par la rente

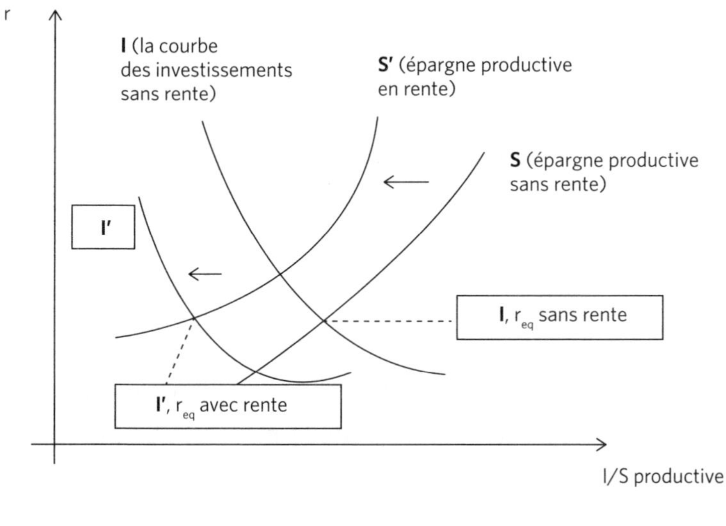

Si l'épargne investie dans l'entreprise crée de la richesse et réduit la rareté des biens, celle investie dans l'actif de rente représente une ponction sur la richesse créée par la sphère productive (l'entreprise), tout en accentuant la rareté des biens à long terme, de façon structurelle. Il n'est alors pas surprenant que les pays à forte culture de rente (comme de nombreux pays de l'Opep, ou des pays où la rente immobilière est élevée) soient très souvent économiquement parmi les moins dynamiques et les moins créateurs de richesse, notamment relativement à d'autres pays dépourvus de ressources naturelles.

Il est courant d'observer que le développement économique d'un pays est inversement proportionnel à la culture de la rente que l'on y fait : plus son peuple sera tourné vers la rente, moins il se développera. Un pays où la culture de la rente est très forte a une très forte probabilité d'être un pays qui enregistrera une croissance économique plus faible, s'appauvrissant finalement relativement aux pays à vocation entrepreneuriale : il est en fait relativement plus pauvre à chaque instant et cet état se transmet voire s'accentue de génération en génération.

Les sources de valeur du placement de l'épargne dans l'actif entrepreneurial ou dans l'actif de rente sont fort différentes. Placer son épargne dans l'**actif entrepreneurial**, c'est investir dans l'accroissement futur de la production de biens de consommation que l'entreprise saura générer au profit de la communauté par ses actes d'investissement productifs. Placer son épargne dans l'actif de rente c'est en revanche investir dans la rareté de l'actif terre, qui permettra à ses détenteurs de ponctionner une part croissante de la production dans le futur, accentuant ainsi la pénurie de paniers de consommation. Investie sur un actif de rente, une épargne accentue à terme la rareté des biens, mais investie sur l'actif entrepreneurial elle la réduit. Dans un système entrepreneurial, l'actif entrepreneurial, d'une part, qui tire sa rémunération d'un phénomène d'abondance, et l'actif de rente, d'autre part, qui tire la sienne d'un phénomène de rareté, constituent deux actifs quasiment antinomiques. La possibilité d'investir une épargne dans un actif de rente apparaît, à ce titre, comme un paradoxe du système entrepreneurial.

Néanmoins, au sein du libéralisme, attribuer une valeur continue au service fourni par la terre comporte un avantage de taille. Nous savons que l'offre de terre impose une limite au développement économique de toute communauté. Dans un système où il n'y aurait pas de valeur affichée du service de la terre, la limite provenant de l'offre immuable, inextensible, de matières premières mais aussi de terrains constructibles pourrait se dévoiler brutalement à la communauté, provoquant l'écroulement brutal de leur niveau de vie. Au contraire, une valeur publiquement affichée de la rente foncière issue de l'équilibre entre l'offre et la demande renseignera immédiatement sur l'accentuation progressive de la rareté de l'actif terre.

On peut dès lors profiter de la valeur subjective de la rente pour y intégrer tout type de problématiques d'exploitation du sol à long terme, comme la gestion à long terme des ressources qu'il renferme, ou comme l'environnement. Pour exemple, en dépit des impacts sur le reste du monde, le défrichement de la forêt amazonienne ne concerne que le Brésil : le Brésil est propriétaire de son sol et à ce titre a le droit de seul décider de la façon dont il gérera ses ressources, même si cette dernière peut avoir des externalités négatives sur le reste du monde. Il appartient dès lors aux autres nations de « financer » le Brésil afin qu'il impose une rente bien supérieure pour l'exploitation de la plus grande forêt du monde. Une rente plus élevée aura cet effet vertueux d'inciter les entreprises à rechercher des moyens de production ingénieux plus économes en surfaces de terrains, ou en matières premières, repoussant ainsi sans cesse les limites imposées par la terre, avant que cette limite ne soit atteinte. L'appréhension de la rareté des facteurs de production par leurs prix fondamentaux est une force majeure du libéralisme.

CHAPITRE 4

Distribution de la production et rôle fondamental de la monnaie

La répartition de la production dans un système entrepreneurial : distribution entre les détenteurs des facteurs de production

Avec l'émergence de l'actif de rente, la répartition de la production est différente de celle que nous avons décrite précédemment.

La production totale est partagée entre les détenteurs de la force de travail, sous forme de salaires, les détenteurs de l'actif entrepreneurial, mais aussi les détenteurs de l'actif terre, sous forme de rentes versées. En d'autres termes :

la production de paniers de consommation =
salaires (main-d'œuvre)
+ revenus de l'actif entrepreneurial
(propriétaires des entreprises)
+ rentes (aux propriétaires « terriens »)

Dans l'**état statique** où il n'y a plus aucune nouvelle plus-value dégagée, l'entreprise, n'ayant plus aucun rôle social, peut disparaître de la représentation. L'actif entrepreneurial revient à la détention en direct du capital productif, et ses revenus correspondent aux loyers perçus pour son utilisation par la communauté dans la fabrication des paniers de consommation, si bien que la production Q_0 de paniers de consommation est répartie entre salaires, rentes foncières et loyers, les trois formes de revenus de la communauté, tous distribués en paniers de consommation :

$$Q_0 = \text{salaires} + \text{rentes foncières} + \text{loyers du capital productif} \qquad \textbf{(1)}$$

Toute la production est ainsi répartie entre **les rémunérations des trois facteurs de production du panier de consommation,** que sont la main-d'œuvre, la terre et le capital productif, que nous avons déjà évoqués dans le livre I et qui apparaissent dans la représentation de l'état des techniques par la fonction de production :

$$Q = F(T, N, K)$$

Pour se voir attribuer par le système une partie de la production de paniers de consommation, il faut ainsi posséder l'un des facteurs de production, main-d'œuvre, terre, ou capital physique productif, afin d'avoir en paniers de consommation l'équivalent de sa contribution à la production.

La répartition globale de la production en paniers de consommation obéit originellement à un ordre établi que nous avons précédemment explicité : les rentiers imposent leur rémunération, puis ce sont ceux qui détiennent l'entreprise, et enfin, les travailleurs. Seule la pleine utilisation de la main-d'œuvre, assurée par la concurrence et le libéralisme, permet aux travailleurs de récupérer leur contribution à la production globale et d'en assurer une répartition équitable au sein de la communauté.

C'est la représentation du système économique adoptée par les classiques. Centrée sur la sphère réelle productive, elle privilégie le côté facteur de production du capital et de la terre.

La représentation classique se place au bout d'un processus où l'entreprise n'existe plus vraiment puisqu'elle aura trouvé la technique optimale de production du panier type de consommation qui rémunérera l'épargne qui la finance, qui utilisera la totalité de la main-d'œuvre et des ressources d'épargne, tout en cherchant à faire face au mieux aux contraintes issues de la terre.

Ce faisant, elle délaisse la dimension patrimoniale du système entrepreneurial, qui se révèle pourtant essentielle pour en comprendre la dynamique. Elle ne montre rien de la logique de redistribution du progrès technique dans un système entrepreneurial, qui bénéficie d'abord et avant tout aux détenteurs de l'actif entrepreneurial qui n'est dans l'état statique nullement représenté. Par ailleurs, elle ne décrit pas le rôle de la monnaie, une monnaie indissociable du système entrepreneurial.

Le rôle fondamental de la monnaie

Dans le système entrepreneurial, un système enrichissant, équitable et optimisateur si l'on met entre parenthèses la potentielle survaleur de la rente, il reste cependant à répondre à une problématique essentielle.

Le système entrepreneurial décompose les actes d'investissement globaux d'une communauté en actes d'investissement élémentaires. L'épargne, qui demande à être rémunérée en paniers de consommation, comme dans un système naturel, finance des entreprises qui produisent chacune un des biens de consommation du panier et non le panier de consommation en entier. De ce fait, les entreprises dans lesquelles l'épargne est investie seront dans l'incapacité d'offrir des paniers de consommation « en nature », en guise de rémunération à l'épargne réelle. Les entreprises en distribueront un équivalent dans un moyen de paiement qui fera office d'unité de compte et que tout le monde acceptera : la monnaie. La rémunération exigée par l'épargne réelle sous forme de paniers de consommation sera réalisée dans son équivalent monétaire. Dans un système entrepreneurial, le prix du panier de consommation en monnaie devient alors une unité de mesure fondamentale. Ainsi, si le financement d'un acte d'investissement par l'épargne a nécessité l'équivalent de 100 paniers de consommation et que le taux de rendement exigé est de 10 %, dans une économie naturelle (non monétaire) cet investissement devra générer un supplément d'au moins 10 paniers de consommation. Si le panier de consommation est de 1 000 euros, l'investissement sera de l'équivalent de 100 000 euros (= équivalent monétaire de 100 paniers de consommation) et le retour sur investissement exigé de 10 000 euros (= équivalent monétaire de 10 paniers de consommation), en supposant bien sûr que le prix du panier de consommation soit stable[1].

Il en découle le constat suivant : le système entrepreneurial, formé de différentes entreprises, chacune en charge d'actes d'investissement élémentaires sur l'un des produits constituant le panier de consommation, est intrinsèquement et fondamentalement lié à l'utilisation générale d'une monnaie au sein de la communauté. Sans monnaie, les entreprises ne pourront pas satisfaire l'épargne réelle productive qui demande une rémunération en paniers de consommation. **L'utilisation générale de la monnaie d'une part et le système entrepreneurial d'autre part sont indissociablement liés. Le système entrepreneurial doit être immergé dans un milieu monétaire, que nous qualifierons d'institutionnellement monétaire, sans lequel il ne peut fonctionner. C'est l'autre point fondamental qui différencie le fonctionnement du système entrepreneurial de celui du système naturel : la distribution de la production est non seulement patrimoniale mais elle est aussi monétaire.**

L'entreprise ne peut exister qu'à la condition d'avoir une monnaie communautaire ou nationale. On en tire un constat qui aura

1. Si le prix du panier de consommation n'est pas constant, il faudra tenir compte de son évolution : par exemple, dans le cas d'une hausse de 5 %, le prix du panier de consommation passe de 1 000 euros à 1 050 euros et on exigera toujours un rendement de 10 % en termes de paniers de consommation, soit toujours un revenu total de 110 paniers mais qui vaudront 115 500 euros (= 110 * 1050). Le taux de rendement exigé ne varie pas en termes réels (c'est-à-dire en termes de paniers de consommation) mais le changement de valeur de la monnaie modifie l'équivalent du taux de rendement monétaire (en termes de monnaie) exigé : il sera de 15,5 % contre 10 % en termes réels. On peut estimer que, si la variation de la valeur monétaire du panier de consommation n'est pas trop grande, le rendement demandé sera de l'équivalent du rendement en termes réels (10 %) auquel on rajoute le rythme de variation du prix du panier de consommation en termes monétaires (5 %).

toute son importance dans la suite de l'ouvrage : nier le rôle fondamental de la monnaie revient nécessairement à nier le rôle fondamental de l'entreprise dans nos économies. Faire abstraction des différences de fonctionnement d'un système monétaire avec un système naturel où il n'y a pas de monnaie intérieure, c'est passer à côté des potentiels dysfonctionnements « monétaires » du système entrepreneurial.

De la plus-value en termes réels à la valeur monétaire de la plus-value : les « profits »

Dans un système entrepreneurial, la monnaie est le seul moyen de fournir à l'épargne réelle productive, qui finance la création de richesse, les paniers de consommation qu'elle demande en guise de rémunération. Le résultat d'un investissement réalisé par une entreprise reste une plus-value, qui ne sera pas directement distribuée sous la forme de paniers de consommation, mais dans son équivalent monétaire que nous allons tout de suite écrire.

Reprenons l'équation fondamentale précédente du partage de la production :

Q_0 = salaires + rentes foncières + loyers du capital productif,
où tout est ici mesuré en termes de paniers de consommation.

Dans le système naturel, toute grandeur économique est mesurée en termes de paniers de consommation ; dans un système monétaire, elle est d'abord exprimée en valeur monétaire, le passage de l'une à l'autre découlant simplement du prix monétaire du panier de consommation :

mesure monétaire d'une grandeur économique
= mesure économique en paniers de consommation
(c'est-à-dire le nombre de paniers
de consommation que la grandeur représente)
* valeur monétaire du panier de consommation.

Cette règle de conversion peut être réécrite :

mesure économique en paniers de consommation
= mesure monétaire d'une grandeur économique
/valeur monétaire du panier de consommation.

Pour toute grandeur économique, il suffit de diviser sa valeur monétaire par la valeur monétaire du panier de consommation, que nous nommerons p, pour connaître son équivalent en termes de paniers de consommation.

La répartition de la production dans un **état statique** s'écrit alors :

$$Q_0 = (\text{salaires monétaires}/p) + (\text{rentes foncières monétaires}/p) + (\text{loyers monétaires du capital productif}/p) \qquad \textbf{(1')}$$

où p est le prix monétaire du panier de consommation.

Considérons que la valeur monétaire des salaires versés s'exprime sous la forme w * N où w est le salaire monétaire d'une unité de travail (1 heure de travail ou 1 jour de travail) et N est le nombre d'unités de travail :

$$\text{salaires monétaires} = w * N$$

De même considérons que la valeur monétaire des rentes distribuées s'exprime sous la forme :

$$\text{rentes foncières monétaires} = \text{rente}_T * T + \text{rente}_{MP} * MP$$

où :

- T représente le nombre d'unités de terrains utilisés pour installer des locaux, l'unité étant une mesure de la superficie des terrains que cela représente ;
- rente_T est la rente payée en monnaie pour l'utilisation d'une unité de terrain ;
- MP représente la superficie des sols utilisés pour en extraire les matières premières ;
- rente_{MP} représente la rente du sol demandée pour l'exploitation de ses matières premières.

Alors :

$$Q_0 = (w * N + \text{rente}_T * T + \text{rente}_{MP} * MP)/p + (\text{loyers monétaires du capital productif})/p$$

Soit :

$$p\,Q_0 = (w * N + rente_T * T + rente_{MP} * MP)$$
$$+ \text{(loyers monétaires du capital productif)}$$

Cette expression répartit la valeur monétaire de la production (pQ_0), qui représente les recettes issues des ventes des paniers de consommation entre les différents détenteurs de la main-d'œuvre, de l'actif foncier et du capital productif *via* l'entreprise. Nous pouvons l'écrire différemment :

$$\text{(loyers monétaires du capital productif)}$$
$$= p\,Q_0 - (w * N + rente_T * T + rente_{MP} * MP)$$

Ou :

rémunération monétaire de l'actif entrepreneurial
= loyers monétaires du capital productif (puisque nous sommes en régime statique)

$$= p\,Q_0 - (w * N + rente_T * T + rente_{MP} * MP)$$

Or : $(w * N + rente_T * T + rente_{MP} * MP)$ représente le paiement monétaire par l'entreprise des facteurs de production qui ne lui appartiennent pas (main-d'œuvre et terre) : autrement dit, il s'agit pour l'entreprise du paiement des coûts monétaires de production. Nous sommes ainsi passés d'une écriture de la répartition des revenus à une écriture centrée sur l'actif entrepreneurial, en termes de revenus, de recettes et de coûts.

Par conséquent :

rémunération monétaire de l'actif entrepreneurial
= *valeur monétaire de la production* – ([le coût salarial] + [rente foncière] + [rente d'exploitation de la terre])
= *valeur monétaire de la production*
– *valeur monétaire des coûts de production*
= profits (d'exploitation)

Les profits sont en effet définis de manière comptable par la différence entre d'une part les recettes de l'entreprise, c'est-à-dire le résultat monétaire de la vente de la production, et d'autre part les coûts monétaires de la production qui représentent en quelque sorte le paiement monétaire de facteurs de production qui n'appartiennent pas à l'entreprise, comme la main-d'œuvre et les matières premières. Seul le capital productif appartient à l'entreprise.

Dans un état dynamique, où une nouvelle plus-value est dégagée à partir d'un nouvel acte d'investissement entrepreneurial générant un progrès technique, la rémunération monétaire de l'actif entrepreneurial devient :

$$p\ Q_0 = (w * N + rente_T * T + rente_{MP} * MP)$$

+ (loyers monétaires du capital productif)

+ (valeur monétaire de la plus-value issue du progrès technique)

Soit, immédiatement après la création d'une nouvelle plus-value :

$p\ Q_0$ = (salaires en termes monétaires)

+ (rentes en termes monétaires)

+ (rémunération monétaire de l'actif entrepreneurial)

où :

rémunération monétaire de l'actif entrepreneurial

= loyers monétaires du capital productif

+ valeur monétaire de la plus-value issue du progrès technique

$$= p\ Q_0 - (w * N + rente_T * T + rente_{MP} * MP)$$

Soit :

rémunération monétaire de l'actif entrepreneurial

= recettes monétaires de la production

– coûts monétaires de production

= profits d'exploitation

Dans tous les cas, la valeur monétaire de la rémunération distribuée par l'actif entrepreneurial à l'épargne réelle productive, c'est-à-dire aux épargnants réels propriétaires de l'entreprise, ne représente rien d'autre que ce que nous appelons profits, constitués à tout moment de deux composantes distinctes :

– la première, permanente, correspond aux loyers versés en cas de régime statique sur le capital productif entièrement détenu par l'entreprise, loyers qui rémunèrent exactement la valeur-temps de l'épargne en termes monétaires qui a financé le capital productif ;

– la seconde correspond à la part des nouvelles plus-values générées par l'entreprise, issues du progrès technique, et qui reste au sein de l'entreprise tant qu'elle n'aura pas été redistribuée aux deux autres facteurs de production (à moins de l'installation d'un supplément de capital productif). C'est cette seconde composante qui justifie fondamentalement l'existence de l'entreprise : si elle disparaît définitivement, l'entreprise disparaît également tout comme les profits qui deviennent des loyers versés par la communauté pour l'utilisation du capital productif.

Ainsi, en appliquant un langage purement financier et comptable, qui qualifie de profits les revenus générés par l'entreprise, on galvaude la signification fondamentale économique de l'entreprise. En utilisant le terme « **profits** », on laisse sous-entendre qu'il s'agit d'un avantage financier indu qui revient aux « capitalistes » qui la détiennent alors qu'à la base il ne s'agit que de l'équivalent monétaire de la plus-value générée par ses actes d'investissement, qu'elle doit naturellement à l'épargne qui l'a financée et sans laquelle la production n'aurait jamais été réalisée. Le terme « profits », tel qu'il est utilisé aujourd'hui, découle finalement du statut financier de l'entreprise privilégié par la culture économique anglo-saxonne. D'ailleurs, en français, le mot « profit » provient du latin *profectus* qui signifie « progrès, avancement, succès », participe passé du verbe *proficere* qui signifie « progresser » : il intègre bien cette notion de progrès provenant de la plus-value d'un acte d'investissement, significatif de développement de la communauté. L'existence de l'entreprise n'est pas justifiée par l'avantage financier qu'elle tire de l'utilisation de la main-d'œuvre, et qui serait la traduction littérale du mot « profit » de la langue de Shakespeare, mais par le progrès, les nouvelles plus-values, la création de nouvelle richesse réelle qu'elle génère, qui constituent sa mission et son rôle et qui légitiment que les revenus de l'entreprise soient qualifiés de profits dans la langue de Molière. Dans le cas où l'entreprise ne progresserait plus, les profits ne seraient plus des profits mais des loyers sur le capital productif, comme en régime statique.

Le mot anglais « *profits* » est plutôt l'équivalent du mot français « bénéfices ». Le langage économique français a été victime d'un franglais mal à-propos, qui nous a fait perdre, à nous francophones, le sens étymologique latin du mot « profit ». Nous verrons dans le prochain ouvrage que ce constat n'est absolument pas anodin parce qu'il dénote une approche de l'entreprise radicalement différente entre les deux cultures, l'une anglo-saxonne, qui met en avant la dimension financière de l'actif entreprise et de ses revenus, et l'autre française, qui au contraire en privilégie la dimension réelle.

En suivant notre approche, fidèle à la tradition historique française, les profits devraient être le terme désignant la valeur monétaire de l'accroissement de production ou de la plus-value que les actes d'investissement génèrent. Dans un système naturel collectif (sans entreprise), qui ferait une utilisation générale de la monnaie, alors qu'elle n'est pas indispensable, le terme « profits » pourrait également être utilisé pour désigner l'équivalent **en termes monétaires de l'augmentation de biens** par tout acte d'investissement productif, qui constitue la signification originelle du terme « profit ». Au final, le terme « profits » devrait être requalifié dans le langage économique par l'expression « valeur monétaire de la plus-value réelle », générée par l'entreprise et qui demeure la possession de l'entreprise, rémunérant ainsi l'épargne réelle qui l'a financée. Cependant, plutôt que cette périphrase nous continuerons à utiliser le terme de « profits » dans une bonne part de ce qui suit, tout en rappelant parfois sa véritable signification économique et son utilisation appropriée dans le sens donné par la langue de Molière.

Du développement économique par des profits suffisants

Les profits ne sont ainsi ni une rente ni un loyer : par leur étymologie latine, ils sont même représentatifs du développement économique de la communauté.

π représentant les profits de l'entreprise, reprenons la définition des profits :

$$\pi = p * Q - \text{coût monétaire de production}$$

égalité que l'on peut aussi réécrire :

$$\mathbf{p * Q = \text{coût monétaire de production} + \pi} \qquad (2)$$

qui est exactement la même écriture que :

$$\mathbf{Q = \text{coût monétaire de production}/p + \pi/p} \qquad (2')$$

L'expression (2), écrite en termes monétaires, intègre les profits, alors que l'expression (2'), écrite en termes réels, c'est-à-dire en termes de paniers de consommation, intègre non pas les profits mais bien la plus-value des actes de production assurés par l'entreprise et qui reste au sein de l'entreprise, soit π/p.

Selon l'écriture (2'), on comprend que tout niveau de production définitivement atteint Q est conditionnel à la plus-value dégagée par les actes de production et d'investissement qui auront permis d'aboutir à ce niveau de production : implicitement, cette plus-value est nécessairement suffisante pour satisfaire la valeur-temps de l'épargne, qui aura financé le capital productif. Sinon, le capital productif nécessaire à la réalisation de la production n'aurait pas été installé et ce niveau de la production n'aurait donc jamais pu être atteint. Il s'ensuit que la grandeur π/p justifie le niveau de Q.

L'égalité (2) exprime la même condition mais en termes monétaires. La plus-value réelle faisant place à la notion de profits, elle traduit alors tout simplement la **conditionnalité du niveau de la production au niveau de profit** : sans un niveau de profits suffisant pour satisfaire la valeur-temps de l'épargne et ses exigences de rémunération en termes de consommation future, la communauté n'aurait jamais pu atteindre ce niveau de production.

Maximisation des profits et optimisation de la production pour la communauté

Nous allons ici résumer les raisons (davantage détaillées dans les trois encadrés ci-après) pour lesquelles le programme de maximisation des profits revient à maximiser la production de paniers de consommation. Dans un système en pénurie structurelle, due à la quantité fixe d'unités de terre et d'unités de main-d'œuvre et à la rareté de l'épargne, l'entreprise cherchera perpétuellement la meilleure technologie, la meilleure organisation, leur meilleure combinaison pour produire le bien-être maximal de la communauté, mesuré dans son numéraire, le panier type de consommation. Pour cela, il « lui suffit » de défendre au mieux l'intérêt de l'épargne productive, cette épargne qui l'a financée : elle recherchera la combinaison des facteurs de production qui maximisera la plus-value pour un même besoin d'épargne. Ce faisant, l'entreprise réduira les facteurs de production les plus rares, car les plus chers, et accroîtra les facteurs de production les moins rares, car les moins chers (*cf.* encadré ci-dessous « Le choix de la technique de production du panier de consommation »). C'est ainsi que, l'entreprise œuvrera pour l'ensemble de la communauté : en maximisant la plus-value pour les épargnants, elle améliore le bien-être des membres de la communauté et aboutira à la production maximale de paniers de consommation au vu des ressources de la communauté, exactement comme dans le système naturel. La situation atteinte par le système correspondra à celle où r (taux de rendement du capital) = r_e (taux de rendement exigé sur l'épargne), car dans le cas contraire davantage d'épargne se placerait dans l'actif entrepreneurial et financerait ainsi du nouveau capital (*cf.* encadré ci-dessous « Le choix de la technique de production du panier de consommation »).

L'entreprise recherchera en particulier tout progrès technique qui économisera un des facteurs de production, tout en n'augmentant pas l'utilisation des autres facteurs de production. Par exemple, elle pourra créer un nouveau produit, un nouveau bien de consommation, tout aussi utile que des biens de consommation du panier type de consommation qu'il remplacerait et dont la fabrication économiserait des facteurs de production. Elle pourrait améliorer les caractéristiques du bien de consommation, qui offrirait une meilleure utilité aux membres de la communauté, sans accroître la quantité de facteurs de production utilisés. Les actes d'investissement entrepreneuriaux se résument à la création de nouveaux biens de consommation et/ou à la minimisation de coûts unitaires de production pour le même produit grâce à l'adoption de nouvelles techniques et à l'installation de nouveau capital et/ou à l'amélioration des caractéristiques d'un bien déjà produit (*cf.* encadré p. 237 « Plus-value d'une entreprise spécifique »).

Le choix de la technique de production du panier de consommation

Pour comprendre comment l'entreprise détermine la technique de production, nous allons réécrire l'écriture (2) en termes unitaires, c'est-à-dire pour une unité de bien/panier de consommation fabriqué. Considérons que c représente le coût unitaire de production, autrement dit le coût de production d'un bien/panier de consommation, si bien que le coût monétaire de production pour Q unités produites est $c * Q$.

Par conséquent :

$$\pi = (p\,Q - c\,Q) = (p - c) * Q = \beta * Q = r * E$$

où E représente la valeur monétaire de l'épargne qui aura financé l'entreprise et β ce que nous appelons la marge unitaire de l'entreprise (marge pour une unité produite), c'est-à-dire la différence entre le prix unitaire p et le coût unitaire c de production.

L'épargne aura en fait servi à financer la valeur monétaire du capital productif nécessaire à la production, soit si K est exprimé en termes de paniers de consommation : E = p K.

Le coût monétaire unitaire de production a une expression simple :

c = coût monétaire de la production totale/(le nombre de paniers ou de biens de consommation fabriqués), soit :

$$c = (w * N + rente_T * T + rente_{MP} * MP)/Q$$
$$= w * N/Q + rente_T * T/Q + rente_{MP} * MP/Q$$
$$= w * N_u + rente_T * T_u + rente_{MP} * MP_u$$

où $N_u = N/Q$, $T_u = T/Q$ et $MP_u = MP/Q$ représentent respectivement le nombre d'unités de travail, d'unités de terre d'installation de locaux et d'unités de terres exploitées pour fabriquer un panier de consommation. Si $K/Q = K_u$ représente le capital nécessaire à la fabrication d'un panier de consommation, mesuré en paniers de consommation, alors la condition d'équilibre qui valide le niveau de production revient à une condition sur la marge unitaire de production, égale au profit unitaire $\pi_u = \pi/Q$:

$$\pi_u = \pi/Q = p - c = p - (w * N_u + rente_T * T_u + rente_{MP} * MP_u) = r * p K_u$$

Cette expression d'équilibre revient en termes monétaires :

$$p = (w * N_u + rente_T * T_u + rente_{MP} * MP_u) + r * p K_u$$

Ou en termes réels :

$$1 = w/p * N_u + rente_T/p * T_u + rente_{MP}/p * MP_u + r * K_u \qquad \textbf{(1'')}$$

Il s'agit tout simplement de l'expression de la répartition de la production d'une unité de panier ou bien de consommation entre les détenteurs des 3 actifs patrimoniaux, qui représentent les 3 facteurs de production (N, T, K) que l'on utilise dans le cadre de la technique unitaire de production du panier de consommation : cette technique canonique de production du panier de consommation est symbolisée par le nombre d'unités de main-d'œuvre, de terre et de capital (N_u, T_u, MP_u, K_u) nécessaires pour fabriquer une unité de panier ou de bien de consommation. La seule condition pour que la technique soit installée et utilisée est que le rendement du capital soit au moins égal à la rémunération exigée par l'épargne qui l'aura financé soit $r * K_u \geq r_e * K_u$ où r_e représente le taux de rendement minimum exigé sur l'épargne réelle qui a financé K_u, cette condition pouvant se réécrire par :

$$r * K_u = (1 - w/p * N_u + rente_T/p * T_u + rente_{MP}/p * MP_u) \geq r_e * K_u$$

Défendant l'intérêt de l'épargnant qui la finance, l'entreprise va rechercher les techniques (N_u, T_u, MP_u, K_u) qui maximisent r, ce que nous appelons le taux de rendement du capital, puisqu'elle travaille pour l'épargnant réel qui l'aura financée.

Pour cela, elle devra trouver la technique la plus économe en termes de paniers de consommation en privilégiant les facteurs de production les moins chers, c'est-à-dire ceux qui demandent le moins de paniers de consommation pour être utilisés. Elle va chercher à réaliser le programme suivant :

$\text{Max } (1 - [w/p * N_u + \text{rente}_T/p * T_u + \text{rente}_{MP}/p * MP_u])/K_u$.

En particulier à capital unitaire constant, elle va rechercher les techniques de production les plus économes des facteurs de production les plus chers en termes de paniers de consommation : elle cherchera à économiser de la main-d'œuvre si les salaires en termes de paniers de consommation w/p augmentent relativement aux valeurs des rentes (rente_T/p, rente_{MP}/p) et inversement elle cherchera à économiser des unités de terre si les rentes en termes de paniers de consommation augmentent relativement aux salaires.

Or, dans une totale liberté de mouvement, l'équilibre de l'offre et de la demande pour chaque facteur de production instaurera un prix significatif de sa rareté. Les facteurs de production les plus rares sont les plus chers : c'est là l'une des vertus du libéralisme. Ainsi, dans un système libre de prix, l'entreprise, en réduisant l'utilisation des facteurs de production les plus chers, combinera-t-elle au mieux la rareté de chacun des facteurs de production et optimisera-t-elle la production de paniers de consommation pour la communauté.

Plus-value d'une entreprise spécifique

Au **niveau individuel**, au niveau de chaque entreprise qui fabrique chacune un élément spécifique du panier de consommation ou du capital productif, ce n'est guère différent, excepté le fait que la valeur monétaire de la production va être exprimée en fonction du prix et de la quantité produite du produit fabriqué soit :

valeur de la quantité Q_i de biens produits
$= p_i * Q_i$ où p_i représente le prix monétaire unitaire du bien produit
et Q_i la quantité de cette marchandise produite

Par conséquent, les profits s'écrivent :

$$\pi = p_i * Q_i - c_i * Q_i$$

où c_i représente le coût unitaire de production de cette marchandise.

La plus-value (en termes de paniers de consommation) qui seule intéresse l'épargne productive qui aura financé l'entreprise est traduite par les profits en termes réels (= π/p) et s'écrit :

$$\pi/p = (p_i/p) * Q_i - (c_i/p) * Q_i$$

Ou :

$$\pi/p = (p_i/p - [c_i/p]) * Q_i$$

Le coût unitaire de fabrication d'un bien spécifique intégrera au niveau d'une entreprise le coût des biens intermédiaires qui sont des biens semi-finis qui sont fabriqués par d'autres entreprises et qui interviennent dans la fabrication des biens finis que sont les biens de consommation ou les biens d'équipement : ces biens intermédiaires sont par exemple tous les produits issus de la chimie, les métaux non ferreux et l'acier pour l'essentiel.

Le coût unitaire en termes de paniers de consommation s'exprimera alors sous la forme :

$$c_i/p = (w/p) * N_i/Q_i + (rente_T/p) * T_i/Q_i$$
$$+ (rente_{MP}/p) * MP_i/Q_i + (p_{BI}/p) * BI_i/Q_i$$

où p_{BI} représente le prix du bien intermédiaire et BI_i sa quantité utilisée et T_i et MP_i représentent les unités de terre foncières et exploitées pour la production Q_i.

Reprenons alors l'équation :

$$\pi/p = (p_i/p - [c_i/p]) * Q_i$$

Pour une entreprise qui fabrique un bien spécifique, il y a ainsi 3 moyens de dégager une nouvelle plus-value pour la communauté : augmenter p_i/p le prix de vente du produit relativement au prix du panier consommation, réduire c_i/p, autrement dit le coût unitaire de production relativement au prix monétaire du panier de consommation, et/ou augmenter le volume de production Q_i.

La communauté accroîtra la production si l'entreprise dégage de nouvelles plus-values. Elle pourra augmenter sa production, Q_i, par la conquête de nouveaux marchés.

Si le marché de l'entreprise est saturé, le prix p_i mais aussi le volume produit et vendu, Q_i, s'imposent à elle, tout comme p d'ailleurs, sur lequel elle n'a aucune prise. L'entreprise devra alors nécessairement chercher à réduire et à minimiser son coût unitaire ou à réduire le capital unitaire utilisé, pour dégager de nouvelles plus-values sous peine de disparaître à terme : si l'entreprise est « preneuse de prix » (*price-taker*), n'ayant aucune action possible sur ses prix de vente qui s'imposent à elle, le seul moyen pour elle de continuer à exister est d'être la plus compétitive possible. La concurrence incite les entreprises à adopter les procédés les plus efficaces en termes de coûts, lorsque leur marché est saturé, ce qui finira par être le cas à terme pour tout bien ayant une valeur dans le système. Nous dirons que ce type de marché est un marché de demande c'est-à-dire un marché où le niveau de la demande gouverne la valeur monétaire de la production parce que l'entreprise manque de pouvoir pour imposer ses prix de vente sur ses marchés. Nous dirons que l'entreprise manque de pouvoir de marché ou a un pouvoir de marché faible voire inexistant. Le prix de production sera alors à terme une marge appliquée au coût unitaire pour rémunérer l'épargne réelle qui aura financé les entreprises. En revanche, sur des marchés en pleine croissance qui sont loin d'être saturés parce qu'ils concernent de nouveaux produits, l'entreprise est en situation d'établir ses propres prix de vente : elle est « faiseuse de prix » (*price-maker*) qui est l'expression consacrée dans le langage économique courant et nous dirons qu'elle possède un pouvoir de marché ou que son pouvoir de marché est important. Il s'agit d'un marché d'offreurs, où les entreprises responsables de l'offre de biens décident du niveau des prix contribuant à la recette monétaire de la production. Elle est alors en situation d'augmenter ses prix de vente suffisamment pour compenser ses coûts qu'elle peut ne pas maîtriser. Bien sûr, plus elle minimisera ses coûts monétaires plus elle pourra dégager des plus-values monétaires importantes. Et, lorsque le marché sera saturé, elle devra normalement et logiquement s'attacher à la minimisation de ses coûts unitaires, comme vu précédemment.

Dans un univers institutionnellement monétaire, l'entreprise, qui est responsable de l'accumulation du capital productif, en défendant les intérêts des épargnants réels qui l'ont financée ou qui la financent défend également les intérêts de la communauté dans l'abondance de biens. L'agent « entreprise » pour maximiser ses profits devra également minimiser ses coûts. Elle est ainsi fédératrice des objectifs de la communauté de produire le maximum de biens de consommation : en économisant au mieux les coûts, elle permettra au système d'offrir un maximum de biens de

consommation tout en rémunérant au mieux l'épargne réelle investie dans l'actif entrepreneurial de façon à en attirer le plus possible pour accroître au mieux la disponibilité des biens de consommation dans le futur.
Par conséquent, à terme, l'entreprise devra de toutes les manières être la plus compétitive possible, et offrir son produit avec **la technologie la plus économe en facteurs de production**, pas seulement en main-d'œuvre et terre mais aussi en capital productif.

Sur la prise en compte de l'obsolescence du capital

En raison de la dimension patrimoniale fondamentale de l'entreprise, ses détenteurs vont chercher à entretenir le capital : l'épargnant réel se doit de maintenir l'état du capital productif pour conserver le même revenu perpétuel que lui fournira l'entreprise. Dans le système naturel, l'entretien du capital se traduisait par la réduction de la quantité de paniers de consommation que le système était capable de produire car pendant qu'une part de la force productive est accaparée par l'entretien du niveau des machines, elle n'est pas disponible pour fabriquer des paniers de consommation.
Dans le système entrepreneurial, il se traduit par une ponction sur les profits, qui constituent les revenus des épargnants réels « productifs » : si δ est le taux d'obsolescence du capital et si les machines, les locaux d'exploitation en nombre K valent chacune, chacun p_K (prix monétaire de la machine) alors le coût monétaire d'obsolescence des machines est $(\delta * K * p_K)$, qui vient en déduction des profits exprimés précédemment. Par conséquent, les profits deviennent :

$$\pi = p * Q - c * Q - \delta * p_K * K$$

Cela ne change rien au taux exigé sur le rendement du capital : le coût d'obsolescence du capital vient s'ajouter au taux de rendement exigé sur le capital :

$$\pi = r * E = r * p_K K \geq r_e * p_K K$$

Or :

$$\pi/p = Q * (1 - c/p - \delta * p_K/p * K/Q)$$

On retrouve la quantité brute produite de paniers de consommation nette (*cf.* livre I, chapitre 3) qui est répartie entre les différents membres de la communauté :

$$Q \text{ nette} = Q - \delta * (p_K * K/p)$$

$(\delta * K * p_K/p)$ = la réduction de la production de paniers de consommation due au remplacement et à l'entretien du capital usagé.

$$Q \text{ nette} = Q - \delta * (p_K * K/p) = c/p * Q + \pi/p$$

Ce coût à la charge des entreprises viendra en déduction de la production disponible de la communauté.

On retrouve la valeur de la production nette :

$$p * Q - \delta * K * p_K = \text{valeur de la production}$$
$$- \text{coût de maintien à niveau des machines}$$
$$= p * (Q - \delta * K * p_K/p)$$

Il suffit de remplacer dans les écritures précédentes $p * Q$ par $p * (Q - \delta * K * p_K/p)$.

Ainsi :

production = rémunération de l'actif entrepreneurial
+ coût des services des facteurs de production + coût d'entretien des machines
(ou du capital)

La réduction du coût du capital constitue cependant un moyen pour les entreprises de dégager une plus-value par un acte d'investissement puisque la plus-value s'écrit :

$\pi/p = Q * (1 - c/p - \delta * p_K/p * K/Q)$

PARTIE 2

Les travers de la monnaie et les différents régimes économiques

Par la magie d'une main invisible, la confrontation des désirs individuels de chacun et de l'objectif poursuivi par les entreprises pour préserver leur existence au sein d'un système concurrentiel devrait ainsi mener à l'**optimum social** : cet optimum social se définit comme la conjonction de l'optimum de production de bien-être par le système productif en faveur de la communauté – comme dans un système naturel, mais de manière bien plus efficace –, et d'une distribution équitable de cette richesse dégagée par le système productif. On a alors été jusqu'au-boutiste dans la vision du libéralisme. On a en effet pensé qu'il suffisait d'accorder au système entrepreneurial le maximum de libertés individuelles afin de lui assurer un maximum d'efficacité et de pérennité. On a confondu libéral et **libertarien**, mot découlant de l'anglais *libertarian*, désignant un libéral radical, opposé à toute forme d'intervention de l'État dans le fonctionnement du système entrepreneurial, si ce n'est dans le contrôle du respect des règles de concurrence.

Or, si le système crée peu ou ne crée plus de richesse réelle globale, voire en détruit, ou si le système opère une distribution inéquitable de la richesse créée, les salariés ne recueillant même pas les fruits de leur travail, le libéralisme sera en crise. Il appartiendra alors aux autorités de faire ce qu'il faut pour rétablir le fonctionnement normal du libéralisme. Mais pour cela, il est nécessaire de comprendre la cause et l'origine du dysfonctionnement du libéralisme. Nous allons ici découvrir les trois causes canoniques qui peuvent plonger le libéralisme en crise. Elles sont toutes liées à l'un des rôles fondamentaux de la monnaie dans nos systèmes économiques.

CHAPITRE 5

Le régime classique : sous-optimalité et instabilité dues à la monnaie de transaction

Le fonctionnement monétaire du système entrepreneurial

Une monnaie active pour la sphère réelle où elle circule en circuit fermé

Le rôle de la monnaie ne s'arrête pas à l'impérieuse nécessité de distribuer à la communauté les revenus en paniers de consommation, dans un système où la production de ses composantes est individualisée entre entreprises. La monnaie forme, transforme le mécanisme de distribution des paniers de consommation produits, fort différent d'un système naturel. Pour le comprendre, analysons le **régime statique** où il n'y a plus de nouveaux actes d'investissement entrepreneuriaux.

Dans l'état statique, la rémunération de l'épargne productive se ramène aux loyers versés sur le capital productif : l'actif entrepreneurial disparaît et la production totale de paniers de consommation sera répartie entre les détenteurs des facteurs de production, main-d'œuvre, terre et capital productif. Mais, contrairement au système naturel, une fois produits, les paniers de consommation ne sont pas distribués directement aux membres de la communauté : ils seront vendus par les entreprises en échange de la monnaie, que les individus auront auparavant perçue de la part des entreprises en guise de rémunération des facteurs de production qu'ils détiennent. Le système fonctionne ainsi grâce à la circulation en circuit fermé d'une certaine quantité de monnaie, fixe, mais fortement active, qui est alternativement le véhicule des revenus puis des achats de paniers de consommation : la monnaie qui a servi auparavant à distribuer les revenus est ensuite la monnaie qui servira aux « transactions » dans la sphère réelle des paniers de consommation. La même monnaie est alternativement monnaie de revenu puis monnaie de transaction.

L'entreprise ne distribue pas de paniers de consommation : elle n'en est pas capable puisqu'elle ne les produit pas. En revanche, grâce à la monnaie, l'entreprise en redistribue l'équivalent monétaire aux différents détenteurs des facteurs de production qui l'utiliseront pour leurs achats de paniers de consommation. La distribution directe de paniers de consommation du système naturel est remplacée par un mouvement monétaire perpétuel : les revenus sont distribués sous forme de monnaie par les entreprises aux membres de la communauté qui la leur restituent en achetant les paniers de consommation.

Chaque cycle de production/distribution durant lequel on aura fabriqué q paniers de consommation, vendu au prix p, donnera lieu à une distribution de revenus monétaires $p * q$ sur un rythme qui n'est pas nécessairement celui du cycle de production et qui est en général défini de manière institutionnelle (quotidienne, hebdomadaire, mensuel, trimestriel). Ici, pour rendre les choses plus simples, nous adoptons l'hypothèse selon laquelle le cycle de production coïncide avec la périodicité des revenus distribués. À la fin de chaque cycle de production, les revenus monétaires sont distribués par les entreprises aux membres de la communauté à partir d'un stock de monnaie m qu'elles possèdent, soit $m = p * q$.

Parallèlement, les membres de la communauté achètent les q paniers de consommation produits au prix p à partir de leur propre stock de monnaie qui est aussi égal à $p * q = m$. Les entreprises comme les membres de la communauté détiennent une quantité m de monnaie à tout moment. Les membres de la communauté, qualifiés de « **ménages** » en langage économique, détiennent une monnaie qui va servir à leurs transactions, m, dans la sphère réelle, autrement dit à leurs achats de paniers de consommation, quand les entreprises détiennent un stock de monnaie qui leur servira à distribuer les revenus monétaires m. À chaque cycle de production/vente, les ménages, d'un côté, les entreprises, de l'autre, échangeront leur stock de monnaie m.

En conséquence, l'encours total de monnaie dans le système économique est : $M = 2\ m$ et non m, à cause du décalage structurel entre le moment où les revenus sont distribués par les entreprises et le moment où ils sont dépensés[1] par les ménages.

Il faudra alors 2 cycles de production pour que chaque euro de l'encours de M revienne à son point de départ et accomplisse l'ensemble de son circuit monétaire dans la sphère réelle. Autrement dit, la monnaie aura fait la moitié de son circuit en un cycle de production. Par conséquent, si la vitesse de circulation de la monnaie v mesure le nombre de tours de son circuit qu'elle réalise en un cycle de production, elle est bien l'équivalent de 1/2.

$m = M/2 = p * q$ peut alors s'écrire :

$$M * v = p * q$$

où $v = 1/2$ représente bien l'équivalent de la vitesse de la monnaie.

Le revenu monétaire, $p*q$, est égal au stock de monnaie multiplié dans le système, M, par sa vitesse de circulation, v.

1. En cas de distribution de revenus asynchrones par rapport au cycle de production/distribution, le stock de monnaie nécessaire au fonctionnement du système sera supérieur du fait des « stocks-tampons de paniers de consommation » que le secteur productif devra posséder pour satisfaire la demande qui s'exprimera avant que le cycle de production ne soit finalisé. Nous l'aborderons dans le prochain ouvrage car plus difficile à aborder, mais ici, dans un souci de compréhension et de simplification, nous négligerons cette difficulté qui ne change rien au mécanisme.

L'équation monétaire quantitative dans un système monétaire

Pour un plus grand confort, il est préférable de transformer l'équation monétaire précédente en considérant la production non pas d'un cycle mais bien d'une année. On annualise la production et les revenus, qui sont le fait d'un même stock de monnaie qui ne cesse de tourner dans la sphère réelle à la vitesse V.

L'équation quantitative de la monnaie devient :

$$M * V = p * Y \qquad (3)$$

où M est le stock de monnaie dans le système, V est la vitesse de circulation de la monnaie sur un an, Y (le revenu annuel en paniers de consommation) = Q (la production annuelle de paniers de consommation) et p le prix du panier de consommation en monnaie.

Il s'agit exactement de la même équation que précédemment, sauf que l'on a ici annualisé la production (= les revenus) mais aussi la vitesse de la monnaie : on mesure la vitesse de circulation de la monnaie dans la sphère réelle sur un an, comme on mesure la vitesse d'une voiture par heure. Si la vitesse de circulation de la monnaie, V, est de 5, il faudra comprendre que la monnaie présente dans le système, M, fait 5 fois le tour par an du circuit économique entre les entreprises et les membres de la communauté pour réaliser la production Q et la distribution de Y = Q paniers de consommation dans l'année.

Or Q, qui constitue le seul centre d'intérêt de tous les membres de la communauté, est définie à partir de l'utilisation optimale des ressources réelles de la communauté, totalement indépendantes de M. Finalement, le stock de monnaie détermine par cette équation quantitative la seule valeur monétaire du numéraire, ou du panier de consommation. Il n'a aucun impact sur la production optimale que réalisera la communauté par les biens de l'entreprise.

On comprend à partir de cette équation, où p * Y représente successivement la valeur monétaire des paniers de consommation vendus puis la valeur monétaire des revenus distribués par l'entreprise, que, lorsque la quantité totale de paniers de consommation produits est fixe, la hausse du stock de monnaie ne fait qu'augmenter la valeur monétaire du panier de consommation, mais aussi de tous les revenus, sans en modifier leur valeur réelle : en régime statique, les techniques de production ne changent plus, la production ne sera définitivement plus augmentée, et la monnaie n'a aucun impact sur la production, fixe, ni même sur la répartition des revenus en termes de paniers de consommation. Ainsi, si le stock de monnaie gonfle de 2 %, par exemple grâce à la découverte d'un nouveau stock d'or et si l'or est la monnaie, le prix monétaire du panier de consommation augmente de 2 %, tout comme les salaires, les loyers et les rentes, dont l'équivalent en termes de paniers de consommation n'est cependant pas modifié. Et inversement, dans le cas d'une contraction de 2 % du stock de monnaie, il baisse de 2 %, même si cela paraît à ce niveau bien difficile à imaginer puisque l'on ne voit pas par quel biais la monnaie impliquée qui ne cesse de circuler dans le système peut se contracter. La monnaie aurait ainsi un impact sur la valeur monétaire du numéraire, mais aucun sur la quantité de paniers et biens de consommation produite.

La valeur monétaire du panier de consommation p sera finalement l'expression de la rareté relative de la monnaie par rapport au panier de consommation. Le niveau de production étant fixé (égal au niveau de production optimale), la hausse du stock de monnaie accroît la rareté relative des paniers de consommation par rapport à la monnaie : la valeur du panier de consommation en monnaie s'élève ou la monnaie, plus abondante, voit sa valeur diminuer dans la sphère réelle et dans la communauté. En revanche, la réduction du stock de monnaie accroît la rareté relative de la monnaie dans la sphère réelle : la valeur de la monnaie en paniers de consommation monte ou la valeur en monnaie du panier de consommation baisse.

Dans l'état d'équilibre statique, où l'actif entrepreneurial n'existe pas ou plus, puisque la fixité de la production sous-entend que les actes d'investissement entrepreneuriaux (qui dégagent une nouvelle plus-value) ont été épuisés, le stock de monnaie n'a aucune importance sur la répartition des richesses (réelles) produites par l'entreprise. Au final, la monnaie n'a qu'un impact nominal (autrement dit sur les prix) mais absolument aucun impact réel (autrement dit sur la production réalisée et distribuée). Pour la sphère réelle, analysée en termes de production et de répartition finales des paniers de consommation, la monnaie peut être ignorée.

L'instabilité monétaire et la sous-optimalité du système entrepreneurial : les difficultés de l'entreprise pour remplir son rôle social

L'instabilité des prix relatifs provoquée par la variation permanente de la valeur de la monnaie

La monnaie possède ainsi deux rôles fondamentaux dans la sphère réelle. Elle est monnaie de revenu, en servant aux entreprises à distribuer des revenus, et monnaie de transaction, en servant aux ménages à acheter des paniers de consommation. Cette double fonctionnalité de la monnaie peut alors poser un problème de taille pour l'entreprise et le fonctionnement du système entrepreneurial. Dans sa recherche d'actes d'investissement dégageant une plus-value maximale, dans sa recherche de la frontière optimale de production, l'entreprise devra en effet faire face à une difficulté endémique au fonctionnement monétaire du système.

Reprenons l'expression des profits en termes réels, qui devraient représenter la rémunération des détenteurs de l'entreprise :

$$\pi/p = (p - c)/p\ Q = Q - (w/p * N + rente_T/p * T + rente_{MP}/p * MP) \qquad (4)$$

L'entreprise est là pour dégager les profits en termes réels maximaux (autrement dit π/p maximal) : elle devrait alors utiliser davantage les facteurs dont les services sont les moins chers et réduire ceux dont les services sont les plus chers. Pour cela, elle se fondera sur leurs coûts, en termes de paniers de consommation, afin de trouver et d'installer les techniques qui réduiront les facteurs de production les plus chers.

Comme nous l'avons écrit dans le chapitre précédent, les salaires et rentes, mesurés en paniers de consommation, autrement dit en numéraire, soit w/p, $rente_T/p$, $rente_{MP}/p$, sur lesquels se fonde l'entreprise pour choisir sa technique de production, devraient refléter la rareté relative de chacun des facteurs de production. En maximisant les profits en termes réels, elle réduira les facteurs de production les plus rares et augmentera les moins rares : à capital unitaire constant, elle adoptera alors la technique de production qui utilisera de façon optimale les ressources en terre et en main-d'œuvre.

Néanmoins, dans un système entrepreneurial, qui est immergé dans un environnement institutionnellement monétaire, les entreprises connaissent à chaque instant les valeurs monétaires des coûts des différents facteurs de production (salaires, rentes, tous en termes monétaires), soit w, $rente_T$, $rente_{MP}$: pour estimer leurs coûts en numéraire (en paniers de consommation), qui devraient normalement diriger leurs investissements, les entreprises n'auront d'autre choix que de s'appuyer sur les rapports de chacun d'entre eux au prix monétaire p du panier de consommation, rapports que nous qualifions de **prix relatifs**. Ces prix relatifs pourront être malheureusement affectés par l'évolution du stock de monnaie à chaque instant, sans que leurs raretés relatives ne soient modifiées.

Car, en raison de son circuit de circulation et de sa particularité à être simultanément monnaie de revenu et monnaie de transaction, un accroissement du stock de monnaie pourra s'introduire en deux points fort différents de la sphère réelle : soit par le biais des ménages, soit par le biais des entreprises. Il pourra par exemple correspondre à une nouvelle monnaie de transaction, en finançant directement la consommation des membres de la communauté par le biais de crédits à la consommation : elle élèvera alors immédiatement le prix du panier de consommation, puis dans un second temps les revenus monétaires que l'entreprise distribuera. Ou bien, une nouvelle monnaie pourra être introduite en tant que nouvelle monnaie de revenu : elle sera versée aux entreprises qui pourront alors accroître artificiellement les revenus monétaires versés aux membres de la communauté, sous forme de salaires et/ou de rentes, avant d'être utilisée dans les achats de paniers de consommation, poussant dans un deuxième temps le prix monétaire de ces derniers à la hausse. On en conclut que l'introduction d'une nouvelle monnaie provoque forcément une modification instantanée et provisoire des prix relatifs des facteurs de production, puisque dans un cas comme dans l'autre, soit le prix monétaire du panier de consommation, soit les revenus monétaires varient, mais absolument pas prix et revenus en même temps.

Si des suppléments de monnaie sont sans cesse injectés dans le système, ne modifiant pas immédiatement de la même façon les revenus et le prix du panier de consommation, les prix relatifs des facteurs de production varieront perpétuellement, alors même que leur rareté relative reste fondamentalement invariable. Pour décider de leurs actes d'investissement les plus générateurs de plus-value, les entreprises devront alors s'appuyer sur des prix relatifs qui seront sans cesse perturbés par l'instabilité structurelle de la monnaie et plus précisément par l'instabilité du prix de la monnaie (en termes de paniers de consommation), et qui de surcroît ne refléteront pas les raretés relatives des facteurs de production.

Il sera dès lors très difficile d'extraire, de la lecture des prix relatifs monétaires des facteurs de production, la part due au changement du stock de monnaie de celle significative de leurs raretés relatives. Une telle difficulté ne serait pas apparue si le stock de monnaie avait permis de maintenir constant le prix monétaire du panier de consommation.

Le manque permanent de lisibilité des prix fondamentaux des facteurs de production, traduisant leurs raretés relatives, s'accentuera avec l'instabilité de la monnaie : en d'autres termes, le choix et la découverte de la technologie optimale seront bien plus complexes pour l'entreprise, à mesure que s'élèvera le rythme d'injections de nouvelle monnaie et que l'instabilité monétaire s'accroîtra.

Cet impact pénalisant de la monnaie sur le système entrepreneurial peut autant résulter d'une baisse de la valeur de la monnaie, issue d'un accroissement perpétuel du stock de monnaie et qui se concrétisera par une hausse permanente des prix et revenus monétaires dans la sphère réelle, ce que nous nommons « l'inflation », que d'une hausse de la valeur de la monnaie en termes de numéraire, issue d'une contraction perpétuelle du stock de monnaie et qui se traduit par une baisse permanente des grandeurs monétaires dans le secteur productif, ce que nous nommons la « déflation » (*cf.* livre I, chapitre 8).

L'instabilité monétaire réduit la lisibilité des valeurs fondamentales (réelles) des facteurs de production qui seules devraient intervenir dans le choix de la technologie par l'entreprise, l'empêchant de découvrir la technologie optimale. La capacité du système entrepreneurial à réaliser des actes d'investissement les plus générateurs de plus-value et à réaliser ainsi la production optimale au service de la communauté se dégradera à mesure que le rythme d'injection ou de retrait de la monnaie s'accentuera, autrement dit à mesure que la valeur de la monnaie en termes de paniers de consommation augmentera ou diminuera d'autant plus rapidement. Des modifications de stocks de monnaie trop rapides pourront même tellement brouiller la lecture des prix fondamentaux qu'elles étoufferont toute décision d'entreprendre et d'investir par l'entreprise.

Avec la montée de l'inflation, l'accumulation du capital par les entreprises et la génération de plus-value pourraient finir par s'arrêter. Il n'y aurait alors plus de croissance économique possible : le développement économique stagnerait alors même que la monnaie coule à flots. On observerait une **stagflation**, terme qui traduit la conjonction de la stagnation économique (« stag » pour stagnation) et d'une inflation forte (« flation » pour inflation) qui en est la cause. La « stagflation » a caractérisé notamment la période de croissance des années 1970 fortement inflationnistes, en France comme dans la quasi-totalité des pays développés.

Si l'inflation s'emballe au point de créer une situation d'hyper-inflation, on pourrait même assister à la liquéfaction du système entrepreneurial, incapable ne serait-ce que de maintenir le niveau économique : la communauté déclinerait dans la misère et la pauvreté comme le Venezuela aujourd'hui. L'emballement inflationniste est destructeur de l'actif entrepreneurial, donc de la richesse et du capital productif de la communauté : l'accentuation de l'altération de la lisibilité des prix relatifs fondamentaux écarte toujours plus les entreprises de la frontière optimale de production.

Le coût supplémentaire pesant sur la constitution de capital lié à une hausse du prix de la monnaie

L'entreprise paie les services des facteurs de production, qui correspondent aux coûts de production, avant même de vendre sa production : dans tout acte d'investissement, il faudra assumer les coûts de production en termes monétaires (c), avant d'engranger le résultat monétaire de la production par la vente (p). Dans l'expression (4) des profits en termes réels, p et c n'appartiennent pas au même point du temps. Les profits, égaux à la différence entre p et c, ne représenteront alors plus l'équivalent de la valeur monétaire de la plus-value, si le prix de la monnaie varie entre le moment où les coûts sont payés et le moment où les recettes sont perçues.

En particulier, si les prix de la monnaie augmentent, la valeur réelle des profits, qui constitue la rémunération de l'épargne réelle productive, sera même nécessairement inférieure à la plus-value. Le revenu de l'entreprise sera pénalisé par une baisse du prix monétaire du numéraire entre le moment où les dépenses sont engagées et le moment où les revenus de la vente de la production seront engrangés. Le régime déflationniste où la valeur monétaire du panier de consommation ne cesserait de baisser rajoute par conséquent une difficulté supplémentaire que nous ne retrouvons pas dans un régime inflationniste.

Pour le comprendre davantage, supposons pour simplifier qu'il n'y a que deux périodes, 0 et 1, la première (la période 0) où les coûts et les investissements sont engagés et la seconde (la période 1) où le résultat monétaire de la production est engrangé par la vente de la production, l'expression des profits se ramène à :

$$\pi\,(1) = p(1) * Q - c(0) * Q$$
$$= p(1) * (1\text{-}c(0)/p(1)) * Q$$

La vente de la production est bien réalisée avec les prix de la monnaie de la période 1 (p(1)) alors que les coûts monétaires sont mesurés avec les prix de la monnaie de période 0.

Or la valeur de la plus-value (en termes de paniers de consommation), qui représente le revenu exigé par l'épargne, est bien estimée par $\pi\,(0)/p(0)$ et non par $\pi\,(1)/p(1)$. C'est bien ce revenu en termes de paniers de consommation ($\pi\,(0)/p(0)$), qui aurait été distribué directement sous forme de profits à l'épargne réelle en cas de stabilité de la valeur de la monnaie.

Avec une hausse des prix de la monnaie entre les deux périodes, les profits en termes de paniers de consommation à la période 1 $\pi\,(1)/p(1)$ seront néanmoins inférieurs à cette valeur et donc à la plus-value réellement dégagée par l'entreprise, puisque :

$$\pi\,(1)/p(1) = (1\text{-}c(0)/p(1)) * Q < (1 - c(0)/p(0))* Q = \pi\,(0)/p(0)$$
$$= \text{plus-value de l'acte d'investissement de l'entreprise,}$$
$$\text{car } p(1) < p(0).$$

À cause de la hausse de la valeur de la monnaie (ou ce qui revient au même à cause de la baisse du prix monétaire du panier de consommation) entre le moment où les coûts sont engagés et le moment où la recette monétaire de la production est réalisée, l'épargnant récupérera moins que la plus-value générée par les actes d'investissement entrepreneuriaux en faveur de la communauté. Le revenu versé en termes réels ne correspondra plus à la plus-value de l'acte d'investissement. Les profits en termes réels seront inférieurs.

Un taux d'intérêt exigé par l'épargne productive supérieur à celui du système naturel, intégrant une prime de risque « monétaire »

L'instabilité de la valeur de la monnaie affecte la rémunération de ceux qui détiennent l'entreprise. Les profits en termes réels (car évalués en paniers de consommation) sont potentiellement plus faibles, pouvant même être inférieurs au minimum demandé par l'épargne réelle. Le manque de lisibilité sur les prix réels (autrement dit en termes de paniers de consommation) des facteurs de production rend le résultat des investissements de l'entreprise optimisatrice plus aléatoire.

En particulier, la perception de la rareté relative des facteurs de production est altérée par l'instabilité de la monnaie, rendant les technologies choisies par l'entreprise sous-optimales : la plus-value fondamentale générée par l'entreprise devient potentiellement plus faible que celle qui aurait été obtenue dans un système naturel collectif, où on aurait réduit l'utilisation des facteurs les plus rares. La frontière de production atteinte par l'entreprise ne pourra plus être confondue avec la frontière optimale de la communauté : elle lui sera inférieure à cause de l'instabilité de la valeur de la monnaie.

En l'absence de « **stabilité monétaire** » **dans la sphère réelle**, la monnaie n'est plus neutre quant au comportement d'investissement du système entrepreneurial, qui deviendra sous-optimal : les entreprises ne peuvent plus installer la machine idéale de production du panier de consommation et s'établir sur la frontière de production optimale.

Ce risque monétaire, issu du mécanisme circulaire (revenus monétaires/achats de paniers de consommation/revenus monétaires) dans le cadre de l'utilisation universelle et impérieuse de la monnaie au sein du système entrepreneurial, ne va pas rester sans conséquence sur le rendement exigé par l'épargne réelle productive. S'il y a stabilité monétaire dans la sphère réelle, le taux de rendement exigé sur l'épargne par la communauté correspondra à celui exigé dans un système naturel. Mais, dans le cas contraire, pour accepter de se placer dans les entreprises et financer leurs actes d'investissement, l'épargne va exiger une prime de risque fondamentale, qui viendra s'ajouter au rendement naturel. Cette prime de risque sera de nature monétaire et dépendra de l'évolution perçue du prix de la monnaie. Elle traduira la potentialité d'investissements sous-optimaux et de revenus plus faibles. Ce supplément de rémunération exigé par l'épargne réelle productive sera ce que nous appellerons **une prime de risque d'accumulation (productive)**, découlant directement de la non-neutralité de la monnaie dans la sphère entrepreneuriale. Il viendra s'ajouter au rendement réel normalement demandé dans un environnement monétaire neutre, qui est identique au taux de rendement exigé sur l'investissement dans un système naturel.

En synthèse, le taux de rendement exigé par l'épargne réelle qui ira financer l'actif entrepreneurial devient :

taux de rendement exigé sur l'épargne réelle productive
= *(taux de rendement réel « naturel »)*
+ *(prime de risque d'accumulation due*
à la non-neutralité de l'environnement monétaire)

Nous venons de montrer que du fait de la dimension monétaire du système entrepreneurial, le taux d'intérêt d'équilibre dans le système entrepreneurial r_e n'est plus systématiquement identique à celui du système naturel r_n. Il peut lui être supérieur à cause de la non-neutralité de la monnaie.

La non-neutralité de la monnaie dans la sphère réelle : destructrice de richesse

Toute hausse du taux de rendement exigé par l'épargne revient à une perte de richesse matérielle pour la communauté : en réduisant la masse d'investissements acceptables par la communauté, elle détériore la capacité productive de la communauté (*cf.* livre I). De fait, le développement économique de la communauté souffrira d'un environnement monétaire non neutre.

Au final, le développement économique d'une communauté dépend du taux de rendement d'équilibre dans le système entrepreneurial, r_e : il sera d'autant plus grand que r_e est faible. Pour les classiques, le taux de rendement exigé sur l'épargne par la communauté dans le système entrepreneurial correspond à celui exigé dans un système naturel : $r_e = r_n$. Mais la non-neutralité de la monnaie de transaction rajoute un terme supplémentaire, une prime de risque. À cause de la monnaie, le taux d'intérêt d'équilibre pourrait être structurellement supérieur à celui du système naturel, abaissant ainsi le niveau de développement économique par rapport au système naturel. Le système entrepreneurial devient sous-optimal.

De surcroît, les entreprises seront d'autant plus perturbées dans leur mission sociale de générateur de nouvelle plus-value et de recherche de la frontière optimale de production que le rythme d'injection ou de retrait de la monnaie variera : la prime de risque sera d'autant plus grande que le rythme de déflation ou d'inflation sera élevé. Parallèlement à l'intensification de l'inflation ou de la déflation, le taux d'intérêt d'équilibre sera de plus en plus élevé et la communauté ne cessera de s'appauvrir.

La neutralité monétaire : le credo monétariste

La dynamique de développement économique d'une communauté voire d'une nation peut être enrayée par l'instabilité de la monnaie, une monnaie si essentielle au fonctionnement du système entrepreneurial. Pour mener à bien leur mission sociale de recherche et de mise en place des actes d'investissement générant les plus-values maximales, pour le plus grand bien de la communauté, les entreprises ont absolument besoin de la quasi-stabilité du prix de la monnaie. Afin que la communauté bénéficie pleinement du système entrepreneurial, il va falloir réguler l'offre de monnaie pour éviter la non-neutralité monétaire, qui lui est si dommageable : tel est le credo des monétaristes. Cette régulation sera fondée sur une règle simple.

En régime statique, selon l'équation monétaire quantitative, l'encours de monnaie doit être constant afin que le prix p soit invariable. En régime dynamique, où la production de paniers de consommation s'accroît, il faudra, selon la lecture également de l'équation quantitative, veiller à ce que le rythme d'accroissement de la masse monétaire suive celui de la production de paniers de consommation, afin de maintenir la stabilité monétaire dans la sphère réelle (autrement dit de p) et ainsi d'assurer au système entrepreneurial sa capacité à trouver les technologies optimales.

Si la monnaie s'accroît au même rythme que la capacité productive en paniers de consommation, le prix de la monnaie sera stable, et les prix relatifs observés ne seront plus bruités par leur dimension monétaire : ils refléteront nécessairement les rémunérations fondamentales des facteurs de production. Les entreprises pourront alors sans aucun souci déterminer les technologies de production les plus efficaces.

Dans le cas contraire, il y aura de l'inflation ou de la déflation, qui affectera la capacité des entreprises à créer de la richesse et qui débouchera sur un moindre accroissement de la capacité productive en paniers de consommation : la croissance sera inférieure à celle qui est issue d'un système naturel.

On peut écrire à partir de l'équation quantitative (3) :

la hausse du stock de monnaie = la hausse de la production
+ la hausse du prix monétaire du numéraire

ou on notera :

$$\frac{\Delta M}{M} = \frac{\Delta Q}{Q} + \frac{\Delta p}{p} \qquad (3')$$

Selon l'équation monétaire quantitative, pour éviter la sous-optimalité du système entrepreneurial, il faudra que les prix soient constants, autrement dit il faudra que l'accroissement du stock de monnaie soit peu ou prou identique à l'accroissement de la capacité productive en paniers consommation, Y, directement généré par les actes d'investissement entrepreneuriaux. Telle est la règle monétariste.

Le fonctionnement de la sphère bancaire

La banque commerciale : la cheville ouvrière du fonctionnement monétaire du système entrepreneurial

Nous avons vu précédemment que dans le système naturel l'outil de financement extérieur le plus adéquat aux investissements était le crédit, dont le développement était assuré par le pôle qui créait la monnaie-or. De même, afin de satisfaire le besoin de monnaie de la communauté au sein du système entrepreneurial, on crée un pôle, en dehors de l'entreprise, qui créera la monnaie intérieure par le marché du crédit qui pourra financer tout nouvel investissement.

On va alors déléguer à l'agent **banque commerciale** le rôle de fournir par le biais d'un crédit la monnaie intérieure dont la sphère entrepreneuriale a besoin. C'est ainsi qu'entreprise et banque commerciale sont indissociablement liées dans un système entrepreneurial et que le fonctionnement de la sphère entrepreneuriale dépendra entièrement de la capacité de la sphère bancaire à remplir son rôle social de distribuer de nouveaux crédits. En assurant son rôle social de créateur de monnaie en contrepartie de crédits au système productif, la sphère bancaire, composée de banques commerciales, constitue la cheville ouvrière monétaire du système entrepreneurial.

En s'assurant que les banques commerciales ont les moyens de financer par le crédit tous les investissements entrepreneuriaux qui généreront une plus-value acceptable pour la communauté, il serait dès lors impossible que l'entreprise puisse manquer de monnaie pour réaliser tous les investissements utiles à la communauté.

Un système bancaire dont le pivot est la Banque centrale

Si la banque commerciale a tous les moyens pour distribuer tous les crédits qu'elle voudra, le seul risque, vis-à-vis de la non-neutralité monétaire, est qu'elle crée trop de monnaie par des crédits trop massifs. Dans nos économies, le risque déflationniste devrait être définitivement écarté alors que le risque inflationniste reste endémique.

La déflation étant écartée, seule l'inflation devra être combattue par une entité indépendante, qui n'est pas l'État : elle sera la banque des banques commerciales, dont elle va régir la masse et le coût des crédits qu'elles distribueront afin de réguler le stock de monnaie (de crédit) qui circulera dans le système et qui en est la contrepartie. Son rôle est de défendre l'intérêt de la communauté, en évitant que le système ne tombe dans un emballement inflationniste destructeur de richesse.

La régulation de l'offre de monnaie par cette banque des banques, que l'on appelle Banque centrale, semble ainsi nécessaire mais aussi suffisante pour assurer le fonctionnement optimal de la sphère entrepreneuriale : pour que par leurs actes d'investissement les entreprises aboutissent à la production maximale en paniers de consommation pour la communauté, il suffit de contrôler l'offre de monnaie de façon à ce que, selon l'équation monétaire quantitative, l'accroissement du stock de monnaie suive la croissance de l'offre de paniers de consommation. Cette dernière sera mesurée concrètement par l'estimation conjuguée de l'accroissement de l'offre de main-d'œuvre et des gains d'efficacité de la main-d'œuvre dans la fabrication du panier de consommation, conséquence directe de la capacité du système entrepreneurial à accumuler les nouveaux actes d'investissement productif. Compte tenu des effets non pas immédiats mais à terme de l'investissement entrepreneurial sur la capacité productive en paniers de consommation, il faut considérer que cette règle de neutralité monétaire selon l'équation monétaire quantitative soit vérifiée non pas immédiatement mais à terme : on devra injecter de la monnaie selon la croissance structurelle estimée de la capacité productive de la communauté en paniers de consommation. Cette croissance à terme est qualifiée de **croissance de long terme**, que l'on a qualifiée aussi de croissance potentielle dans le livre I.

Afin d'éviter un excès ou une pénurie de monnaie, face au rythme d'accroissement de la production de paniers de consommation estimé sur le long terme, la régulation de l'offre de monnaie est nécessaire mais aussi finalement suffisante pour que le système entrepreneurial fonctionne efficacement à plein régime, autrement dit pour que la communauté se développe le plus rapidement possible, par le biais de l'entreprise.

La régulation de l'offre de monnaie par cette entité indépendante qu'est la Banque centrale, à la solde d'aucun État, fondée sur la règle issue de l'application directe de l'équation monétaire quantitative, définit tout le credo du monétarisme sur lequel s'appuient aujourd'hui les banques centrales des pays développés, et d'une grande partie des pays émergents : en assurant à la sphère entrepreneuriale la juste quantité de monnaie dont elle a besoin, la Banque centrale maximisera la croissance de la production en paniers de consommation de la communauté en assurant aux entreprises un environnement monétaire optimal pour l'accumulation de capital. La lecture et la connaissance régulières et rapides de l'évolution du prix monétaire du panier de consommation, qualifié d'**indice de prix à la consommation** et dont la variation sur un mois ou sur un an détermine respectivement le rythme d'inflation mensuelle/annuelle, sont absolument indispensables aux banques centrales pour conduire une politique monétaire qui régulera l'offre de monnaie le plus judicieusement possible afin de l'adapter aux besoins de la sphère entrepreneuriale et favoriser la création de richesse. Dans tous les pays développés, cet indice est publié tous les mois avec un délai de deux mois environ : ainsi l'indice concernant le mois de janvier est disponible dans la seconde quinzaine de mars.

Pour éviter le risque de déflation due à une insuffisante création de monnaie qui pourrait comme nous l'avons vu pénaliser davantage l'investissement entrepreneurial et la croissance de long terme de la production, on préférera souvent une légère hausse du prix monétaire du panier de consommation, à une stabilité qui pourrait s'avérer dommageable si la croissance est plus forte qu'anticipée : elle permettra d'écarter le risque de pénurie structurelle de monnaie tout en étant proche de la neutralité monétaire. Par conséquent, à partir de la lecture de l'équation monétaire (3'), on choisira en général une croissance du stock de monnaie équivalente à la somme de la croissance de long terme estimée de la production, et du rythme de hausse des prix du panier de consommation que la communauté s'autorise sur le long terme, et que nous appelons l'objectif d'inflation de la communauté, objectif qui est aujourd'hui autour de 2 % à 3 % dans les pays développés attachés à la stabilité des prix[1]. Ainsi, si la croissance de long terme estimée de paniers de consommation est de 2 % et que l'objectif d'inflation est également de 2 %, la croissance de la masse monétaire devra être en moyenne de 4 %, selon l'équation (3').

Si l'inflation devient trop forte, il faudra restreindre l'offre de monnaie, pénalisant directement l'activité. Or, une restriction monétaire trop précoce peut handicaper le partage de la production opéré naturellement par le marché. Car la redistribution de la plus-value à la main-d'œuvre est assurée dans le système entrepreneurial par le plein-emploi comme nous l'avons déjà évoqué : c'est le plein-emploi qui assure un partage équitable des revenus au sein de la communauté. Dans le cadre d'une activité cyclique, en limitant l'offre de monnaie trop tôt, dès l'atteinte du plein-emploi

1. Pour être totalement exhaustif, cet objectif intègre également l'insuffisante prise en compte par les indices des prix de l'amélioration de la qualité des biens vendus.

par exemple, on réduirait volontairement la durée du plein-emploi et l'intervalle de temps durant lequel une redistribution équitable de la production des paniers de consommation vers les travailleurs s'opérerait. Avec un plein-emploi qui durerait insuffisamment, la seule possibilité qui demeurerait serait un partage consensuel des fruits de la croissance entre salariés d'une part et entreprises d'autre part, tous deux incarnés au niveau de la communauté par leurs représentants, les premiers par les syndicats de salariés, les secondes par les organisations patronales, ayant pleinement conscience de l'objectif commun d'un partage équitable des revenus. Ce mode de distribution de la production est opérant dans les pays comme l'Allemagne. En l'absence de partage consensuel sur la plus-value entre entreprises et salariés, il semble plutôt préférable d'autoriser l'inflation à s'écarter quelque peu de son objectif, avant de durcir l'offre de monnaie. Cette problématique rejaillit par conséquent sur le niveau adéquat d'inflation acceptable pour chaque communauté : elle est susceptible de constituer un écueil à l'intégration de plusieurs pays dans une même union monétaire partageant une même monnaie.

La non-neutralité de la monnaie : son impact asymétrique entre actif entrepreneurial et actif de rente

Les placements respectifs sur l'actif de rente et l'actif entrepreneurial auraient dû exiger le même taux de rendement et à ce titre ils pourraient être confondus. Néanmoins, la dimension monétaire du système entrepreneurial les distingue fondamentalement. Ne faisant en effet face à aucun risque d'accumulation puisque, en quantité fixe, il ne peut être accumulé, l'actif de rente n'est quant à lui pas affecté par la non-neutralité de la monnaie. Le taux de rendement exigé sur l'actif de vente reste le taux naturel. La non-neutralité monétaire ne pèse que sur le seul placement de l'épargne en actif entrepreneurial, l'actif créateur de richesse.

Ainsi, en l'absence de neutralité monétaire, le taux de rendement exigé sur l'actif entrepreneurial est supérieur à celui de l'actif de rente puisque :

taux de rendement exigé sur l'actif entrepreneurial = taux naturel
+ prime de risque
= taux rendement réel exigé sur l'actif de rente (actif sans risque)
+ prime de risque monétaire d'accumulation

La prime de risque monétaire d'accumulation qui peut émerger à tout moment ne fait que renforcer la nature foncièrement différente des deux actifs qui, en offrant deux rémunérations différentes, s'adressent bien à deux catégories d'épargnants très différentes. Au total, durant les périodes inflationnistes où le placement de l'épargne en actif de rente est favorisé et le placement dans l'entreprise délaissé, le développement économique en sera d'autant plus affecté, affaiblissant davantage la croissance, en particulier dans les pays à forte culture de rente.

Le clivage entre l'actif de rente et l'actif entrepreneurial n'en est que renforcé. La valeur de la rente résulte tout autant de l'attractivité particulière exercée par la terre d'un pays pour ses ressources minérales ou pour son climat clément ou ses paysages sublimes, que de facteurs culturels et sociologiques, ou que de facteurs monétaires, qui entretiendront un esprit adverse au risque entrepreneurial parmi les membres de la communauté, qui préféreront placer leur épargne sur un actif plus sûr, l'actif de rente.

Au sein de la communauté, certains auront un esprit de rentier et préféreront placer leur épargne sur l'actif sûr, l'actif de rente, même s'il rapporte moins. D'autres auront un esprit entrepreneurial et privilégieront le placement de leur épargne sur l'actif entrepreneurial, risqué mais potentiellement plus rémunérateur. Si ces deux catégories d'épargnants coexistent en général, il se peut cependant qu'on cultive dans telle ou telle communauté davantage l'esprit de rentier ou l'esprit entrepreneurial, si bien que l'épargne aura tendance à se positionner essentiellement dans l'actif de rente ou dans l'actif entrepreneurial, renforçant l'éviction de l'actif entrepreneurial par l'actif de rente en particulier dans les périodes d'inflation.

Le système monétaire international

Au début de l'ère des banques centrales, pour bien s'assurer qu'elles réguleraient comme il se doit le système afin de maintenir la stabilité monétaire, on les a enfermées dans un carcan qui s'appelait l'étalon-or que nous avons abordé dans le livre précédent et que nous allons davantage approfondir ici, à l'aune des monnaies nationales développées par chaque pays pour son système entrepreneurial.

Le fonctionnement du système de l'étalon-or

Dans le système de l'étalon-or, chaque pays a sa monnaie nationale qui constitue le média monétaire de ses échanges intérieurs. Parallèlement, les échanges de marchandises entre nations et les placements internationaux se réalisent dans la seule monnaie universelle, reconnue par toutes les nations, l'or. Enfin, chaque pays qui y participe s'engage à convertir sa monnaie en or à un taux fixé par ailleurs : cette fixité du change de la monnaie nationale dans la monnaie internationale (l'or) va alors contraindre chaque pays à adopter une politique monétaire neutre. Nous allons comprendre pourquoi.

LA PARITÉ DE POUVOIR D'ACHAT : L'UNIFORMISATION DU PRIX DU PANIER DE CONSOMMATION ENTRE COMMUNAUTÉS

Auparavant, nous allons saisir la notion de parité de pouvoir d'achat. La valeur du panier de consommation, mesurée en monnaie nationale, dépendra pour chaque pays de la masse de monnaie nationale en circulation, selon l'équation monétaire quantitative. Elle sera d'autant plus élevée que la masse monétaire sera importante. Néanmoins, comme nous l'avons vu dans le livre I, le panier de consommation devrait avoir la même valeur entre les pays, en or et donc en particulier dans toutes les monnaies nationales. De cette loi du prix unique du panier de consommation, il découle une relation qui déterminera finalement le taux de change entre devises de deux pays différents. Si P_A est le prix du panier de consommation dans un pays A (disons la France) dans sa monnaie nationale (euro) et P_B son prix dans un autre pays B (disons les États-Unis) dans sa monnaie nationale également (le dollar), alors le taux de change du dollar en euros, e, est déterminé par la relation :

(le prix en euro du panier de consommation aux États-Unis)
= P_B (le prix en dollar du panier
de consommation aux États-Unis)
* e (taux de change du dollar en euro) = P_A
= (le prix en euro du panier de consommation en France)

Cette règle détermine ainsi le taux de change d'équilibre entre le dollar et l'euro. On la qualifie de la « loi de parité du pouvoir d'achat » (PPA) : elle exprime simplement que le prix du panier de consommation est le même dans tous les pays. Il est égal à son prix sur le marché des échanges extérieurs (*cf.* livre I). À partir de la PPA, on pourra alors savoir les devises dont le taux de change est surévalué par rapport aux autres.

Pour qu'elle soit applicable, il faut cependant que le panier de consommation soit similaire entre les pays, autrement dit que les pays aient un niveau de vie raisonnablement comparable (*cf.* livre I, chapitre 2). Il est en particulier peu rigoureux de s'appuyer sur la PPA pour juger de la surévaluation des devises de pays émergents par rapport aux devises des pays développées. C'est bien évidemment encore plus vrai pour les devises des pays en développement.

LE FONCTIONNEMENT DU SYSTÈME MONÉTAIRE D'UNE NATION APPARTENANT À L'ÉTALON-OR

Chaque nation a sa monnaie nationale. Un excès de monnaie émis dans un pays se traduira par l'inflation, autrement dit par la hausse du prix du panier de consommation en monnaie nationale : dans un univers où les devises s'ajustent librement, la loi de la parité du pouvoir d'achat provoquera alors la dépréciation de la monnaie nationale par rapport aux devises des pays qui auront maintenu la stabilité des prix. Un excès de création de monnaie entraînera une dépréciation de sa devise. Pour revenir à notre exemple entre la France et les États-Unis, une hausse de P_B, du prix du panier de consommation aux États-Unis, se traduira par une dépréciation du dollar en euros (soit une baisse de e) dans le cas où le prix du panier de consommation en France n'est pas modifié.

Mais, dans le système de l'étalon-or (*Gold Standard*), cet ajustement des changes est impossible puisque chaque pays s'engage dans une parité fixe de sa monnaie nationale par rapport à l'or et donc par rapport à toute devise des pays appartenant au système de l'étalon-or. Comment cette contrainte de change transforme-t-elle alors le fonctionnement monétaire du système économique ?

Dans le système de l'étalon-or, toute monnaie nationale peut être convertie en or à un cours fixe sur lequel le pays s'engage. Avec un excès de monnaie nationale émise en France, le panier de consommation vendu sur le territoire en francs devient plus cher que celui que la France peut obtenir sur le marché international qui sera néanmoins vendu contre de l'or : les membres de la communauté nationale préféreront alors échanger leurs francs contre de l'or auprès de la Banque centrale (c'est l'engagement pris pour participer au bloc de l'étalon-or), au cours fixe auquel le pays s'engage, afin d'acheter le panier de consommation sur le marché international. Les importations augmentent, réduisant parallèlement inévitablement le montant d'or dans les caisses de la nation. Si la nation ne réduit pas son encours monétaire afin d'être plus compétitif et de stopper les sorties d'or, la nation ne pourra plus respecter ses engagements vis-à-vis du bloc-or dont il finira par sortir : il subira l'affront international d'être considéré comme un pays pauvre, ne détenant plus assez d'or pour faire partie de la cour des grands.

La politique monétaire est finalement totalement assujettie au maintien du pays dans la cour des grands, le bloc-or. Après un excès de monnaie, le taux de change ne s'ajustant pas puisqu'il est fixe, c'est bien le prix intérieur du panier de consommation qui doit s'ajuster à la baisse afin de stopper les sorties d'or. La monnaie en circulation doit se contracter, entraînant la baisse du prix du panier de consommation produit par le pays et le retour automatique à la compétitivité du pays qui stoppera les sorties d'or. Par le biais d'une correction « automatique » de tout excès de monnaie, l'étalon-or constitue une force de rappel permanente à l'expansion inconsidérée de monnaie, fléau du système entrepreneurial.

Le système de l'étalon-or semblait ainsi tout indiqué pour empêcher naturellement une émission trop importante de monnaie nationale susceptible de provoquer les désordres que l'on a décrits dans le système entrepreneurial de tous les pays qui y participaient. Son adoption par l'Allemagne en 1871, qui va profondément marquer sa culture anti-inflationniste, sera suivie par la majeure partie des pays développés dans la décennie qui suivra. L'or constituait la monnaie internationale, servant au règlement des échanges entre pays, et devenait de fait l'instrument de réserve pour les banques centrales des pays qui l'adoptaient.

Les cours des monnaies dans le système y étaient alors relativement stables : ils fluctuaient dans des limites étroites définies par ce qu'on appelle les points d'or. Le système a bien fonctionné pendant plusieurs décennies. Un excès de monnaie nationale finissait toujours par être autocorrigé par le système. Cette stabilité monétaire internationale a dès lors accéléré les échanges mondiaux de marchandises et les placements internationaux.

LES DÉFAUTS DE L'ÉTALON-OR : L'OR, ACTIF PATRIMONIAL

Cependant, ce système a une faille : le statut originel patrimonial de l'or que nous avons développé dans le précédent livre. En effet, le système fonctionnait tant que l'or était bien recherché pour son statut de monnaie internationale. Mais, quand l'or devint principalement demandé pour son statut originel d'actif patrimonial, notamment par défiance vis-à-vis des autres actifs durant la crise des années 1930, le système qui se retrouvait en pénurie d'or ne fonctionnait plus et l'ensemble des pays ont dû l'abandonner progressivement. Durant la Grande Dépression, les Américains se sont défaits de leurs dollars pour de l'or qu'ils voulaient conserver. Les réserves nationales s'amenuisant, le président Roosevelt proclama le 5 avril 1933 « hors la loi » la détention d'or par les Américains. En Europe, l'Allemagne met en place un contrôle total des changes et la Grande-Bretagne et la France suspendent la convertibilité de la Livre et du Franc en or. Ainsi, à cette période, plus aucun État au monde n'assurait une convertibilité de sa monnaie en or.

Les systèmes monétaires internationaux qui l'ont suivi

LE SYSTÈME DE BRETTON WOODS

À la sortie de la Seconde Guerre mondiale, tous les pays s'accordent pour affirmer que la reconstruction et le développement durable devront indubitablement passer par une stabilité monétaire. Dans cet objectif, on a instauré un nouveau système monétaire international qui tirait les leçons du passé : on s'est séparé du statut nocif d'actif patrimonial de l'or, tout en cherchant à conserver le principe de fixation des parités des devises qui empêche tout ajustement intempestif des changes et donc le fléau inflationniste. En tant que monnaie internationale, on a de fait remplacé l'or par une monnaie forte.

À cette époque, seule la première puissance économique et financière au monde, les États-Unis, pouvait fournir cette monnaie « forte ». Ce système n'était plus fondé sur l'étalon-or mais sur le **système de l'étalon-change-or**, dans lequel le **dollar américain** détenait une place centrale : toutes les devises étaient convertibles en dollars et seul le dollar était convertible en or.

Le dollar remplaçait l'or dans les réserves des banques centrales des différents pays : être riche pour une nation c'était posséder des dollars, seuls convertibles en or. Et inversement être pauvre c'était être à court de dollars. Tel était le système de **Bretton Woods**, qui qualifiait le Système monétaire international de l'après-guerre suite aux accords de Bretton Woods signés en 1944 : ces accords ont notamment donné naissance à la Banque internationale pour la reconstruction et le développement, ou BIRD, aujourd'hui l'une des composantes de la Banque mondiale, et au Fonds monétaire international, ou FMI.

De fait, les pays hors États-Unis ont dû rapidement aligner leur politique monétaire non pas sur l'or mais sur les États-Unis et le dollar : afin de conserver leurs dollars, ils devaient conserver leur parité avec le dollar selon la parité de pouvoir d'achat. Cependant, les accords de Bretton Woods n'ont instauré aucun contrôle de la quantité de dollars américains émis.

Les États-Unis sont tombés dans le laxisme monétaire : le dollar n'était plus rare et il ne faisait plus office de monnaie forte. Les nations, notamment les plus compétitives et les plus détentrices de dollars, ont alors voulu à la fin des années 1960 et au début des années 1970 convertir leurs dollars en or. Les États-Unis n'ayant plus assez d'or pour respecter leurs engagements ont alors désolidarisé le dollar de l'or : en 1971, Richard Nixon proclame la suspension de la convertibilité du dollar en or. Le 8 janvier 1976, les **Accords de la Jamaïque** confirment officiellement l'abandon du rôle légal international de l'or. Il n'y a plus de système monétaire international organisé, donnant ainsi définitivement naissance au système de change flexible.

LES ZONES ÉCONOMIQUES ET MONÉTAIRES

D'autres zones économiques ont alors voulu ancrer leur monnaie nationale à une monnaie forte : c'est ce que réalisait l'Union européenne économique et monétaire, où l'Allemagne a reproduit un schéma vieux de plus de cent ans où elle avait initié le système d'étalon-or. En ayant l'un des plus gros stocks de dollars et d'or grâce au développement de son commerce extérieur et sa rigueur monétaire, elle a de fait remplacé l'or, puis le dollar, par le mark qui était la monnaie forte. Les parités de deux monnaies différentes étaient fixées par rapport à la monnaie d'ancrage (le mark) et les taux de change étaient stables entre pays participants autour d'un cours pivot, comme dans le système de l'étalon-or. Tout excès de monnaie pouvait alors se traduire par une légère dépréciation de la monnaie mais pas plus, car encadrée autour du taux pivot avec la monnaie d'ancrage. Si l'inflation commençait à s'emballer, le déficit commercial se creusait et les capitaux commençaient à fuir le pays : par anticipation de l'ajustement d'un taux de change devenu surévalué, on empruntait dans la monnaie en difficulté pour prêter dans la monnaie forte, en attendant que la dévaluation se réalise. Dans ce cadre, un pays inflationniste voyait tout simplement son accès au marché international limité voire carrément interdit dans les cas critiques de crise.

Néanmoins, il existe une différence de taille entre l'étalon-or et les systèmes monétaires internationaux d'après-guerre. L'intérêt de l'étalon-or résidait dans l'absence de suprématie d'un pays : l'or était la monnaie internationale sans être la monnaie nationale d'un pays. Les systèmes monétaires internationaux qui l'ont remplacé étaient centrés sur une monnaie et accordaient ainsi tous la suprématie sur le marché international à un pays particulier dont la monnaie était devenue la monnaie internationale, car monnaie forte. Une asymétrie difficilement viable dans la durée selon l'histoire.

CHAPITRE 6

Le régime keynésien : sous-optimalité et instabilité dues à la monnaie financière

Ainsi, selon les néoclassiques, pour assurer le plein régime du système entrepreneurial, il suffit que la Banque centrale, entité indépendante de l'État, remplisse son rôle de garant de la neutralité de la monnaie dans la sphère réelle. Cette vision du fonctionnement du système entrepreneurial, cette philosophie de la régulation conviennent finalement parfaitement aux libéraux purs et durs que nous avons qualifiés de « libertariens », qui écartent un quelconque rôle fondamental positif de l'État dans la régulation du système. Finalement tout en acceptant que le système entrepreneurial puisse être perturbé par la monnaie, qui est indispensable à son fonctionnement, les libertariens sont ravis qu'une régulation économique confiée à une entité indépendante de l'État s'avère suffisante pour que le système libre exprime toute sa puissance.

Par le contrôle de la monnaie par une Banque centrale qui agirait au profit du seul bien-être de la communauté, on aurait alors le meilleur des systèmes : la puissance du libéralisme sans ses inconvénients monétaires. En assurant la neutralité de la monnaie de transaction, le taux d'équilibre du marché des fonds prêtables ou des titres, non plus international mais intérieur ou national, devrait correspondre au coût de l'épargne constituée dans un système naturel.

Mais, ce faisant, les classiques n'évoquent pas le marché financier des titres qui demeure implicite. C'est là que Keynes intervient. Face aux classiques et à leurs héritiers, qui ne se focalisent que sur sa dimension transactionnelle, Keynes met en avant la valeur patrimoniale de la monnaie sur le marché financier des titres, dimension que nous avons décrite dans le livre précédent à un niveau mondial, et que nous allons maintenant appliquer au système entrepreneurial à un niveau intérieur à chaque communauté.

Retour sur le régime keynésien dans nos systèmes économiques

Dans un système entrepreneurial, Keynes remet sur le devant de la scène la dimension patrimoniale de la monnaie par le biais des marchés financiers. Elle devient même d'autant plus fondamentale que les marchés financiers sont développés, les épargnants aisés et les rendements des investissements peu attirants. C'est ce que nous avons vu dans le précédent livre. Pour Keynes, les classiques relativisent dans la dynamique du système entrepreneurial l'importance des marchés financiers, qui sont au contraire fondamentaux dans la détermination du taux d'intérêt qui gouverne l'accumulation de capital.

Car le financement de l'entreprise par les membres de la communauté s'apparente au marché des créances que nous avons décrit précédemment, où l'entreprise prendrait la place de la communauté « emprunteuse-investisseuse » et le membre épargnant celle de la communauté « prêteuse » : sur le marché financier interne (à la communauté) des fonds prêtables ou des titres des créances, l'entreprise est l'emprunteur et les membres épargnants y sont les prêteurs. Ce marché a un support monétaire qui n'est pas l'or mais la monnaie nationale.

Si les épargnants au sein même d'une nation deviennent suffisamment aisés, en appliquant au marché financier du financement des entreprises les conclusions du marché international des créances développé précédemment, la monnaie a une valeur patrimoniale sur les marchés financiers : il est utile pour les épargnants aisés de la communauté de posséder un stock de monnaie d'attente, que Keynes qualifie de monnaie spéculative, afin de capter les investissements les plus rémunérateurs que pourront offrir les entreprises. Le taux de rendement exigé de l'épargne, qui se place dans l'entreprise, ne sera alors plus celui du système naturel r_n, qui correspond au coût de formation de l'épargne intérieure, mais correspondra à la valeur de la liquidité sur le marché financier des titres.

La monnaie possède une valeur-temps sur les marchés financiers des titres qui représente le prix de la liquidité financière dans le patrimoine de la communauté : les individus peuvent conserver la monnaie et attendre ainsi le moment opportun pour prêter/placer leur épargne accumulée sous forme monétaire afin de bénéficier du taux de rendement le plus élevé, surtout lorsque les marchés financiers sont très développés. Finalement, le taux de rendement exigé sur les investissements devient :

$$r_e = \text{valeur-temps de la monnaie sur les marchés financiers}$$
$$= r_n + \text{prime de liquidité financière} > r_n$$

Cette valeur-temps patrimoniale de la monnaie sur les marchés des titres rend alors le système entrepreneurial sous-optimal : le taux de rendement exigé par la communauté sur l'investissement des entreprises r_e est supérieur à celui exigé dans le système naturel, r_n. Le taux de rendement des investissements effectués par l'entreprise ne pourra jamais descendre en dessous du taux d'intérêt significatif de la valeur de la liquidité patrimoniale sur les marchés financiers, qui est supérieur au coût de cette épargne du fait des ménages aisés.

Parce qu'il est institutionnellement monétaire, le système entrepreneurial instaure un coût de la liquidité financière patrimoniale qui pourra le faire basculer dans un régime de sous-investissement intérieur, exactement comme pour les communautés emprunteuses sur le marché des créances internationales que nous avions développé précédemment. C'est tout l'esprit et l'essence de l'apport fondamental de Keynes au rendement exigé par la communauté sur le capital productif.

Par son régime d'abondance des épargnants, Keynes ne reconnaît plus le monde de pénurie des classiques ainsi que les impératifs de rendement de l'épargne en contrepartie du coût de sa constitution et correspondant au prix de privation en consommation présente : face à l'épuisement du progrès technique dans un monde où pointe la stagnation séculaire, le taux de plus-value s'affaiblit et les « épargnants financièrement aisés », dont le coût de l'épargne est quasi nul, imposent une rente à la communauté pour qu'ils acceptent en contrepartie de financer de nouveaux investissements entrepreneuriaux.

L'instabilité financière endémique de nos systèmes entrepreneuriaux financiarisés

Pour ceux d'entre eux qui détiennent déjà les entreprises, autrement dit les capitalistes, ils peuvent même imposer brutalement à l'entreprise un taux de rendement supérieur. Nous retrouvons chez Keynes cette ressemblance avec Marx : les capitalistes ont le pouvoir, et chez Keynes ce pouvoir résulte de la valeur que représente cette monnaie patrimoniale sur les marchés financiers des titres.

En effet, pour expliquer l'instabilité économique dans nos systèmes et les crises à répétition, Keynes décrit des chocs affectant le coût de la liquidité financière patrimoniale, qui, rappelons-le, possède une valeur arbitraire, orthogonale à la dimension travail de la sphère productive, car découlant de l'incertitude (*cf.* livre I) :

brutalement, le prix de la liquidité pourra augmenter, à cause des « pulsions animales » de l'homme qui se cristalliseraient sur les marchés financiers.

En créant le concept de monnaie « spéculative », que nous avons requalifiée de monnaie « opportuniste », Keynes attribue aux marchés financiers l'origine des chocs qui affectent la sphère réelle productive, constituée des entreprises et des salariés, qui créent la richesse réelle (en accroissant la production de paniers de consommation) : une hausse brutale du coût de la liquidité financière due à l'esprit animal de l'homme, qui réagirait mal sous le coup de l'émotion à des événements, accroît subitement le taux de rendement exigé sur le capital productif. Toute envolée du taux réel d'équilibre est l'équivalent d'une destruction de richesse pour la communauté, comme nous l'avons vu dans le livre I : il y aura moins de paniers de consommation produits et une réduction nécessaire à l'équilibre (de plein-emploi) de la rémunération des autres facteurs de production, en particulier de la main-d'œuvre.

Pour conserver l'ensemble de la main-d'œuvre, il faudra réduire les salaires et ce de manière d'autant plus importante que le choc sur le prix de la liquidité, donc sur le taux d'intérêt d'équilibre, aura été radical. Si les salariés ne l'acceptent pas ou si des mécanismes monétaires au sein de la sphère réelle empêchent la baisse relative des salaires monétaires par rapport au prix monétaire du panier de consommation, parce que la baisse des salaires entraînera une baisse des prix des biens et services de consommation tout aussi importante, le système ne pourra recouvrir le plein-emploi.

En observant de tels désordres dans le système entrepreneurial, les capitalistes pourront alors renforcer leur préférence pour la liquidité, préférant attendre un éclaircissement de la situation avant de financer de nouveaux investissements entrepreneuriaux. De ce fait, à cause d'une valeur de l'attente plus élevée, le prix de la liquidité continuerait de monter, incitant les entreprises à abaisser toujours plus les salaires et entraînant la communauté dans un cercle vicieux d'appauvrissement.

Telle était la vision de Keynes sur l'origine de la déflation et de la dépression des années 1930, dont il avait été témoin : subitement, par l'expression de l'esprit animal de l'homme sur les marchés financiers, les épargnants, en particulier ceux financièrement aisés, s'étaient mis à l'écart du marché des créances, coupant le financement des entreprises et de leurs investissements, entraînant le système dans un processus autodestructeur, qui, dans ce vertige insensé, ne pouvait être stoppé que par l'intervention directe des autorités. Autour de cette vision, Keynes a bâti son corpus théorique qu'il expose dans son ouvrage.

Keynes a été d'un modernisme inouï en intégrant pour la première fois dans la théorie économique le rôle et l'impact des marchés financiers sur la dynamique du système entrepreneurial, ce qui n'avait jamais été fait auparavant, ni égalé depuis selon nous. En remplaçant le monde de pénurie des classiques par sa vision d'abondance des épargnants, Keynes confère à sa monnaie spéculative un pouvoir déstabilisateur certain sur la sphère productive entrepreneuriale par la valeur de la liquidité sur les marchés financiers : c'est la monnaie financière, et non la monnaie de transaction, qui transforme radicalement le fonctionnement par le biais du marché des créances (les marchés financiers) qui n'est autre que le marché du financement extérieur des entreprises par l'épargne des membres de la communauté.

L'équilibre du marché de la monnaie n'est plus assuré sur le marché des biens et services (la sphère réelle), par le biais de l'équation monétaire quantitative, qui détermine l'évolution du prix de la monnaie en termes de paniers de consommation, mais il le sera sur le marché des titres des créances (la sphère financière) par le biais du taux d'intérêt financier, qui représentera le coût de la liquidité financière (ou en d'autres termes la valeur accordée par les épargnants à la conservation d'une partie de leur patrimoine sous forme de monnaie plutôt qu'à sa transformation en placement sur le marché des créances) et qui s'imposera à tout moment au financement de l'entreprise. La monnaie n'est plus un simple outil de transactions pour la sphère réelle, elle s'avère comme un poison financier : la valeur financière de la monnaie spéculative sur le marché financier des créances devient même l'élément moteur de la sphère entrepreneuriale, de l'économie et de la communauté, et la responsable de toutes les crises. La monnaie n'est pas neutre pour le système entrepreneurial non par son rôle dans la sphère réelle, comme le pensent les classiques, mais par son rôle dans la sphère financière. La non-neutralité monétaire des classiques issue de la sphère réelle est remplacée par la non-neutralité monétaire de Keynes issue de la sphère financière.

L'instabilité économique chez Keynes : l'irrationalité financière dans un monde incertain

La mécanique financière générant la dépression

Pour que tous les enchaînements précédents puissent avoir lieu, il faut que les autorités ne puissent faire face à une subite hausse de la demande de monnaie pour des raisons financières ou spéculatives : c'est l'accentuation de la pénurie de monnaie sur les marchés financiers qui donne d'autant plus de valeur à la liquidité patrimoniale par la suite. Pour que le taux de rendement exigé sur les placements dans le système entrepreneurial enregistre un choc haussier important sans pouvoir redescendre par la suite, le système doit nécessairement se trouver dans l'incapacité de répondre à ces bonds « irrationnels car inexplicables rationnellement » de la valeur de la liquidité sur les marchés financiers, ou sur le marché des créances, comme nous l'avons déjà décrit précédemment.

Or, force est de constater que dans le système actuel, une monnaie ayant cours légal peut être produite de manière infinie par le système bancaire, soit par les banques commerciales en produisant de nouveaux crédits qui financeraient ainsi la sphère productive et l'entreprise en lieu et place de l'épargne de la communauté, soit par la Banque centrale par des achats d'actifs sur le marché des créances. Apparemment, dans nos systèmes bancaires, il paraît impossible que la sphère réelle et l'entreprise puissent être victimes d'un manque potentiel de monnaie provoqué par les marchés financiers, sauf si bien sûr la création monétaire d'un pays est contrainte par la quantité d'or détenu, comme dans un système d'étalon-or ou comme dans tout autre système où les monnaies des pays sont arrimées à une même monnaie extérieure forte. Or, lorsque Keynes a écrit la *Théorie générale* publiée en 1936, le système d'étalon-or, qui était en cours en 1929, avait quasiment disparu. Il n'y avait plus de contrainte venant de l'étalon-or qui pouvait s'exercer sur l'offre de monnaie.

La déflation/dépression que la théorie keynésienne décrit ne pourrait pas avoir lieu si le système des banques (qui inclut les banques commerciales mais aussi la Banque centrale), qui constitue la sphère productrice de monnaie dans un système entrepreneurial en lieu et place de la sphère-or du système international du livre I, restait capable de répondre, par une offre de monnaie « suffisamment importante », à tout accès de fièvre soudain d'un besoin de monnaie irraisonné de la communauté provoqué par la spéculation.

Pour contrecarrer toute régulation par l'offre de monnaie, potentiellement infinie, et justifier d'une déflation provoquée par une envolée subite de la demande de monnaie spéculative et donc de sa valeur, Keynes se tourne vers son axiome fondamental qui affecte selon lui le fonctionnement du monde dans lequel on vit : l'incertitude. Pour Keynes, « il est possible qu'un fort accroissement de la quantité de monnaie injectée dans le système cause tant d'incertitude au sujet de l'avenir que les préférences pour la liquidité s'en trouvent renforcées. [...] Alors que l'on peut espérer que, toutes choses restant égales, un accroissement de la quantité de la monnaie fasse baisser le taux de l'intérêt, cela ne se produira pas si les préférences du public pour la liquidité augmentent [alors] plus que la quantité de monnaie » (*Théorie générale*).

Pour Keynes, la bascule du système dans une soif irraisonnée de monnaie en lieu et place de placement sur le marché des créances déclencherait un mouvement déflationniste impossible à arrêter, parce qu'une offre de monnaie potentiellement infinie conforterait le public dans sa phobie d'une pénurie de monnaie : une augmentation forte de l'offre de monnaie, qui aurait dû combler la pénurie de monnaie initiale, accentuera encore plus les peurs et paniques du public (les entreprises, les membres de la communauté), provoquant une préférence pour la monnaie encore plus vive, impossible à combler, au sein de la communauté. Autrement dit, une hausse importante de l'offre de monnaie réalisée par la sphère monétaire renforcerait la valeur patrimoniale (spéculative) de la monnaie, parce qu'elle confirmerait un manque cruel de monnaie dans le système, qui serait même susceptible d'être plus sévère qu'imaginé. « Sinon, quelle serait l'utilité d'avoir augmenté brutalement autant l'offre de monnaie ? » « Le pire nous serait-il dissimulé ? »

Tout comme son soudain appétit initial pour la monnaie, le comportement du public, en réponse à l'accroissement de l'offre de monnaie, tiendra de l'irrationalité, alimentée par l'incertitude : les membres de la communauté seraient saisis subitement d'une sorte de phobie collective d'une pénurie générale de monnaie dans le système, renforçant la valeur de la monnaie. C'est la raison pour laquelle selon Keynes la politique monétaire est vaine pour inverser ce mouvement : une hausse importante de l'offre de monnaie par la Banque centrale accentuera même l'incertitude initiale et encouragera la communauté à demander toujours plus de monnaie dans son patrimoine.

Face à l'impuissance d'une régulation par l'offre de monnaie et par la Banque centrale, incapable de réparer le circuit de financement monétaire des entreprises, il n'y aurait pas d'autre choix que d'engager des investissements par l'État. L'État est d'ailleurs la seule entité capable de réaliser et de financer des investissements, dont les rendements seront insuffisants pour satisfaire les exigences de rendement exorbitant de placement causées par l'envolée du coût de la liquidité : par sa solvabilité, il pourra prendre à sa charge l'écart entre le rendement exigé par le placement de l'épargne et celui inférieur tiré de l'investissement. Seules les dépenses publiques d'investissement peuvent ainsi remettre l'économie sur les bons rails. Une fois que la relance par les investissements publics aura produit ses effets et rassuré le public sur la peur injustifiée d'un manque criant de monnaie dans l'économie, la dynamique du système se sera inversée favorablement grâce à la réduction de l'appétit pour la liquidité, et l'épargne pourra de nouveau normalement financer les investissements des entreprises. Grâce au retour de la croissance et à de plus grandes entrées fiscales, l'État pourra même résorber le déficit budgétaire qu'il avait dû créer par sa politique de relance.

Les deux piliers de vision keynésienne : incertitude et irrationalité

La dynamique keynésienne, décrivant la bascule du système dans un état dépressif autoentretenu, est ainsi fondée sur deux piliers : l'incertitude et l'irrationalité.

À l'origine de tous les mécanismes autodestructeurs, **l'axiome d'incertitude** est indispensable à la théorie de Keynes : il est omniprésent dans la *Théorie générale* pour expliciter la dynamique de nos systèmes. La monnaie spéculative keynésienne ne peut en effet exister qu'à la condition d'imprévisibilité des rendements futurs des placements prochains. Seule « l'incertitude » sur les rendements des futurs projets d'investissement justifie cette monnaie d'attente et lui donne de la valeur. Sans incertitude, pas de monnaie spéculative, et sans monnaie spéculative, le système demeure celui décrit par les néoclassiques, un monde où la seule monnaie existante est la monnaie de transaction et où le marché des créances conduit le système à l'équilibre unique et optimal.

Ce concept d'incertitude permet même de justifier du caractère imprévisible des crises. Dans un monde incertain et imprévisible, les crises sont le résultat de la valeur subjective attribuée par l'**esprit animal** de l'homme au prix de la liquidité financière qui gouverne son choix entre un investissement « financier » finançant la sphère réelle et la conservation d'une épargne sous forme de monnaie. L'expression l'« esprit animal » renvoie chez Keynes à la part animale de l'homme dans ses décisions qui prendrait ainsi le dessus sur sa « raison raisonnante ». Keynes fait de l'« **irrationalité** », l'élément indissociable de son paradigme d'incertitude, déclencheur des crises. Pour le justifier, Keynes s'est inspiré de ce qu'il observait sur les marchés boursiers. La conservation d'une épargne sous forme de monnaie plutôt que son placement dans l'actif entrepreneurial (le marché financier des titres), et inversement, est aléatoire et dépend de ce que Keynes nomme l'état de confiance des membres de la communauté et des gestionnaires d'actifs : elle est caractéristique du comportement de l'homme, plongé dans l'incertitude, une incertitude qu'il pourra lui-même entretenir.

Keynes ne démontre pas son axiome d'incertitude : on doit l'admettre. Pour lui il n'est pas à démontrer puisque c'est ainsi que l'homme fonctionne comme il l'avait observé sur les marchés financiers. Pour Keynes, les défaillances fonctionnelles du système capitaliste tiennent à l'excès de pouvoir de la finance et des marchés financiers, qui ne peuvent pas être rationnels dans leur comportement, à cause d'une incertitude endémique, c'est un fait. Et celui-ci explique pourquoi la monnaie perturbe le fonctionnement du système.

Il s'ensuit une différence radicale dans la régulation avec la sous-optimalité néoclassique. Pour Keynes et sa théorie, il est illusoire de réguler quoi que ce soit avant que la crise ne se déclare puisque la crise est provoquée par l'irrationalité qui émerge dans un environnement d'incertitude.

Les origines de sous-optimalité et d'instabilité du système entrepreneurial, reconnues aujourd'hui par la théorie économique, sont liées à la non-neutralité de la monnaie : de la non-neutralité de la monnaie de transaction dans la sphère réelle, mise en évidence par les héritiers des classiques et plus spécifiquement par les monétaristes, ou de la non-neutralité de la monnaie financière, mise en évidence par Keynes et résultant directement du développement des marchés financiers. Ces deux types de non-neutralité se traduisent par un taux de rendement d'équilibre (bien) supérieur et à un niveau de vie inférieur à ceux issus de l'équilibre investissement/épargne du système naturel.

Tableau II.1. La sous-optimalité de nos systèmes économiques reconnue dans la théorie économique actuelle

	Classique ou monétariste	Keynésienne
Cause	Abondance de la monnaie de transaction	Le rôle de la monnaie sur les marchés financiers
Conséquence sur le taux d'intérêt et le développement économique	Taux d'intérêt = taux d'intérêt d'équilibre du système naturel + prime due à la monnaie de transaction > taux d'équilibre du système naturel	Taux d'intérêt = taux de rendement sur le marché financier = taux d'intérêt d'équilibre du système naturel + prime due à la monnaie financière > taux d'intérêt d'équilibre du système naturel

Le « retour arrière » des techniques de production dans le régime keynésien

Toute hausse du taux d'intérêt financier, provoquée par l'élévation brutale de la valeur accordée à la liquidité sur les marchés des titres, renchérit le coût du capital et nécessite de revenir à des techniques de production moins capitalistiques : elle provoque un retour arrière des techniques, réduisant la capacité productive de la communauté, en utilisant toutes ses ressources en main-d'œuvre. Même en conservant le plein-emploi, elle se matérialisera par un appauvrissement de la communauté (*cf.* livre I).

Dans un système entrepreneurial, le changement de technique de production se traduira inévitablement au départ par du chômage : les entreprises licencient le personnel pour l'embaucher plus tard dans le cadre de techniques qui seront par la suite adoptées et qui respecteront le taux de rendement exigé venant des marchés financiers.

Non seulement la communauté est sûre de s'appauvrir (comme pour les communautés emprunteuses du système naturel), mais elle connaîtra également inévitablement une hausse du chômage dans la phase de transition, que le système entrepreneurial devrait être néanmoins capable d'absorber, de par sa nature. Pour Keynes, durant cette phase de transition, une dynamique monétaire se déclenche alors dans la sphère réelle et productive, empêchant le retour au plein-emploi. Nous reviendrons sur ces mécanismes dans le prochain ouvrage.

CHAPITRE 7

Le nouveau régime non-classique : l'excès structurel de production et la nouvelle monnaie patrimoniale

Une théorie keynésienne contredite par les faits

Un constat indubitable s'impose : si la vision de Keynes était juste, elle devrait expliquer non seulement la crise des années 1930, mais aussi toute autre crise que l'on a observée par la suite. Or, jusqu'à la crise de 2007-2012, les faits depuis la Seconde Guerre mondiale ont donné tort à Keynes et raison à la vision de Walras, à la théorie classique, à la philosophie des monétaristes qui ont toujours clamé que la régulation de l'offre de monnaie était suffisante pour assurer l'efficacité de la sphère entrepreneuriale. Depuis l'après-guerre et jusqu'au début du XXIe siècle, les différentes récessions, ces périodes où la production et le revenu réel baissaient, provoquant la montée du chômage, n'ont en effet montré aucune dynamique autodépressive keynésienne, aucune déflation et encore moins de dépression. Elles ont en revanche accrédité la thèse monétariste développée précédemment, selon laquelle seule une offre de monnaie excessive car trop généreuse, que la sphère bancaire était encline à fournir, était susceptible de déstabiliser nos systèmes entrepreneuriaux par la montée de l'inflation. Elles ont montré que la régulation du système par la politique monétaire était fortement efficace : une politique monétaire suffisamment stricte permettait d'écarter un emballement inflationniste néfaste au système entrepreneurial, au risque de provoquer une récession passagère que l'on qualifie de conjoncturelle, puisqu'une hausse de l'offre de la monnaie durant les phases de creux économiques suffisait à relancer la machine économique.

L'inflation ayant été le seul ennemi du système entrepreneurial qui devait être combattu, n'est-ce pas le monde de pénurie des classiques que le système a développé depuis la fin de la Seconde Guerre mondiale ? Les keynésiens, ceux-là mêmes qui critiquaient les économistes (néo)classiques pour la déconnexion de leur théorie avec le monde réel au cours des années 1930, se sont alors retrouvés à leur tour en porte-à-faux, devant des évidences qui contredisaient la théorie de Keynes.

Le choix des keynésiens : délaisser l'économie d'abondance de Keynes

Dès lors, les fidèles héritiers de Walras, les néoclassiques, les monétaristes et les nouveaux classiques, ont su imposer scientifiquement un corpus théorique qu'ils ont largement amélioré depuis Walras pour répondre aux critiques de Keynes, afin de retranscrire d'une façon toujours plus rigoureuse le fonctionnement d'un monde de pénurie que confirmait l'évolution économique du monde depuis la *Théorie générale*. Ils ont repris des nouveautés très intéressantes de la *Théorie générale* pour les améliorer ou s'y opposer. Par la suite, en retenant la critique de Keynes sur la déconnexion entre la théorie « classique » et le monde concret des années 1930, ils n'ont eu de cesse de parfaire leur théorie pour coller à l'évolution et à la réalité du monde. Ils en ont profité pour s'attaquer scientifiquement à des points fondamentaux de la théorie de Keynes que nous développerons dans le prochain ouvrage.

Les héritiers de Keynes, écartelés entre la défense de la théorie du grand Maître et une réalité qui lui donnait tort, ont alors fait le choix de délaisser la vision globale de Keynes d'un monde d'abondance pouvant mener le système libéral à son autodestruction.

Ses héritiers actuels, les nouveaux keynésiens et les néokeynésiens, ont choisi de ne retenir de la *Théorie générale* que les seuls mécanismes d'imperfection de notre système, comparativement à un monde de concurrence pure et parfaite, pour les intégrer dans un corpus théorique qui s'inscrit bien au demeurant dans la vision néoclassique d'une économie de pénurie héritée de Walras. D'autres ont remis au goût du jour l'irrationalité et l'incertitude keynésiennes pour justifier la mécanique économico-financière observable depuis la fin du XXe siècle. Pour eux, la dynamique économique est financière. La crise, voire la dépression, peut être provoquée par la chute du prix des actifs financiers dont l'origine serait les deux déclencheurs de crise chez Keynes, à savoir l'incertitude et l'irrationalité, qui créent des mouvements de panique de foule sur les marchés financiers.

Mais toute théorie économique d'inspiration keynésienne retranscrit aujourd'hui le seul monde qui paraît dès lors possible dans nos systèmes, celui de pénurie des classiques, un monde potentiellement inflationniste, et non déflationniste, en excès potentiellement d'offre de monnaie de manière permanente à cause des banques commerciales et du crédit, et non en insuffisance structurelle de monnaie : les keynésiens l'ont juste agrémenté des imperfections de marché que Keynes avait mises en évidence et évoquées dans sa *Théorie générale*.

Le déséquilibre permanent d'un monde déflationniste issu d'un monde d'abondance, ce monde qu'imaginait Keynes, et les termes mêmes de ce déséquilibre général, qui faisaient toute l'originalité de la *Théorie générale*, ont ainsi totalement disparu de la théorie économique actuelle. C'est ici que le **nouveau régime non-classique** que nous allons maintenant expliciter apporte une dimension tout à fait nouvelle et trace une voie encore inexplorée dans la science économique.

Le nouveau régime non-classique conserve ce monde d'abondance que Keynes avait perçu, même s'il le redéfinit à l'aune du système entrepreneurial et de ses spécificités « réelles » que Keynes avait choisi d'ignorer. À ce titre, il poursuit la voie que Keynes avait initiée mais qui n'a jamais été poursuivie : il adopte de Keynes sa vision « macroéconomique » des origines du dysfonctionnement du libéralisme, mais il en écarte les imperfections « microéconomiques » de rigidités des prix de marché ainsi que l'irrationalité et l'incertitude dans la dynamique de crise, prenant le contre-pied des nouveaux keynésiens. Du coup, le corpus théorique sous-jacent s'avérera foncièrement différent de la théorie keynésienne, parce qu'il sera fondé sur une nouvelle monnaie fondamentale que le système pourra générer et qui ne fait pas partie ni de la théorie classique ni de la théorie keynésienne.

L'équilibre du marché du panier de consommation dans le système entrepreneurial

Pour résumer son fonctionnement, on peut dire que le libéralisme entrepreneurial possède à la base trois vertus : par la liberté de mouvement des prix, des individus et des entreprises, la production optimale de paniers de consommation est réalisée par l'entreprise, le plein-emploi est assuré, et la répartition de la production entre les membres de la communauté est équitable, à hauteur de la contribution de chacun à la production totale de paniers de consommation.

Par ailleurs, l'équilibre entre l'offre et la demande de paniers de consommation devrait être conservé grâce à la liberté des prix : il ne peut pas y avoir de déséquilibre structurel dans la sphère réelle productive du panier de consommation. La flexibilité des prix semble rendre impossible un supplément permanent de production. C'est toute la philosophie qui sous-tend la théorie classique. Mais une telle assertion que l'on assène régulièrement fait fi du fonctionnement patrimonial du système entrepreneurial, que nous avons décrit auparavant. En le prenant en compte, cette vertu équilibrante du libéralisme n'est alors plus aussi évidente qu'il y paraît.

La déformation du marché du panier de consommation par l'épargne : maintien de l'équilibre

Dans le système naturel

L'ÉQUILIBRE ÉPARGNE/INVESTISSEMENT : L'ÉQUILIBRE DU MARCHÉ DE LA CONSOMMATION FUTURE

Revenons à un résultat essentiel du livre I. Dans le système naturel, si la communauté investit dans un supplément de nouveau capital, c'est (à main d'œuvre constante) pour accroître sa capacité productive en paniers de consommation et donc satisfaire son besoin de consommation future. Il y a d'un côté une demande de consommation future de la communauté, qui s'exprime par l'épargne et son taux de rendement exigé, et de l'autre, une offre future de nouveaux paniers de consommation, qui s'exprime par la plus-value générée à partir du supplément de capital installé, financé par l'épargne. La plus-value représente l'équivalent de la production future générée par le supplément de capital qui satisfera la demande de consommation future de la communauté qui se sera exprimée par l'acte d'épargne.

Autrement dit, l'accumulation de capital, financée par une nouvelle épargne, respecte l'équilibre du marché de la consommation future : le supplément de production généré ultérieurement par le supplément de capital productif a trouvé preneur dès que l'épargne réelle productive finance cet investissement. Ou, en d'autres termes, le supplément de production future de paniers de consommation (= la plus-value) a trouvé son « acheteur » dès que le supplément de capital qui le générera est fabriqué, car sinon les membres de la communauté n'auraient tout simplement pas épargné ni investi dans un supplément de capital.

L'introduction du marché financier international des titres lié au « système monétaire international or » (*cf.* livre I) ne change rien à cet état de fait : l'**épargne financière** d'une nation est aussi l'expression d'une demande de consommation future qui est satisfaite par un supplément de production généré par l'investissement qu'elle finance dans une autre nation *via* le marché des titres de créances.

L'ÉQUILIBRE DU MARCHÉ DE LA CONSOMMATION FUTURE = L'ÉQUILIBRE DU MARCHÉ DE LA CONSOMMATION

En maintenant l'équilibre perpétuel du marché de la consommation future, tout déplacement d'un équilibre du marché du panier de consommation par l'épargne qui finance un investissement aboutit à un équilibre : la production future étant égale à la demande de consommation future, l'équilibre initial du panier de consommation se transforme en un nouvel équilibre du marché du panier de consommation. En se déplaçant sous l'impact d'un supplément de capital (= investissement) financé par l'épargne, le marché du panier de consommation conserve son équilibre.

C'est en respectant l'équilibre du marché de la consommation future que l'accumulation de capital conserve toujours l'équilibre du marché de la consommation. Dans le système naturel, l'équilibre du marché du panier de consommation se maintient grâce à l'équilibre perpétuel du marché du panier de consommation futur.

Dans le système entrepreneurial

Le **système entrepreneurial** ne change rien à ce fonctionnement : à partir d'une situation d'équilibre, autrement dit à partir d'une situation de pénurie de paniers de consommation, où tout panier de consommation produit est bien consommé, un supplément de capital conserve l'équilibre parce qu'il correspond à une demande de paniers de consommation futurs, qui s'exprime par l'épargne qui l'aura financé et par sa valeur-temps, et qui sera satisfaite par la plus-value générée par cet investissement, respectant les exigences de rendement réel de l'épargne.

Exactement comme dans le système naturel, l'équilibre épargne/investissement exprime l'équilibre du marché du panier de consommation futur et revient donc à traduire le maintien de l'équilibre de l'ensemble du marché du panier de consommation : l'épargne réelle conserve l'équilibre du panier de consommation, puisqu'en étant la contrepartie du financement d'un supplément de capital, elle réalise l'équilibre du marché du panier de consommation futur. Par conséquent, le taux de rendement d'équilibre épargne/investissement constitue l'expression du maintien de l'équilibre.

Comme dans un système naturel, l'acte d'accumulation du capital financée par l'épargne, autrement dit l'ajout d'un nouveau capital, reste fondamentalement justifié par un nouveau besoin futur de consommation qui s'exprime à travers l'épargne qui l'aura financé et son exigence de rendement en termes réels. Seul le média est différent : à la différence du système naturel, l'épargne est placée dans l'entreprise qui elle réalise l'investissement et générera un supplément de production future de paniers de consommation, revenant de droit à cette épargne.

Dans le système entrepreneurial, la demande de paniers de consommation future intégrée dans un même acte d'épargne peut néanmoins être différente de celle issue du système naturel, du fait de la non-neutralité monétaire sur la valeur-temps.

Pour les classiques, la plus-value générée à partir de ce supplément de capital devra satisfaire la valeur-temps de la consommation du système naturel, r_n. Suite au chapitre sur la non-neutralité classique, nous savons qu'elle devra aussi intégrer la prime de non-neutralité monétaire d'accumulation du capital, significative d'un manque d'efficacité des entreprises à fournir aux épargnants la plus-value « naturelle » exigée en cas de non-neutralité de la monnaie de transaction. Enfin, à la suite de Keynes, elle sera potentiellement déformée par la non-neutralité de la monnaie sur le marché financier.

Pour toutes ces théories, la règle d'équilibre de l'accumulation de capital, traduite par l'équilibre épargne/investissement, revient *de facto* à l'équilibre du marché de la consommation future : il en découle que tout supplément de capital financé par une nouvelle épargne conservera l'équilibre du marché du panier de consommation parce que le supplément de production qu'il génère aura déjà trouvé preneur chez celui qui a financé par son épargne ce supplément de capital ou de fait cet investissement.

Le dérèglement du système entrepreneurial par le progrès technique sur le capital

Mais qu'en est-il des suppléments de capital générés sans nouvelle épargne ? Qu'en est-il des suppléments de production générés par le progrès technique sur le capital et l'accumulation intensive, et non par l'épargne et l'accumulation extensive (= développement du capital) (*cf.* livre I, chapitre 4) ? C'est là où la dimension patrimoniale de l'entreprise va introduire une différence fondamentale avec le fonctionnement du système naturel.

Déplacement du marché de la consommation par le progrès technique

Quand, dans le système naturel, le progrès technique constitue un supplément présent de paniers de consommation pour toute la communauté, il est, dans le système entrepreneurial, un supplément de production attribué dans un premier temps à la consommation seule de ceux qui détiennent déjà l'entreprise. Ces derniers peuvent alors se retrouver avec un excès de paniers de consommation qui leur est alloué. Il est alors possible que la communauté produise un excès de production de paniers de consommation qui, néanmoins, ne devrait être que passager.

Car, nous savons, selon les règles de fonctionnement du libéralisme, que seul un supplément de capital permettra aux propriétaires de l'entreprise de capter définitivement une partie de la production découlant du progrès technique (*cf.* chapitre 2 du livre II). Cette partie de production de paniers de consommation qui sera captée par un ajout de capital financé par une nouvelle épargne est destinée à la consommation future : or, comme nous venons de le voir, l'épargne qui finance un supplément de capital respecte l'équilibre de la consommation. Quant au reste du supplément de paniers de consommation issu du progrès technique, il finira par être redistribué au reste de la communauté par le biais de la concurrence et du pouvoir des salariés comme des rentiers sur l'entreprise : par la flexibilité des prix et des salaires, il sera transféré au marché de la consommation présente, en particulier des travailleurs et des rentiers. L'excès d'offre structurel de paniers de consommation est de fait rendu impossible : le supplément de production, issu du progrès technique, sera capté soit par la consommation présente des travailleurs et des rentiers, soit par la consommation future des détenteurs de l'entreprise dont la demande se sera exprimée par une nouvelle épargne réelle finançant un supplément de capital.

Toute la production de paniers de consommation sera bien distribuée et consommée. En dépit d'un mode d'organisation éclaté, reposant sur la liberté individuelle, le système ne pourrait dès lors pas être en surproduction structurelle. La sphère réelle, productive des paniers de consommation, devrait finir par rester en équilibre et l'économie restera une économie de pénurie. C'est la façon dont le système devrait se comporter selon la théorie classique.

La bascule dans l'excès d'offre structurel sur le marché du panier de consommation

Un type de progrès technique a cependant la capacité de dérégler totalement cette belle mécanique distributive « naturellement équilibrante » du système entrepreneurial : il s'agit du progrès technique démultipliant la puissance du capital. Il échappe totalement au mécanisme équilibrant ainsi décrit du système entrepreneurial, parce qu'il génère du nouveau capital pour les propriétaires de l'entreprise, sans qu'ils aient besoin de nouvelle épargne. La démultiplication de la puissance productive du capital est une forme d'accumulation du capital que nous avons qualifiée d'intensive dans le livre I. En multipliant les unités de capital dans les mains de ceux qui détiennent l'entreprise, le progrès technique sur le capital leur alloue définitivement davantage de paniers de consommation futurs, sans qu'ils en aient fait la demande auparavant, puisqu'ils n'ont pas eu besoin d'épargner pour détenir ces nouvelles unités de production. Il peut alors provoquer un excès de production permanent sur le marché futur du panier de consommation que le système libéral ne pourra pas corriger. Nous allons tout de suite illustrer la trajectoire toute particulière que peut emprunter le système.

Supposons que nous soyons dans une situation d'équilibre statique, autrement dit une situation où il n'y a plus aucune plus-value générée et où donc l'ensemble de la production est réparti entre les détenteurs des trois facteurs de production (main-d'œuvre, terre, capital productif), en fonction de leurs services, c'est-à-dire en fonction de leurs contributions à la production globale ; supposons que subitement apparaisse un progrès technique sur le capital, doublant la puissance du capital, multipliant par deux la quantité produite de paniers de consommation avec la même main-d'œuvre pleinement utilisée, sans qu'il soit besoin de générer une épargne supplémentaire. Au départ, toute la production supplémentaire, l'équivalent de la production initiale, revient aux détenteurs de l'entreprise. Mais ils ne pourront la détenir définitivement sans installer des suppléments de capital productif : sinon, tout le progrès technique serait distribué aux autres facteurs de production (main-d'œuvre et terre). Or, grâce à la multiplication de la puissance du capital, ils seront à la tête d'un capital productif qui produira la même quantité de paniers de consommation avec la moitié de la main-d'œuvre, mais le double de paniers de consommation avec la même main-d'œuvre de plein-emploi : le progrès technique sur le capital aura bien multiplié par deux le nombre d'unités de capital entre leurs mains. Par conséquent, en ne finançant rien de plus, sans l'once d'une épargne supplémentaire, ils verront le revenu qui leur revient, car issu du capital productif qu'ils détiennent, multiplié par deux, le reste allant à la main-d'œuvre ou aux propriétaires fonciers (*cf.* plus loin le long encadré).

Le développement de la vitesse de rotation du capital revient à multiplier les revenus mais surtout la masse de capital entre les mains de ceux qui possédaient déjà l'**actif entrepreneurial**, sans aucun effort d'épargne supplémentaire. Il est alors possible que ce « supplément gratuit de capital », qui n'a été financé par aucun acte d'épargne, ne soit pas l'expression d'un quelconque besoin de consommation future de ceux qui le détiennent. Dans ce cas, par l'existence même de l'actif entrepreneurial, l'équilibre du marché de la consommation future, et non présente, n'est plus nécessairement respecté : une partie du capital produira des paniers de consommation, naturellement destinés à la consommation future, car issus d'un supplément de capital, de membres qui n'en sont potentiellement pas preneurs, puisqu'ils n'ont pas épargné pour détenir ce supplément de capital. Le système tombe en quelque sorte dans un excès perpétuel de production future de paniers de consommation. Par son appropriation mécanique par ceux qui possèdent l'entreprise, le progrès technique sur le capital a la puissance de faire basculer brutalement le système dans l'excès structurel de production (future). L'entreprise crée des nouveaux paniers de consommation supplémentaires, ce qui est sa raison d'être, alors même que la communauté ne les consommera pas.

Une dynamique qui respecte les canons de l'économie classique

Et pourtant, le système entrepreneurial respecte bien l'équilibre de l'épargne/investissement au moment où ce déséquilibre se forme. Et pourtant, **l'entreprise remplit sa mission : elle met bien en place la technique de production optimale, n'étant affectée ni par des prix relatifs incongrus du fait de la non-neutralité de la monnaie dans la sphère réelle (sous-optimalité classique), ni par un taux financier qui subirait la non-neutralité de la monnaie dans la sphère financière (sous-optimalité keynésienne). La sphère productive est parfaite.** Et pourtant, la flexibilité des prix écarte tout excès de panier de consommation présent. La trajectoire du système qui aboutit à ce nouveau régime structurel d'excès d'offre (futur) de paniers de consommation respecte bien tous les critères d'équilibre classique.

Pour autant, **la sphère réelle développe bien un excès structurel de production future, donc un excès structurel de production globale de paniers de consommation. Cet excès structurel est définitif en raison de la distribution patrimoniale de la production** : le progrès technique sur le capital duplique le capital en tant qu'actif patrimonial chez ceux qui possèdent déjà l'actif entrepreneurial, leur attribuant des paniers de consommation futurs de façon perpétuelle.

Ce type de progrès technique capable de dérégler le fonctionnement du système est un progrès technique sur le capital/actif entrepreneurial et pas seulement un progrès technique sur

le capital physique productif/facteur de production. Il revient à une accumulation intensive du capital entre les mains de ceux qui possèdent déjà l'actif entrepreneurial. Il ne s'agit pas d'un simple progrès technique sur le capital facteur de production, issu par exemple de l'amélioration de la durabilité du capital ou d'une nouvelle organisation du travail permettant d'utiliser un volume plus faible de capital pour la même production (*cf.* livre I, chapitre 4).

Le système libéral pourrait ainsi générer ce nouveau régime, que nous qualifions de non-classique, où un excès structurel de production ne pourra pas être « éliminé » par le système libéral à cause de sa dimension patrimoniale : parce que, suite au progrès technique sur le capital, il concerne le marché futur et non présent du panier de consommation, et que ces droits à la consommation future que le système attribue sont le résultat direct de la détention patrimoniale tout à fait légitime du capital.

On se doute bien que ce régime n'est pas stable à cause de l'excès structurel de production. Nous verrons plus loin l'expression de cette instabilité. Mais, du fait de cette instabilité, le plein-emploi ne pourra jamais se maintenir : il ne pourra qu'être provisoire, voire éphémère. En l'absence de maintien du plein-emploi, ce régime ôte alors au système sa capacité à effectuer une redistribution équitable de la richesse créée, qui devait être assurée par le pouvoir de négociation d'une main-d'œuvre pleinement utilisée.

Le système perd de sa puissance redistributive au détriment des salariés, et ce d'autant plus que devront être subitement absorbés des réservoirs considérables de main-d'œuvre issus de l'entrée de très grands pays dans le commerce international, comme la Chine et l'Inde à la fin des années 1990. Le libéralisme rentrera alors en crise, à cause non pas de la sous-optimalité de la sphère entrepreneuriale dans le processus de production, mais de la redistribution inéquitable des richesses produites, qui pénalise la main-d'œuvre au profit des détenteurs du capital. En appauvrissant une part croissante des travailleurs, le libéralisme ne serait plus accepté par la communauté : nous assisterions alors aux crises les plus graves du libéralisme entrepreneurial.

Ce qui serait réellement à l'origine de l'instabilité non-classique de nos systèmes économiques ne serait ainsi pas du tout l'exploitation structurelle et permanente du travailleur par les détenteurs du capital, comme Marx le pensait. Ce ne serait pas non plus une déformation du fonctionnement du système par les marchés financiers et l'irrationalité de l'homme, comme le pensait Keynes. Il s'agirait d'un dérèglement du système entrepreneurial, pris au piège d'une dynamique créée par le plus beau des progrès techniques, celui sur le capital, susceptible de provoquer un excès structurel de production future que le libéralisme ne peut gérer.

Le progrès technique sur le capital qui consiste en une démultiplication de la puissance du capital est le plus révolutionnaire et le plus extraordinaire des progrès techniques pour l'homme, comme nous l'avons écrit précédemment. Créant des périodes d'enrichissement, de bonheur inouïs où l'économie est florissante, il est aussi pour nos systèmes économiques entrepreneuriaux le plus perturbateur et le plus déstabilisant : il a la capacité de pousser le système entrepreneurial dans une situation structurelle d'excès d'offre de paniers de consommation, que le libéralisme ne pourra jamais résoudre.

La représentation de la déformation du système entrepreneurial par le progrès technique sur le capital

Reprenons l'équation d'équilibre pour une technique de production initiale (N_u, T_u, MP_u, K_u)

$$1 = w/p * N_u + rente_T/p * T_u + rente_{MP}/p * MP_u + r * K_u$$

que l'on peut réécrire :

$$1 - rente_{MP}/p * MP_u = w/p * N_u + rente_T/p * T_u + r * K_u$$

Pour expliciter plus simplement les mécanismes, on va retenir ici le seul facteur « terre » T_u, ce qui ne changera pas fondamentalement l'analyse, puisque cela consiste à conserver la même quantité de matières premières pour chaque panier produit. La technique de production canonique s'écrit alors (N_u, T_u, K_u) :

$$1 = w/p * N_u + rente_T/p * T_u + r * K_u$$

Suite à un progrès technique sur le capital prenant la forme d'un doublement de la vitesse de rotation du capital, intégré dans le nouveau capital, qui ne coûte pas plus cher à fabriquer que l'ancien, l'entreprise est capable de produire deux fois plus. La technique initiale unitaire de production (N_u, T_u, K_u) devient la technique de production de 2 paniers de consommation et non plus d'un seul panier : grâce au doublement de la vitesse de rotation du capital, on produira 2 paniers de consommation avec la même main-d'œuvre qu'auparavant, avec la même surface foncière et avec un capital qui possède un coût monétaire identique au précédent. La technique unitaire de production du panier de consommation devient par conséquent : $(N'_u, T'_u, K'_u) = (N_u/2, T_u/2, K_u/2)$.

Les propriétaires de l'actif entrepreneurial qui détenaient auparavant une unité de capital unitaire de production, K_u, détiennent toujours K_u, mais qui représente, après le progrès technique, 2 unités de capital unitaire $K_u = 2 * K'_u$. En fait, ils détiennent le processus de production de 2 paniers de consommation fabriqués à partir de $(2N'_u, 2T'_u, 2K'_u) = (N_u, T_u, K_u)$: sans modifier quoi que ce soit, ils ont la propriété du capital productif qui permet de fabriquer 2 paniers de consommation, avec la même main-d'œuvre.

Les détenteurs de l'entreprise possèdent *de facto* 2 unités de capital et non plus une seule : ils auront doublé le nombre d'unités de production en leur possession puisque K_u permet de fabriquer 2 unités de paniers de consommation avec la nouvelle technique unitaire de production, soit : $K_u = 2 * K'_u$.

Puisque chaque unité de production rapporte r à son propriétaire, 2 unités rapportent 2 r.

Répartition du supplément de production suite au progrès technique sur l'actif entrepreneurial

En reprenant l'expression de la production du panier de consommation par la technique initiale, on a :

$$1 = (w/p) *N_u + (rente_T/p) *T_u + r * K_u$$

Soit :

$$1 = (w/p) *N_u + (rente_T/p) *T_u$$

+ revenus du capital pour un panier de consommation produit

La production totale de paniers de consommation dans l'ancienne technique utilisant l'ensemble de la main-d'œuvre s'écrit :

$$Q = w/p * N + rente_T/p * T + r * K$$

où K représente l'ensemble du capital productif.

Avec la nouvelle technique de production, on double la production, la nouvelle production totale devient donc Q' = 2 Q qui s'écrit :

$$Q' = 2\ Q = 2^{*}\ (w/p\ ^{*}\ N + 2\ ^{*}\ rente_T/p\ ^{*}\ T + r\ ^{*}\ K)$$

La plus-value totale issue du progrès technique, ce supplément de production résultant du progrès technique sur le capital, qui est équivalent à Q (= Q' - Q) = (w/p * N + $rente_T$/p *T) + r * K est au départ en totalité entre les mains de ceux qui détiennent l'actif entrepreneurial.

Après sa répartition équitable, la rente est multipliée par 2 (ce qui n'est pas évident, la rente pouvant rester ce qu'elle est), les salaires sont multipliés par 2, et les revenus des détenteurs du capital productif également multipliés par 2, car le capital productif entre leurs mains aura été multiplié par 2, leur donnant le droit intangible et permanent de bénéficier de 2 fois plus de paniers de consommation, alors qu'ils n'en ont pas fait la demande.

Soit :

$$Q' = 2\ ^{*}\ w/p\ ^{*}\ N + 2\ ^{*}\ rente_T/p\ ^{*}T + 2\ ^{*}r\ ^{*}\ (K)$$

qui s'écrit aussi :

$$Q' = 2\ ^{*}\ w/p\ ^{*}\ N + 2\ ^{*}rente_T/p\ ^{*}\ T + r\ ^{*}\ (2\ ^{*}\ K)$$

Quoi qu'il arrive, les détenteurs du capital productif auront 2 fois plus de paniers de consommation (2r au lieu de r) parce qu'ils détiennent 2 fois plus de capital ou d'unités de production. S'ils n'en ont pas besoin, l'acte de production qui a permis d'atteindre un niveau de production de paniers de consommation supérieur ne peut alors pas se maintenir non pas parce que la plus-value, le supplément de production future de paniers de consommation, est insuffisante, compte tenu des exigences de rendement de l'épargne, ce qui constitue la vision des classiques et des néoclassiques comme de Keynes et de toutes les approches économiques décrites à ce jour, mais bien parce qu'elle représente un supplément de production sans qu'une demande quelconque future, que nous pouvons qualifier de « solvable », ne l'absorbe. Nous devinons ici tout le lien entre le régime non-classique et le secteur bancaire que nous aborderons dans le prochain ouvrage.

La machine entrepreneuriale produira dans le futur des paniers de consommation qui n'auront plus de preneur puisque celui qui détient le capital productif n'a aucunement besoin de consommer la plus-value qui a été générée par le progrès technique et qu'il possède : en d'autres termes, la plus-value de l'acte d'investissement, ce supplément de production destiné à une consommation future, qui est absolument indispensable pour justifier d'un niveau atteint définitivement de production par l'entreprise au profit de la communauté, ne pourra pas se maintenir parce qu'il ne sera l'expression d'aucune consommation future en face.

La nouvelle monnaie patrimoniale : symptôme de l'excès structurel d'offre dans la sphère réelle

Nous avons vu que les instabilités classique comme keynésienne étaient chacune liée à un type de monnaie fondamentale. Ce sera aussi le cas de l'instabilité non-classique. La disparition de l'équilibre du marché du panier de consommation provoquée par le progrès technique sur le capital va en effet se traduire par l'émergence d'une nouvelle monnaie au niveau de la communauté, qui sera le fait de ceux qui détiennent l'entreprise. À la monnaie de transaction des classiques et à la monnaie financière de Keynes, va venir s'ajouter une monnaie d'un genre totalement nouveau que le système entrepreneurial, dans sa dégénérescence, va créer et qui constituera le stigmate et la contrepartie monétaires du déséquilibre structurel perpétuel dans la sphère productive du panier de consommation.

L'émergence d'une nouvelle monnaie dans ce régime non-classique : la monnaie patrimoniale

Il va en effet venir se greffer un phénomène tout à fait redoutable : **l'entreprise va générer non seulement des paniers de consommation mais aussi de la monnaie** !

Car, à la place des paniers de consommation qui auraient dû leur être distribués, les détenteurs du capital productif vont vouloir une partie de leurs revenus non pas en paniers de consommation, dont ils n'ont que faire puisque tous leurs besoins de consommation futurs sont déjà couverts, mais en monnaie pour son statut de réserve de valeur. Une partie de la plus-value (soit $\pi/p = rK$) sera distribuée en monnaie et non plus en paniers de consommation :

$$Q = (w/p) * N + (rente_T/p) * T + (1 - \epsilon) * r * K + \epsilon * r * K$$

où $\epsilon * r * K$ représente l'excès de paniers de consommation, ces paniers de consommation qui auraient dû être distribués aux propriétaires de l'entreprise mais dont ils ne voudront évidemment pas, et qui seront distribués sous forme de monnaie.

Le progrès technique sur le capital, qui appartient en partie définitivement aux détenteurs de l'entreprise, peut les conduire à se distribuer indéfiniment de la monnaie à chaque nouvelle distribution de revenus, en lieu et place des paniers de consommation qu'elle produit. Ils peuvent être dans la capacité de le faire seulement suite à un progrès technique qui démultiplie la puissance du capital : sinon, toute autre forme de progrès technique finira par être redistribuée en paniers de consommation, soit par l'intermédiaire d'un supplément de capital, financé par une nouvelle épargne, soit aux autres facteurs de production. Nous noterons :

$$\delta m = p * \epsilon * r * K$$

la monnaie que les propriétaires de l'entreprise se distribuent.

En termes monétaires, les revenus de l'entreprise distribués se répartissent en :

$$p * Q = (w * N) + ([rente_T] * T) + (\pi - p\,\delta m) + (p * \delta m)$$

Au total, le régime non-classique se caractérise par une production maximale de paniers de consommation, utilisant pleinement tous les facteurs de production de la communauté, face à une **consommation effective** inférieure à ce qui est produit et qui sera l'équivalent de :

$$\text{consommation effective} = Q - (\delta m/p)$$

La monnaie patrimoniale : une monnaie définitivement passive pour la sphère entrepreneuriale

Or :

$$(\delta m/p) = Q - \text{consommation effective}$$
$$= \text{revenus} - \text{consommation effective}$$

représente bien une épargne. Par le biais des détenteurs d'entreprise, la communauté se met ainsi à générer une nouvelle forme d'épargne permanente : une « épargne monétaire », par opposition à l'épargne réelle des classiques voire financière de Keynes, qui finançaient toutes deux un supplément de capital productif.

L'épargne demeure néanmoins un acte patrimonial : cette **nouvelle monnaie d'abondance** δm, qui fait maintenant partie indéfiniment du patrimoine de la communauté, nous la qualifions, comme cela s'impose, de **monnaie patrimoniale**. Parallèlement à l'accumulation du capital productif par son épargne réelle, la communauté accumule maintenant de la monnaie patrimoniale par son épargne monétaire.

Au lieu de produire uniquement des paniers de consommation au profit de la communauté, ce qui est son rôle fondamental, l'entreprise se met à produire également de la monnaie, ce qui aurait dû être la tâche de la seule sphère monétaire. Par ce biais, cette monnaie « non-classique » sera par la force des choses éternellement accumulée dans la communauté, sans déboucher sur un quelconque acte de consommation ni d'investissement, se mettant à l'écart fondamentalement de la sphère réelle et entrepreneuriale, alors qu'elle est produite par la sphère entrepreneuriale dont ce n'est pas du tout le travail. Cette monnaie produite par le système entrepreneurial n'est plus du tout active au sein de la sphère réelle.

Pire, la monnaie patrimoniale se forme au détriment de la monnaie de transaction qui circule dans le système : à chaque séquence de distribution de revenus, la part de production/revenu qui revient aux détenteurs de l'entreprise et qui correspondra à **cette épargne de la communauté réalisée fondamentalement sous forme de monnaie** se traduira par la transformation d'une part de la monnaie active de transactions, dont la sphère entrepreneuriale ne peut se passer, en monnaie patrimoniale. La monnaie patrimoniale s'accumule aux dépens de la monnaie active de transaction/revenus qui circule dans la sphère réelle et qui se réduit comme peau de chagrin. Le fonctionnement monétaire du système entrepreneurial dégénère.

Ainsi, l'équation monétaire quantitative devrait être réécrite sous la forme :

$$M_{active} * V = p * Y$$

Dans le régime classique, toute la monnaie, en étant successivement une monnaie de revenu puis une monnaie de transaction, et ce de façon perpétuelle, demeurait fondamentalement active pour la sphère réelle productive des paniers de consommation. La monnaie spéculative de Keynes, qui est une monnaie en attente d'un investissement au rendement suffisamment attractif, est également active pour la sphère réelle en dépit d'une passivité provisoire : elle entrave certes la circulation normale de la monnaie, dont la vitesse de circulation pourrait connaître une réduction brutale, mais elle reste fondamentalement active, utilisable par la sphère réelle et les entreprises, en passant par les marchés financiers. La théorie de Keynes reviendrait ainsi à une entorse à la règle apparemment simpliste des classiques selon laquelle toute monnaie de revenu se transformerait régulièrement en monnaie de transaction. Cette transformation peut encourir un certain délai, qui peut s'allonger ou se raccourcir en fonction de la valeur d'attente de la monnaie spéculative, mais chez Keynes, comme nous l'avons décrit, elle finira par se faire.

Au contraire de ces deux monnaies, la monnaie patrimoniale n'est définitivement plus le support aux transactions dans la sphère réelle : elle ne sera plus utilisée plus tard pour se procurer les paniers de consommation, immédiats comme futurs, par le biais d'achat d'actifs réels. Elle est et demeurera fondamentalement passive vis-à-vis de la sphère productive. Par nature, elle ne peut pas être intégrée dans l'équation monétaire quantitative. Par conséquent, lorsqu'elle se transforme en monnaie patrimoniale, la monnaie active « disparaît », provoquant une baisse permanente de p, selon l'équation monétaire quantitative : le régime non-classique est déflationniste.

CHAPITRE 8

Régime non-classique, univers de bulles : la formidable instabilité due à la monnaie patrimoniale

La valeur de la monnaie patrimoniale relativement à la monnaie spéculative keynésienne et à la monnaie de transaction des classiques : sa liberté d'action patrimoniale

Conserver dans son patrimoine de la monnaie qui ne rapporte rien et *a fortiori* en accumuler n'a pas de sens : c'est coûteux et sous-optimal puisque cela revient à se priver de manière permanente d'un actif patrimonial (actif entrepreneurial) qui rapporte un revenu. De fait, chez les classiques comme chez les keynésiens, il n'y a aucun supplément de bien-être à conserver indéfiniment le même stock de monnaie. Les classiques ne reconnaissent pas de bien-être supplémentaire lié à la détention de monnaie dans le patrimoine. Ils ignorent même la dimension patrimoniale de la monnaie. Keynes la prend en compte certes, mais sous une forme provisoire. L'attente d'investir sur le marché financier contient en effet de la valeur et justifie de conserver de la monnaie, afin de l'utiliser plus tard pour capter les rendements les plus élevés possible : néanmoins, cette monnaie patrimoniale opportuniste finit par se placer sur l'actif entrepreneurial pour sa capacité à rapporter perpétuellement un revenu. Pour les classiques comme pour les keynésiens, à terme, la monnaie sera investie dans la sphère réelle et transformée en actif réel, dégageant un supplément de bien-être matériel. Il faut être l'Harpagon de Molière pour que l'accumulation d'or soit synonyme de bien-être.

Pourquoi n'en serait-il pas de même pour la nouvelle composante de la monnaie, que nous venons de mettre en évidence et que nous qualifions de **monnaie patrimoniale** ? Tout simplement parce qu'elle possède une valeur toute différente que nous allons saisir, en revenant au signifié et au signifiant de l'épargne réelle.

L'épargne réelle, le seul type d'épargne que l'on trouve dans un système naturel, intègre deux dimensions fondamentales : d'une part, sa finalité qui est la consommation, et d'autre part, l'horizon de sa finalité, autrement dit l'horizon de cette consommation. L'épargne réelle est en effet justifiée par la nécessité de financer une consommation future, comme dans le système naturel. Pour s'assurer la satisfaction d'un nouveau besoin de consommation future, on devra nécessairement placer son épargne dans un acte « réel », un acte d'investissement qui rémunérera sous forme de paniers de consommation, suffisamment pour compenser le coût de l'épargne.

Par ailleurs, la rémunération de cette épargne réelle doit satisfaire une consommation future, à une date prévue, ou tout du moins prévisible, tout comme dans le système naturel. L'horizon de placement de l'épargne réelle dépendra de fait de la période de report de consommation prévue. S'assurer une consommation dans dix ans consiste bien à financer un acte d'investissement qui au bout de dix ans fournira les paniers de consommation dont on a besoin.

Une fois placée, l'épargne réelle est ainsi bloquée : on n'y touche plus jusqu'à la date de consommation prévue.

De ce signifié de l'épargne réelle, on tire son signifiant dans le système patrimonial qu'est le système entrepreneurial. Dans le système entrepreneurial, l'épargne réelle ne finance pas directement l'investissement des entreprises, mais elle se place dans l'actif entrepreneurial et c'est l'entreprise qui investit. L'épargne réelle, justifiée par des préoccupations de satisfaction de besoins de consommation future, a comme support l'actif entrepreneurial et n'est intéressée que par le revenu réel offert par l'investissement entrepreneurial et plus spécifiquement par son rendement réel. Une fois placée dans l'actif entrepreneurial, l'épargne réelle est illiquide : cette épargne ou plutôt son équivalent monétaire ne sera plus disponible jusqu'à la date de consommation future.

L'épargne monétaire patrimoniale de la communauté échappe totalement à cette logique de placement de l'épargne réelle. Elle constitue même le strict opposé de l'épargne réelle : non seulement elle n'est justifiée par aucune volonté de consommation future, mais elle n'intègre aucun impératif d'horizon puisqu'elle n'est destinée à financer aucune consommation future. Sans contrainte d'horizon, elle demeure alors tout le temps immédiatement disponible, et donc totalement liquide d'un point de vue patrimonial. Dans un système patrimonial, cette « épargne d'abondance » possède une « liberté de placement » unique qui va en faire toute sa force et lui donner toute sa valeur patrimoniale.

Elle va s'accumuler sous forme de monnaie patrimoniale. Libre de toute contrainte dans ses mouvements, la monnaie patrimoniale peut se permettre de se placer sur l'actif entrepreneurial sans engagement d'horizon, et de s'en retirer à tout moment, afin d'en tirer une **plus-value patrimoniale : son placement est dirigé par la recherche d'une plus-value patrimoniale** et non d'une plus-value réelle (de paniers de consommation) qu'exige toute nouvelle épargne réelle qui se place sur l'actif entrepreneurial.

La monnaie patrimoniale est même libre de « surfer sur » les variations de prix de tous les actifs qui sont tous valorisés en monnaie et qui sont tous achetés et vendus contre de la monnaie sur leurs marchés secondaires. Elle peut se déplacer d'actif en actif, en fonction des perspectives d'évolution de leurs prix monétaires patrimoniaux. C'est ce qui donne à la monnaie patrimoniale toute sa valeur, relativement à l'épargne réelle qui, n'ayant pas cette liberté, ne peut pas rechercher de plus-value patrimoniale/financière compte tenu de ses impératifs de rendement et d'horizon pour assurer une consommation à un horizon déterminé.

L'actif entrepreneurial sera acheté non pas pour bénéficier de son rendement, comme chez les classiques ou chez Keynes, mais avec l'objectif d'être revendu plus tard. En ayant de la monnaie au départ et en retrouvant de la monnaie à l'arrivée suite à la revente de l'actif, le détenteur de la monnaie patrimoniale pourra ainsi accroître la part monétaire de son patrimoine, après avoir tiré avantage des « courants monétaires » sur les prix patrimoniaux ou financiers de l'actif entrepreneurial.

L'épargne monétaire patrimoniale n'est pas une épargne de rendement, et elle est à ce titre une épargne volage. En étant libre de toute contrainte, **son placement devient purement spéculatif selon notre définition de la spéculation, différente de celle de Keynes** : de manière générale, seules les perspectives de revalorisation patrimoniale et ou **de plus-values patrimoniales** sur tous les actifs, actif entrepreneurial comme actif de rente, ou autres, l'intéressent.

Le régime patrimonial des actifs : réel de rendement dans les cas classique et keynésien, monétaire de valorisation dans le cas non-classique

Dans un système patrimonial, l'épargne est un acte patrimonial : l'épargne se place dans un actif patrimonial qui est détenu jusqu'au moment où on aura besoin de réaliser sa consommation future. Les besoins de consommation futurs sont satisfaits par le revenu de l'actif entrepreneurial mais aussi par la revente de cet actif à un autre membre de la communauté. L'illiquidité de l'épargne réelle, qui finance un besoin de consommation futur, ne s'observe pas dans le financement direct de l'investissement mais bien dans le placement sur l'actif entrepreneurial : elle se traduit par un horizon de placement, autrement dit par une durée du placement, définie par la date des besoins de consommation futurs au moment même de l'achat de l'actif entrepreneurial.

Le prix patrimonial auquel sera acheté l'actif devra satisfaire les exigences de rendement du placement de l'épargne, autrement dit :

rendement exigé * épargne = rendement exigé *
prix d'achat de l'actif
= revenu réel distribué par l'actif

On peut réécrire cette condition sous la forme suivante qui définit le prix fondamental social de chaque actif réel au sein de la communauté :

prix fondamental patrimonial de l'actif
= (revenu réel distribué par l'actif)/rendement exigé

La connaissance des revenus en termes réels qu'offre l'actif à son détenteur détermine le prix social patrimonial auquel la communauté l'achètera et le revendra compte tenu de ses exigences de rendement.

Tout actif réel, sur lequel se place l'épargne, quel qu'il soit, obéit à cette même logique de valorisation, issue du taux de rendement exigé, chez les classiques comme chez Keynes. Chez les premiers, le rendement exigé provient de la valeur de l'épargne réelle, chez le second, il est défini par la valeur de la liquidité sur les marchés financiers de l'actif entrepreneurial. La valeur patrimoniale de cette monnaie se mesure en termes de revenus perdus durant sa période de détention, autrement dit en termes de rendement. En situation classique comme keynésienne, tout placement n'est intéressé que par un revenu qui doit seulement exhiber un rendement supérieur ou égal aux exigences de placement.

La valorisation de l'actif reste alors en toile de fond : elle découle entièrement du rendement exigé par la communauté compte tenu du revenu qu'il offre. Elle n'est ainsi jamais abordée parce qu'elle n'est pas un sujet pour un placement dans un actif de rendement, cadre dans lequel les régimes classique et keynésien s'insèrent : pour les classiques, le rendement exigé représente la valeur de l'abstinence et à ce titre il est fondamentalement « réel », car issu d'une notion d'équilibre dans la sphère réelle, quand pour Keynes il représente la valeur de la liquidité sur les marchés financiers, et à ce titre il est fondamentalement financier, car issu d'une notion d'équilibre dans la sphère financière. Pour ces deux régimes, le rendement d'équilibre détermine la dynamique patrimoniale du système parce que l'épargne une fois placée est bien illiquide.

Dans le régime non-classique, il en est tout autrement du fait de l'épargne monétaire patrimoniale volage. Car les achats d'actifs par la monnaie patrimoniale ne sont intéressés que par leurs perspectives de revente, peu importe le rendement, réel ou financier, qu'il peut offrir au moment de l'achat, peu importe finalement le revenu que l'actif génère : la sphère entrepreneuriale et ce qu'elle produit, autrement dit les paniers de consommation, ne les préoccupent guère ni maintenant ni plus tard, pas plus que le revenu de tout actif, même financier.

Le seul centre d'intérêt de la monnaie patrimoniale quand elle se place est la valorisation patrimoniale future des actifs et non le rendement. Et, contrairement à la monnaie spéculative de Keynes, elle pourra continuer à acheter un actif financier à partir de l'encaisse patrimoniale et/ou le conserver, même si les rendements offerts sont de plus en plus bas. Seules les perspectives de revalorisation seront déterminantes pour son placement dans un actif.

Le rendement d'un actif n'est pas le centre d'intérêt du placement de la monnaie patrimoniale : au contraire, il est même sans intérêt, puisqu'il ne sera qu'une conséquence de son prix, sans aucune espèce d'importance pour son placement dans l'actif. Le rendement financier de l'actif découle du prix atteint et non l'inverse.

Pour résumer, si la monnaie de transaction des classiques et la monnaie « spéculative de Keynes » s'intègrent fondamentalement dans une dynamique de placement (de l'épargne) dictée par le revenu et le rendement d'équilibre de l'actif entrepreneurial, la monnaie patrimoniale y est au contraire insensible : son comportement sera conditionné par la seule plus-value patrimoniale qui pourra être générée par la suite sur le marché secondaire patrimonial de l'actif.

La domination exercée par la monnaie patrimoniale dans le régime non-classique

Dans le régime non-classique, la monnaie patrimoniale instaure alors un fonctionnement patrimonial des actifs réels très différent des régimes classique et keynésien, en particulier sur les marchés financiers de l'actif entrepreneurial.

Dans le cadre du fonctionnement patrimonial classique, où la monnaie patrimoniale ne s'accumule pas, il n'y a qu'une épargne réelle et le prix des actifs sera fondamentalement commandé par le rendement réel que l'épargne réelle exige pour se placer. Ce prix est ce que nous appelons le prix d'équilibre financier (ou patrimonial) fondamental de l'actif entrepreneurial : à ce prix, le rendement servi sera juste égal au rendement d'équilibre du système que nous avons décrit précédemment. Telle est la vision du monde par les classiques, les néoclassiques, les nouveaux classiques, et tel est également le fondement de la théorie de la finance qui s'en inspire. Ce prix fondamental joue le rôle d'un aimant, le rôle d'un attracteur perpétuel sur le prix de tout actif réel qui ne pourra jamais trop longtemps s'en écarter, puisque toute la communauté reste fondamentalement intéressée par l'actif pour son rendement : même si les prix des actifs peuvent s'écarter de leur niveau fondamental, ils y reviendront « toujours rapidement » à l'échelle économique. C'est aussi le cas du régime keynésien : la seule différence avec le régime classique résulte de la détermination du rendement d'équilibre par la sphère financière et non plus la sphère réelle.

Pour les classiques comme pour Keynes, le fonctionnement du marché financier (ou patrimonial) de l'actif entrepreneurial est gouverné fondamentalement et systématiquement par le rendement d'équilibre : du rendement d'équilibre découle sa valorisation. Dans le régime non-classique, ce n'est plus vrai et c'est même l'inverse parce que le comportement spéculatif de la monnaie patrimoniale va prendre le dessus sur l'épargne de rendement.

Les mêmes prix et rendement s'imposent à l'épargne réelle classique et à l'épargne monétaire patrimoniale non-classique, qui achètent toutes deux les mêmes actifs réels. Mais les deux types d'épargne ne sont intéressés que par un seul côté de la pièce. Le premier est une épargne de rendement et constitue l'épargne longue de la communauté : cette dernière se placera sur un actif réel/financier en contrepartie de son rendement suffisant en termes réels ou financiers à la date d'achat, le conservant jusqu'au moment où on aura besoin de financer une consommation future. Le second est purement patrimonial (l'épargne monétaire patrimoniale) qui n'a que faire du rendement de l'actif sur lequel il se place, n'étant intéressé que par les seules perspectives de hausses de prix patrimonial de l'actif. La monnaie patrimoniale, qui s'accumule à chaque nouvelle séquence de distribution de revenus, et qui ne peut prospérer qu'en étant placée à titre spéculatif, va dès lors former un réservoir considérable, perpétuellement alimenté, de carburant pour le gonflement du prix patrimonial de l'actif entrepreneurial comme de tous les actifs réels en règle générale, sans aucun rapport avec le rendement d'équilibre.

Même si chaque actif a un prix fondamental patrimonial, déterminé comme dans le régime classique à partir de ses services à la sphère réelle, à partir de ses revenus, et du taux de rendement exigé sur l'épargne, son prix patrimonial peut littéralement s'envoler à des niveaux sans aucun fondement réel car sans aucun lien avec sa valeur fondamentale, par le truchement du placement spéculatif des encaisses patrimoniales. La hausse du prix des actifs, en totale déconnexion avec la sphère réelle, est ce que nous appelons en finance le phénomène de **bulle**. En étant sans cesse accumulées par le système, les encaisses patrimoniales pourront ainsi alimenter des bulles financières sur des périodes longues, pouvant s'étaler sur plusieurs années.

La dérive du prix patrimonial de l'actif entrepreneurial relativement à son niveau fondamental pourra même inciter les épargnants réels à des comportements déviants. Car, face non seulement à des taux de rendement réel très faibles dus à la bulle, mais aussi à la perspective de plus-values financières rapides, des individus qui fondamentalement devaient constituer une épargne réelle pourraient décider de placer leur épargne seulement à titre spéculatif. Cette épargne placée par des individus qui à la base ne dégageaient aucune épargne monétaire patrimoniale n'est plus réelle, elle devient purement spéculative, donc monétaire : son placement n'est plus intéressé par le rendement réel de l'actif et de plus-value réelle de l'investissement qu'elle finance, mais bien par les perspectives de plus-values financières. Cela ne fera qu'entretenir davantage la bulle.

La monnaie patrimoniale qui s'accumule perpétuellement dicte le **prix patrimonial** de l'actif entrepreneurial, qui déterminera le taux de rendement financier affiché sur le marché des titres : il pourra l'entraîner à des niveaux très inférieurs aux exigences de placement de l'épargne réelle de la communauté, pendant toute la période de bulle, qui pourra être assez longue à l'échelle du temps économique (plusieurs années). Le taux de rendement ne sera qu'une conséquence de la valorisation des prix des actifs réels et plus spécifiquement du comportement spéculatif de la monnaie patrimoniale. Ni la dimension réelle de la rémunération de l'actif, ni une quelconque exigence de rendement ne rentrent en ligne de compte dans la dynamique du prix patrimonial de l'actif, tant que la monnaie patrimoniale se placera à titre spéculatif.

Finalement, ce nouveau régime est très perturbant. Le taux d'intérêt r, issu des marchés financiers, sera durant la bulle (bien) inférieur au taux d'équilibre fondamental r_n : $r < r_n$. La survalorisation des actifs réels qui en découle pourrait laisser penser que la communauté est en train de s'enrichir énormément. Et pourtant, ce régime est dévastateur pour le système économique.

Les effets dévastateurs de la monnaie patrimoniale : une dépression certaine dissimulée mais aussi aggravée par la bulle

Tout en masquant l'excès d'offre de paniers de consommation, la bulle aggrave l'instabilité structurelle du système. Dans la sphère productive et entrepreneuriale, par son placement spéculatif, la monnaie patrimoniale est en effet redoutable pour gonfler de manière extraordinaire, mais illusoire, la consommation et l'investissement, dissimulant la déflation structurelle du régime non-classique. Pour autant, la transformation permanente d'une partie de la monnaie active en monnaie patrimoniale écarte toute inflation à terme.

Les bulles durables feront illusion sur la faiblesse du coût des fonds prêtables sur le marché des titres : or, en se plaçant sur l'actif entrepreneurial, pour des raisons spéculatives, la monnaie patrimoniale financera indirectement de nouveaux actes d'investissement, alors que la production de paniers de consommation qui en découlera ne sera aucunement sa préoccupation. Elle encouragera également toute la communauté à constituer une moindre épargne réelle et à consommer davantage, au vu de la faiblesse du taux de rendement sur le marché des fonds prêtables. Parallèlement au gonflement de la bulle, la communauté progressera vers le plein-emploi. Mais une partie des emplois créés seront à terme la contrepartie d'aucune consommation future.

L'éclatement de la bulle, provoqué par la volonté de retour des encaisses patrimoniales à leur support originel et stable, qu'est la monnaie, dévoilera ces artifices, écroulant l'édifice de l'accumulation du capital. Le taux d'intérêt retournera à son niveau fondamental et le prix patrimonial du capital également.

Ce n'est qu'à partir du moment où la bulle éclatera que la sphère entrepreneuriale s'apercevra brutalement de la part de consommation éphémère et réalisera que la production issue des investissements qui auront été financés par le placement spéculatif de la monnaie patrimoniale dans la sphère financière générera des paniers de consommation qui n'auront aucun acheteur. Les emplois artificiels qui auront été créés seront supprimés. Le retrait de la monnaie patrimoniale provoquera alors une dépression réelle, causée par la révélation brutale d'une offre surabondante de paniers de consommation, et donc d'emplois, qui se sera accumulée durant toutes les années de bulle. Incapable de résoudre par elle-même le problème qui se pose à elle, la sphère entrepreneuriale s'effondrera, happée par un énorme trou noir, sans l'intervention de l'État.

Le cercle vicieux de la déflation et de la dépression se mettra en place. Pire, en plein désarroi, le système entrepreneurial se liquéfiera : le combat de tous les jours de chaque membre de la communauté, de chaque entreprise, de chaque salarié, ne sera plus la création de richesse réelle optimale ou l'accroissement maximal de la consommation mais bien la recherche absolue de monnaie « active » devenue trop rare qui continuera à s'évaporer. Car cette dépression est fondamentalement une dépression « monétaire » au sein du système. C'est ce que nous avions observé durant près de quinze ans au Japon, lorsque la bulle financière qui avait touché tous les types d'actif réels durant la seconde moitié de la décennie 1980 a éclaté.

Nous verrons dans le prochain ouvrage pourquoi toute cette dynamique de conflagration monétaire conduira également à l'effondrement des banques commerciales qui produisent la monnaie. La dépression globale certaine, à la fois économique, financière, bancaire, sociale, politique, pourra même anéantir le système entrepreneurial, cette superbe machine de développement économique, et conduire l'homme à la perte de tous ses repères dans un système auquel il n'adhérera plus. Si on le laisse livré à lui-même, le pire sera certain. C'est la crise des années 1930, prélude à la Seconde Guerre mondiale.

CONCLUSION

Une représentation patrimoniale incontournable, fondement d'une théorie générale

Retour sur la politique monétaire de fourniture incessante de nouvelle monnaie : une fuite en avant qui alimente les déséquilibres du système et aggrave la crise future

Une lecture trop rapide du monétarisme par les banques centrales ?

Alors comment faire face à ce nouveau régime désarçonnant pour le système économique mais aussi pour la théorie classique ?

La formation incessante de monnaie patrimoniale crée un déséquilibre monétaire déflationniste perpétuel dans la sphère réelle, masqué par les effets de la bulle précédemment décrits. En l'absence d'inflation, les autorités monétaires peuvent considérer qu'elles sont tout à fait dans leurs prérogatives monétaristes en alimentant indéfiniment le système en nouvelle monnaie. Injecter indéfiniment de la nouvelle monnaie dans le système compenserait apparemment la part de monnaie active qui, transformée en monnaie patrimoniale à chaque « tour » de distribution de revenus, en devient passive pour la sphère réelle. C'est aujourd'hui le credo des banques centrales : fournir la monnaie dont a besoin la sphère réelle pour que le prix monétaire du panier de consommation soit stable.

S'il suffisait de corriger le déséquilibre monétaire par l'injection d'un supplément de monnaie, qui compenserait chaque sortie de monnaie active de la sphère réelle, la dégénérescence monétaire du système entrepreneurial ne serait pas si grave. Mais, dans le régime non-classique, même en compensant par la création d'une nouvelle monnaie la monnaie patrimoniale qui se forme et qui sort du système entrepreneurial, on ne pourra pas maintenir l'équilibre, tout simplement parce que le déséquilibre monétaire n'est que le symptôme d'un excès structurel de production et qu'il n'en est pas la cause : même en comblant régulièrement les manques de monnaie active, causés par l'accumulation de monnaie patrimoniale, le malaise monétaire se poursuivra. Par leurs injections incessantes de liquidités, les banques centrales ne font que le dissimuler.

Ce faisant, elles n'assurent aucunement la stabilité de l'ensemble du système. Au contraire, elles alimentent son instabilité ainsi que (et surtout) celle de la communauté. Car la stabilisation provisoire et éphémère acquise par les injections continues d'argent frais par les banques centrales ne découlera que de leur réussite à poursuivre le gonflement de bulle(s) des actifs réels (actif entrepreneurial et/ou actif immobilier), déréglant toujours davantage les mécanismes fondamentaux du système libéral, dissimulant l'accentuation des excès structurels de production et pavant la voie à une crise future encore plus grave. Elles ne soignent pas le mal, mais elles l'empirent.

Amplification des surcapacités structurelles et aggravation de la fracture sociale

Le gonflement des bulles soutient artificiellement la demande de consommation et d'investissement tout en aggravant à terme les excès d'offre (futurs) dans la sphère réelle. Parallèlement, si les détenteurs de hauts patrimoines bénéficient à plein de la politique monétaire d'injections infinies de liquidités des banques centrales, grâce au gonflement de la bulle, les salariés de la sphère réelle de la classe moyenne en verront des effets limités. Ils percevront une pénurie permanente de monnaie active, qui fuit la sphère productive par le biais de la formation de la monnaie patrimoniale. Or, dans un système entrepreneurial, la monnaie, en étant le support à toutes dépenses, possède un pouvoir absolu : ce que l'on doit détenir avant tout pour assurer ses dépenses, c'est de la monnaie, puisque tout achat de panier de consommation se réalise en monnaie. Si elle est perçue comme abondante, les acteurs économiques et en particulier les salariés se sentiront très confortables pour assurer leurs dépenses. Les dépenses excéderont la production et ce sera l'inflation. Si en revanche la monnaie qui circule dans le système est perçue comme rare, alors les acteurs économiques ressentiront au quotidien un inconfort matériel car monétaire : même si c'est une tautologie, il est bon de rappeler que sans monnaie, vous ne pouvez plus assumer vos dépenses au quotidien dans nos systèmes économiques.

Si bien que, tout en fournissant exactement le même travail que dans un régime classique, les salariés ressentent des difficultés permanentes pour vivre au quotidien. Le mal-vivre des classes moyennes dans un univers d'abondance patrimoniale est l'expression directe d'un manque structurel perceptible de monnaie active dans le régime non-classique. Même sur la voie du retour à un plein-emploi éphémère, les salariés déjà en place vivront difficilement cette période de renaissance et de croissance, choqués d'autant plus par le décalage de leur situation avec celle des détenteurs des actifs réels, qui verront leur patrimoine s'envoler avec le gonflement de la bulle alimenté par la politique des banques centrales.

Le nouveau régime non-classique remet fondamentalement en cause la lecture actuelle du monétarisme

Le nouveau régime non-classique que nous venons de mettre en évidence renverse ainsi totalement le paradigme monétaire sur lequel se fonde toute la régulation du libéralisme depuis le début des années 1980. Les autorités gouvernementales comme financières (les banques centrales) ont considéré en effet depuis cette date que la régulation du marché de la monnaie par l'offre de monnaie était suffisante pour (maintenir la neutralité de la monnaie et) s'assurer ainsi de l'équilibre et de la stabilité du système. Elles ont eu raison, tant que le système entrepreneurial demeurait dans son régime « normal », le « régime classique », où toute monnaie finit par être une monnaie de transaction.

Mais, dans un régime non-classique, une telle politique monétaire, justifiée par l'absence d'inflation, au lieu d'assurer la stabilité du système, aggrave au contraire son instabilité. Les afflux incessants de nouvelle monnaie peuvent paraître à court terme très bénéfiques, maintenant le système entrepreneurial sous perfusion monétaire, mais ils ne sont l'expression que d'une fuite en avant destinée à éviter que la crise ne se déclare, tout en aggravant l'instabilité structurelle du système qui finira par s'exprimer par une crise encore plus grave par la suite. Les injections de monnaie ne peuvent dès lors pas constituer un remède : ce n'est pas en faisant tomber la fièvre que l'on guérit le malade.

Remarques conclusives

Notre système économique a basculé dans le régime non-classique depuis deux décennies

Le nouveau régime non-classique que nous venons de mettre en évidence explique de nombreux phénomènes atypiques, tant économiques, financiers que sociaux, que nous observons aujourd'hui, certains même depuis près de deux décennies. À l'instar de la période qui a précédé la crise des années 1930 où il avait subi l'implémentation du transistor dans les techniques de production, accélérant la circulation de l'information au sein de la sphère productive, le système entrepreneurial a vu son fonctionnement altéré par l'impact patrimonial du progrès technique sur le capital issu des nouvelles technologies de l'information : il a basculé dans le nouveau régime non-classique depuis la fin des années 1990. La multiplication de la puissance du capital productif, qui s'est exprimée par la réduction des stocks, des intermédiaires, des biens composant le panier de consommation type, ainsi que par l'accroissement de la vitesse d'information entre les acteurs, a accru la richesse de la communauté mondiale de manière formidable. Mais elle a également enfanté l'une des crises les plus graves que notre société puisse traverser.

L'instabilité endémique inflationniste antérieure de nos systèmes a été remplacée depuis 1998 par l'instabilité financière, cette instabilité non inflationniste, bien plus redoutable, portant sur la revalorisation financière de toutes formes d'actif. Les bulles s'y succèdent de façon totalement atypique, défiant, par leur durée de plusieurs années, les lois et la rationalité de l'économie classique et de la finance. Leur éclatement inévitable provoque des crises financières à répétition, de plus en plus graves et que l'on perçoit comme de plus en plus menaçantes pour la survie du capitalisme et du système entrepreneurial.

À côté de ce monde économico-financier d'un genre nouveau, le « paradoxe de la pauvreté dans l'abondance » s'accentue au fil des années, exceptionnel au regard des décennies antérieures. Car l'économie et le monde ne se sont jamais autant enrichis : après plus de deux décennies de révolution technologique, après l'ouverture du commerce mondial sur des énormes pays qui en étaient jusqu'alors exclus comme les pays d'Europe de l'Est, les grands émergents intitulés BRIC (Brésil, Russie, Inde, Chine) et plus particulièrement la Chine et l'Inde, la production industrielle mondiale tout comme l'activité mondiale globale ont connu une expansion extraordinaire qui a conduit la valorisation des actifs patrimoniaux à des niveaux prodigieux.

Néanmoins, l'accroissement extraordinaire de la richesse s'est accompagné d'une dégradation flagrante et incessante des conditions de vie et de travail de la classe moyenne dans les pays développés. Une part grandissante des salariés vit de plus en plus mal cette période : la comparaison de leur situation à celle de ceux qui voient leur patrimoine grossir ne fait que renforcer leur rancœur grandissante vis-à-vis d'un système de plus en plus injuste qui ne semble qu'enrichir les plus riches.

La fuite en avant monétaire ne fait qu'aggraver le délitement de la communauté face à un libéralisme qui ne peut s'exprimer

Les banques centrales ont depuis la crise de 2007-2008 considéré qu'elles pouvaient elles seules réguler le système, comme en régime classique, en augmentant l'offre de monnaie par des mesures qu'elles n'avaient pas l'habitude de prendre précédemment, des mesures que l'on a qualifiées de non conventionnelles et de politique monétaire quantitative. Alors que leur objectif clairement affiché reste la stabilité monétaire, pour toutes, et le plein-emploi pour certaines (comme pour la Banque centrale américaine, nommée la Réserve fédérale), les banques centrales continuent à penser qu'en l'absence d'inflation, il leur suffit d'alimenter le système en nouvelle monnaie pour assurer la stabilité du système entrepreneurial, afin d'éviter que les marchés financiers empruntent le chemin de la baisse, qui provoquerait un accident systémique comparable à celui de 2008.

Pour autant, elles ne font que maintenir la respiration artificielle de l'économie en alimentant la ou les bulles sur le marché des actifs, mais sans éliminer ses travers structurels. Fondée apparemment sur la philosophie du monétarisme et du « pas d'État » dans la régulation du cycle, l'activité des banques centrales ne fait dès lors qu'aggraver la fracture sociale si visible entre la classe moyenne et ceux que cette dernière considère comme les nantis (les hauts patrimoines et les hauts revenus).

Beaucoup, au sein du peuple mais aussi parmi les grands décideurs, perdent alors confiance dans un système qui rétribue trop peu ou de moins en moins le travail fourni par une masse toujours plus importante de salariés que la peur du lendemain taraude toujours plus. Si le peuple est de plus en plus démuni, les esprits « éclairés » semblent eux de plus en plus critiques vis-à-vis d'un système qui ne tourne plus rond. Partagés entre une réalité accablante et la voix des tenants du libéralisme, les gouvernements tout comme les hommes politiques des partis traditionnels plongent en plein désarroi face à un monde peu compréhensible au regard du passé.

Il en a découlé une critique tous azimuts du libéralisme. Le libéralisme est aujourd'hui tout autant attaqué pour de mauvaises raisons, que défendu avec de mauvais arguments. C'est d'ailleurs pourquoi il est gravement menacé. Il est décrié, comme étant la cause de tous les maux, alors qu'il est fondamentalement un système qui crée le maximum de richesse au sein de la communauté, en la répartissant équitablement. Ses défenseurs justifient l'accroissement des inégalités par cette croyance qui consiste à attribuer les maux de la société à la transition et à l'adaptation douloureuse aux nouvelles technologies. Ce faisant, ils oublient (ou peut-être ne le savent-ils tout simplement pas) que le fonctionnement efficace du libéralisme repose sur le postulat de pénurie, qui assure une répartition équitable des richesses mais qui n'est plus vérifié dans le régime actuel non-classique. Postulat aujourd'hui impossible à accepter dans sa dimension patrimoniale.

Le régime non-classique, dans lequel le système entrepreneurial est tombé suite au progrès technique sur le capital et plus particulièrement aux nouvelles technologies de l'information et de la communication, « casse » le postulat de pénurie des classiques, si bien que le libéralisme ne peut tout simplement pas s'exprimer normalement. L'impact sur la communauté est alors aggravé par une médicologie inadaptée, mais aussi par le non-respect des règles de concurrence de la part de certains.

Les banques centrales continuent à alimenter le système, au prix d'une décohésion de la communauté qui ne cesse de se désagréger au fil des années au point de rompre. La fracture sociale ne cesse de se creuser : elle conduira la classe moyenne mais aussi une part grandissante du monde des affaires et des penseurs à rejeter le libéralisme, lui attribuant à tort tous les maux de notre société. En dépit de toutes les injections de liquidités par les banques centrales, nous allons vivre dans les prochaines années l'une des plus grandes crises (voire la plus grande crise) du capitalisme et du libéralisme allant de pair avec des ruptures politiques radicales, d'autant plus violentes que cette fuite en avant monétaire aura duré.

Le besoin d'une régulation d'un genre nouveau pour donner tort à une vision pessimiste de l'avenir, aujourd'hui justifiée

Les banques centrales font-elles un péché d'orgueil en se considérant comme toutes-puissantes ? Ne construisent-elles pas une tour de Babel (en gonflant les bulles par leurs liquidités), qui par nature est destinée à s'écrouler ? Personne, aucune entité n'est plus forte que le système, y compris les banques centrales. Font-elles de l'acharnement thérapeutique ? En France, les médecins d'un hôpital peuvent, en s'appuyant sur la loi nommée « Leonetti », décider du jour au lendemain de débrancher la machine de respiration artificielle du patient même conscient en considérant qu'ils ne font rien que repousser une échéance certaine s'ils s'estiment incapables de l'extuber. Les banques centrales doivent-elles adopter cette posture qui les rendrait criminelles aux yeux du système ? Doivent-elles stopper le soutien à la spéculation et plonger l'humanité dans une dépression ? Ne sont-elles pas contraintes de poursuivre leur politique tant que l'on n'aura pas trouvé le moyen de répondre aux défis de ce nouveau régime par un autre moyen afin de limiter les excès déstabilisants de patrimoine ? Sans autre alternative, elles se doivent de poursuivre leur fuite en avant, tout en connaissant l'issue fatale ou en priant pour que l'inévitable ne se produise pas.

En l'absence d'une nouvelle régulation du système économique, les désordres ne cesseront de s'amplifier : le système pourra rompre ou imploser, à cause de sa remise en question par une part grandissante de la population qui percevra une dégradation de son bien-être, ou tout simplement à cause d'une crise économique, financière, sociale et politique, que la politique monétaire n'aura que repoussé au prix même de sa gravité, en élargissant toujours plus la faille sur laquelle repose le système.

Le système a expressément besoin d'une régulation nouvelle, adaptée à ce nouveau régime économique. Si puissantes pour réguler un régime classique, les banques centrales sont désarmées pour faire face à cette instabilité de type non-classique. Le remède sera par conséquent d'un nouveau genre : il ne s'agira pas d'une relance des dépenses publiques, préconisée par Keynes lorsque le système est déjà en dépression, mais d'une politique destinée à rétablir une redistribution équitable de la création de richesse dans la sphère réelle pour le bien-être de tous.

Une Nouvelle Théorie générale fondée sur la dimension patrimoniale du système entrepreneurial

L'émergence de la nouvelle économie du patrimoine

Nous donnerons les réponses à toutes ces questions dans le prochain ouvrage à partir d'une « Nouvelle Théorie générale » ou disons à ce niveau à partir d'un nouveau corpus théorique général. Ce *corpus* théorique sera en effet le premier à représenter le fonctionnement de nos systèmes économiques entièrement sous l'angle patrimonial, qui s'avère absolument fondamental.

C'est ce qui fera toute la différence avec la théorie classique dont est issu l'enseignement économique actuel et qui est une économie centrée sur la sphère productive. Dans la théorie classique, la communauté maximise par le biais de l'entreprise la pleine utilisation de ses ressources réelles en main-d'œuvre, en épargne réelle (capital productif), et en terre pour produire le maximum de paniers de consommation, comme dans un système naturel. Et l'équilibre reconnu est un équilibre entre épargne et investissement : il est un équilibre des flux dans la sphère productive entre offre et demande, exactement comme dans un système naturel. Finalement, la théorie classique considère que notre système économique devrait fonctionner comme un système naturel. La seule différence pourrait résulter de la clef de répartition de la production : elle est définie par une équipe centralisatrice dans le système naturel, mais elle est nécessairement équitable au sein du libéralisme, entre les détenteurs du capital productif et la main-d'œuvre.

La représentation et la théorie classiques font de fait l'impasse sur la dimension patrimoniale parce qu'elle y est implicite, secondaire. Le **patrimoine** de la communauté est le terme qui désigne l'ensemble de sa richesse transmise de génération en génération. Dans le système naturel, le patrimoine est formé du capital productif physique, qui devait être entretenu, de la terre et du savoir-faire de la main-d'œuvre. Mais pour autant, cette dimension patrimoniale n'est absolument pas fondamentale parce qu'elle n'est aucunement liée à la distribution de la production qui est assurée par l'équipe centralisatrice.

Dans le système entrepreneurial, en revanche, elle devient essentielle, parce que la distribution de la production est le fait de la détention d'un actif patrimonial du secteur productif (actif de rente, capital physique productif, actif entrepreneurial, en plus de la main-d'œuvre) : chacun rémunère d'un revenu, et c'est par le biais des revenus ainsi distribués que la production est répartie.

C'est la « non-neutralité patrimoniale » du progrès technique sur le capital qui peut mettre fin à la dimension uniquement réelle de l'épargne et qui pourra générer brutalement une épargne patrimoniale monétaire, l'équivalent d'un revenu qui ne sera pas plus consommé qu'investi. C'est elle qui pourra seule expliquer un déséquilibre perpétuel dans la sphère réelle alors que la théorie classique est fondée sur l'équilibre général dans la sphère réelle.

Base d'une nouvelle théorie générale

Le nouveau corpus théorique qui sera issu de tous les traits fondamentaux de la nouvelle économie de patrimoine ainsi décrite sera également « général ». Il rendra en effet compte des trois régimes canoniques fondamentaux de nos systèmes économiques entrepreneuriaux/capitalistes, que nous avons mis en évidence : le régime classique, le régime non-classique et le régime keynésien, qui se différencient tous par une théorie spécifique mettant en particulier en avant le rôle essentiel reconnu à la dimension transactionnelle ou patrimoniale de la monnaie.

Chez les classiques, la dimension patrimoniale de la monnaie n'est pas pertinente. Le régime classique décrit de fait le système naturel où la monnaie ne fait pas partie du patrimoine de la communauté. Seule la monnaie de transaction dans la sphère réelle est fondamentale et c'est elle qui peut générer l'instabilité du système. On peut, il faut, la réguler par la Banque centrale pour éviter ses effets néfastes sur la création de richesse.

C'est en intégrant la dimension patrimoniale de la monnaie que nous élargissons la théorie économique classique. Keynes prend en compte dans le patrimoine de la communauté une composante monétaire, la monnaie spéculative keynésienne, parce qu'il reconnaît la dimension financière, donc patrimoniale de l'actif entrepreneurial. Le régime non-classique intègre également dans le patrimoine fondamental de la communauté une composante monétaire, la **monnaie patrimoniale**, qui s'accumule par dégénérescence de l'actif entrepreneurial, qui « produit » de la monnaie et non plus seulement des paniers de consommation. Par ailleurs, le rôle patrimonial de la monnaie est lié dans un cas comme dans l'autre à la dimension fondamentalement financière (= valorisation patrimoniale) de nos systèmes économiques.

Ces deux régimes, anticlassiques, partagent différents traits. Tout d'abord le statut patrimonial de la monnaie exerce une domination sur sa fonction transactionnelle dans la sphère réelle. Il en découle en particulier l'impossibilité de réguler la monnaie déstabilisatrice par la politique monétaire, comme par le système de l'étalon-or : car, comme nous l'avons vu, quand l'or endosse son statut d'actif patrimonial, le système de l'étalon-or ne peut plus fonctionner normalement.

De plus, la dimension patrimoniale déstabilisatrice de la monnaie reconnue dans ces deux régimes est liée à la non-reconnaissance du postulat de pénurie des classiques. Le régime classique est bien un régime de pénurie dans la sphère réelle, terreau finalement d'un environnement structurellement inflationniste causé par la création potentiellement infinie de monnaie par la Banque centrale : l'épargne est alors réelle et elle est inévitablement indispensable pour multiplier les investissements, les plus-values réelles issues de ces investissements et donc la croissance. A *contrario*, les régimes keynésien et non-classique sont des régimes d'abondance réelle d'une partie de la population, à l'origine même de la déformation des mécanismes classiques. En particulier, le régime non-classique, où la sphère réelle est en excès structurel de production de paniers de consommation, est l'antithèse de ce qui sous-tend la théorie héritée des classiques, fondée sur le postulat de rareté et de pénurie de main-d'œuvre, et qui inspire normalement les banquiers centraux.

Les deux régimes anticlassiques se ressemblent de fait beaucoup. Pour autant, ce sont des faux jumeaux : ils s'opposent en effet radicalement par leur théorie. Leurs mécanismes sont très différents à cause de la forme et des origines de la monnaie patrimoniale d'instabilité. Pour Keynes, la monnaie d'instabilité est générée par l'incertitude et l'incapacité de l'homme à être rationnel dans un univers incertain. A *contrario*, dans le régime non-classique, la monnaie d'instabilité est générée par la certitude et son utilisation financière et patrimoniale par l'homme est rationnelle. La crise n'a alors rien d'irrationnel ni d'inexpliqué : des bulles financières rationnelles sont générées à partir de la monnaie patrimoniale et leur éclatement est certain, provoquant alors crise voire déflation/ dépression. Il s'ensuit un discours sur l'instabilité très différent : **si pour Keynes l'instabilité du libéralisme entrepreneurial est nécessairement incontrôlable, pour le régime non-classique, elle est contrôlable**.

De ce fait, même s'il s'y oppose, le régime non-classique partage avec le régime classique la reconnaissance d'une dynamique fondamentale du système gouvernée par la rationalité de l'homme : tous deux se dressent contre l'irrationalité humaine et l'incertitude financières structurelles qui formeraient la dynamique de nos systèmes économiques, selon le régime keynésien. Dans le régime non-classique, l'instabilité du système y est bien la conséquence d'un comportement rationnel de l'homme et de la communauté en général dans la constitution de son patrimoine. Même redoutable, on pourra alors contrôler cette dynamique par une régulation adéquate. La Nouvelle Théorie générale rendra compte de toutes ces grandes théories qui portent finalement sur le taux d'intérêt qui gouverne la dynamique de nos systèmes économiques.

Tableau II.2. Synthèse des différents régimes

	Régime classique	**Régime keynésien**	**Régime non-classique**
Vision sur la sphère réelle	Monde de pénurie	Monde d'abondance	Monde d'abondance
Vision sur la sphère financière	Rationalité + déterminisme	Irrationalité + incertitude	Rationalité + déterminisme
Sphère à l'origine du taux d'intérêt d'équilibre	Sphère réelle	Sphère financière	Sphère réelle
Monnaie qui gouverne la dynamique du système	Monnaie de transaction	Monnaie spéculative keynésienne	Monnaie patrimoniale
Régime patrimonial des actifs réels	Régime de rendement réel : le prix d'équilibre patrimonial des actifs est gouverné par le taux d'équilibre réel	Régime de rendement financier pour l'actif entrepreneurial	Régime de valorisation et non de rendement : parallèlement au prix patrimonial d'équilibre reconnu, dynamique de revalorisation de déséquilibre
Équilibre de la sphère réelle et plein-emploi	Équilibre réalisé	Irrationalité + incertitudes financières empêchent le maintien du plein-emploi	Excès d'offre structurel de paniers de consommation : un plein-emploi éphémère

Au total, ce que nous venons de découvrir est que **l'économie est, dans le cadre du libéralisme entrepreneurial, la science portant sur la gestion du « patrimoine de la maison »**, pour revenir à son étymologie grecque que nous avons évoquée dans le livre I : plus spécifiquement, l'économie est la science qui traite de la maximisation, de la distribution, de l'équilibre et de la stabilité du patrimoine matériel de la communauté. Il ne s'agit plus d'une gestion des ressources de la maison dans le seul cadre de la sphère productive, comme dans le système naturel. L'économie devient patrimoniale : au sein du libéralisme entrepreneurial, elle n'est plus « naturellement classique ».

À *propos de la mission de l'État au sein du libéralisme*

Nous ne pouvons pas terminer ce premier ouvrage sans parler du rôle de l'État au sein du libéralisme entrepreneurial.

Pour les libéraux, le rôle de l'État est de favoriser au maximum la création de richesse par l'entreprise grâce à une liberté maximale offerte à la sphère entrepreneuriale : car le niveau de développement économique et de consommation de la communauté sera d'autant plus élevé que les règles de liberté de concurrence, de choix, ou d'entreprendre et de travailler seront respectées. Parallèlement, il échoit à la Banque centrale d'assurer la neutralité de la monnaie dans la sphère réelle. Ce faisant, on nie à l'État tout rôle régulateur.

Telle est la philosophie purement libérale, que l'on qualifie aujourd'hui de « néolibéralisme ». Elle promeut l'économie de marché, la dérégulation des marchés de la sphère réelle, qui se régulent mieux par eux-mêmes que par l'interventionnisme étatique, au nom du développement économique de la communauté. Pour autant, on peut formuler deux remarques majeures.

D'une part, cette philosophie se fonde entièrement sur la théorie classique. Les deux régimes anticlassiques mettent au contraire en avant le rôle central que l'État doit jouer dans la régulation parce que la Banque centrale est incapable de le tenir. Le régime keynésien et le régime non-classique reconnaissent tous deux les apports du libéralisme, mais ils mettent en exergue une impossibilité pour le système d'atteindre l'optimalité. Par les causes foncièrement différentes qui en sont à l'origine, les deux régimes anticlassiques portent néanmoins un regard très différent sur le libéralisme. Pour Keynes, l'irrationalité et l'incertitude sont endémiques à nos systèmes économiques : perpétuellement, il faudra réguler par l'intervention de l'État une fois que les crises surviennent. Pour nous, le système reste rationnel, mais il est tombé dans un régime non-classique pour des raisons bien identifiées qui permettront à l'État de réguler avant même que les crises surviennent afin de le ramener vers une trajectoire classique. L'intervention de l'État en tant que régulateur est justifiée par ce nouveau régime, mais il n'est certainement pas endémique ni définitif.

D'autre part, dans la philosophie néolibérale, on assure le bien-être maximal de la majorité de la communauté en lui assurant son bien-être maximal matériel. Ce constat limite le bien-être de chaque communauté à sa seule dimension matérielle. Or, parallèlement, il y a une autre forme de bien-être au sein de la communauté, que nous qualifions de non matérielle, et qui peut même aller à l'encontre des règles du libéralisme.

Libéralisme et égalité

Pour exemple, la distribution équitable de la production peut poser question au sein de la communauté. Par le biais du libéralisme, ceux qui ne contribueraient pas au bien-être matériel de la communauté ne recueilleraient rien de la production des paniers de consommation. Les malades, les chômeurs n'auraient ainsi droit à aucun panier de consommation. L'équité peut être fortement inégalitaire. Par ailleurs, au sein du système libéral, l'acte de « production/

distribution » doit générer une plus-value suffisante pour être réalisé par une entreprise. Ceux qui vivent dans des régions reculées pourraient se voir privés d'électricité ou de transports par exemple, à cause d'une plus-value insuffisante intégrée dans les actes de production pour qu'ils soient réalisés par une entreprise. Dans les pays où la valeur d'égalité est importante, ces règles de fonctionnement du libéralisme seront très difficilement acceptables. Il y aura alors consensus au sein de la communauté pour que la richesse produite et distribuée par le système libéral soit redistribuée en partie par l'intermédiaire de l'État et pour que l'État assure l'acheminement de l'électricité ou le maintien des transports même dans les régions les plus reculées. Plus spécifiquement par le biais de l'impôt et des cotisations sociales, que l'État collectera, une redistribution des richesses produites pourra s'opérer des actifs (ceux qui contribuent à la production et qui recueillent une partie des revenus par le système) vers les inactifs (ceux qui ne contribuent pas à la production et qui n'ont donc pas de revenus), et de manière générale des hauts revenus vers les bas revenus. Par l'impôt, l'État obligera également les plus aisés en général à financer les actes de production/distribution qui ne dégagent pas de plus-value suffisante pour être réalisés par l'entreprise. En revanche dans les pays où l'égalité n'est pas une valeur dominante de la communauté, la redistribution sera faible et la mission de service public également : l'on acceptera d'autant mieux la distribution équitable de la production même si elle est fortement inégalitaire.

Or l'objectif louable de plus d'égalité finit toujours par se réaliser nécessairement au détriment du développement économique, objectif premier du libéralisme : nous le développerons davantage dans le prochain ouvrage. De manière simple pour le comprendre à ce niveau, puisque le libéralisme assure le maximum de création de richesse, introduire des contraintes (redistributives) dans son fonctionnement diminue nécessairement le niveau de développement économique de la communauté : si un système sans contrainte fonctionne parfaitement, il fonctionnera imparfaitement avec contraintes. En fonction de la place accordée à l'égalité au sein de la communauté, la redistribution aura plus ou moins d'importance, au détriment de la richesse matérielle dégagée sur le long terme par la communauté. L'État devra trouver le barycentre d'équilibre entre équité et égalité, correspondant le mieux à ce que désire la communauté compte tenu de ses valeurs.

Les communautés, pour lesquelles l'équité même très inégalitaire ne dérange pas, seront qualifiées de libérales : elles adopteront les règles de fonctionnement du libéralisme, en sachant que le libéralisme leur assurera un maximum de richesse et que les autorités s'engagent au plein-emploi qui permettra à chacun des membres d'utiliser au mieux ses capacités au sein du système pour (énormément) s'enrichir. C'est le cas des États-Unis. En revanche, d'autres communautés seront moins libérales, fortement rétives à la dimension inégalitaire de l'équité, par culture comme certains diraient, ou plutôt par valeurs partagées par l'ensemble de la communauté. C'est le cas de la France.

En France, la valeur d'égalité fait partie intégrante de la communauté puisqu'elle est l'une des trois valeurs cardinales de la République dont la devise est « Liberté, Égalité, Fraternité ». Au contraire des États-Unis dont la constitution est fondée essentiellement sur la valeur de la « Liberté » qui passe bien avant l'« Égalité » : pour exemple, l'*Equal Rights Amendment* (ERA) est une proposition d'amendement de la Constitution des États-Unis, déposée dans les années 1920, qui visait à garantir que l'égalité des droits entre les sexes ne pouvait être remise en cause par aucune législation fédérale, étatique ou locale. Cette proposition d'amendement n'a jamais été ratifiée bien qu'elle ait été à nouveau déposée à chaque nouvelle législature du Congrès depuis 1982.

Le libéralisme s'inscrit dans un référentiel propre à chaque communauté, fidèle à ses valeurs

Il s'ensuit un constat général. Quand un pays décide d'adopter le libéralisme, les règles que le pays met en place devraient être certes destinées à favoriser la création de richesse par la sphère entrepreneuriale, au vu des contraintes imposées par la Terre : elles se doivent donc d'intégrer inévitablement la liberté individuelle d'entreprendre, d'œuvrer, de travailler, accordée à toute personne de la communauté, afin logiquement d'assurer les meilleures conditions de création de richesse par l'entreprise en faveur de la communauté et le niveau de développement économique le plus élevé. Mais, parallèlement, les autorités se doivent aussi de définir le cadre dans lequel l'entreprise devra s'exprimer et le libéralisme s'inscrire, cadre qui correspondra aux valeurs fondamentales de la communauté.

En particulier, il n'appartient absolument pas à l'entreprise de déterminer ce cadre. L'entreprise est là pour générer le maximum de plus-values dans le cadre défini par chaque communauté. Mais elle outrepasse largement sa fonction et son statut en le définissant elle-même. Pour exemple, il n'appartient pas à l'entreprise de déterminer ce que chacun a le droit de dire sur des réseaux sociaux. Une entreprise multinationale qui imposerait ses propres canons de liberté et ses propres valeurs à l'ensemble d'une communauté ou d'une nation ne fait qu'éloigner la communauté du libéralisme. L'entreprise doit se conformer aux valeurs issues de la Constitution de la Communauté, qui une nouvelle fois peuvent beaucoup changer d'un pays à un autre : **le libéralisme n'a pas de droit sur les valeurs de chaque communauté. Et, chaque communauté a ses valeurs qu'elle ne peut imposer aux autres communautés.**

C'est une erreur de croire que le libéralisme signifie nécessairement que les mêmes valeurs sociétales devraient être partagées par le monde entier, et par les différentes communautés. C'est une erreur de croire que le libéralisme peut imposer les mêmes valeurs sociétales à toutes les communautés. C'est une erreur de croire que le libéralisme devrait conduire à une mondialisation ou à un universalisme des valeurs. C'est une erreur de croire que le libéralisme devrait, pour le bien-être de chaque population, se terminer dans un universalisme matériel synonyme d'un universalisme sociétal.

Le patrimoine « non matériel »

À l'aune de l'approche patrimoniale adoptée ici, les valeurs fondamentales partagées par toute une communauté s'intègrent également dans un fonctionnement patrimonial de la communauté. Elles font en effet partie du patrimoine national : la devise de la République française « Liberté, Égalité, Fraternité » fait partie intégrante du patrimoine national de la France. Les valeurs d'une communauté, issues de sa Constitution et de son histoire, définissent le « patrimoine non matériel » de la communauté, une dimension du patrimoine de la communauté bien différente de la dimension matérielle, seule dimension du patrimoine à laquelle répond le libéralisme. De même, la défense de l'environnement revient à intégrer « la Terre » dans le patrimoine qu'on étudie. Le patrimoine de la communauté possède bien deux dimensions cardinales, l'une matérielle et l'autre immatérielle, qui toutes deux ont leur importance fondamentale dans le bien-être de chaque communauté et sa stabilité. Elles sont orthogonales mais pas nécessairement antinomiques, même si dans certaines communautés elles le sont.

La science économique s'intéresse à la production et à la distribution de la richesse matérielle : elle s'intéresse au bien-être matériel de la communauté. Elle ne porte pas sur le bien-être non matériel de la communauté, incarné par les valeurs fondamentales que la communauté partage. Elle s'intéresse à la maximisation du patrimoine matériel de la communauté et à sa stabilité, mais en aucun cas finalement à son patrimoine non matériel.

Retour sur la mission des autorités et donc de l'État : assurer la stabilité patrimoniale de la communauté

Revenons alors sur la mission de l'État. La mission de l'État est d'assurer aux membres de la communauté le maximum de bien-être, qui comporte deux dimensions, l'une matérielle et l'autre immatérielle. Ces deux dimensions du bien-être de la communauté correspondent à ses deux types fondamentaux de patrimoine, l'un matériel et l'autre non matériel. Le libéralisme n'est qu'une excellente réponse à la maximisation du bien-être matériel de la communauté. Mais, pour autant, il ne traite pas du patrimoine non matériel de la communauté. Il n'est donc pas suffisant pour préserver la paix au sein d'une communauté nationale ou de la communauté mondiale et il l'est d'autant moins que la richesse matérielle qu'il est censé apporter à chaque individu n'est pas présente.

Pour réussir sa mission, l'État se doit d'intégrer, dans sa gestion du patrimoine de la communauté, les valeurs qui sont incontournables pour elle et qui pour celles allant à l'encontre du libéralisme peuvent même être qualifiées de supra-libérales. La mission de l'État est de défendre le mieux possible le patrimoine de la communauté, qui comporte deux composantes l'une matérielle et l'autre non matérielle, qui peuvent être fort différentes. Dans un souci du bien-être des membres de sa communauté, l'État intégrera le libéralisme (la maximisation du bien-être matériel de la communauté) dans un cadre qui tentera de respecter au mieux les valeurs de la communauté, qui peuvent être pour certaines orthogonales aux valeurs promues par le libéralisme.

Les valeurs de la République française, et donc des Français, ne sont pas du tout comparables pour plusieurs d'entre elles à celles de la démocratie américaine, et donc des Américains, ni à celles de la Corée du Sud, et donc des Coréens, ni à celles du Japon, et donc à celles des Japonais, ni à celles de la Chine, et donc des Chinois, ni même à celles des autres pays européens, et donc des autres Européens. Et c'est probablement l'une des grandes difficultés auxquelles doit faire face la construction européenne, ne serait-ce que pour instaurer l'incarnation d'un « État ». L'Europe ne peut-elle exister que par la Banque centrale européenne, qui d'ailleurs ne peut plus assurer la stabilité du système économique à cause du régime non-classique ? N'a-t-elle pas besoin de définir dans le cadre d'une Constitution les valeurs à partager par les peuples des États Européens, pour être pérenne ?

Le libéralisme peut laisser croire que toutes les communautés qui l'adoptent devraient fonctionner dans le cadre des mêmes valeurs universelles. Cette vision est biaisée, comme le montre l'approche différente de chaque communauté vis-à-vis de la valeur d'égalité. Vouloir absolument transformer les institutions et les mentalités des communautés afin de les rendre compatibles en vue de les fondre dans un universalisme incarné par un marché mondialisé apparaît comme contre-productif. Cette dérive, malheureusement observable aujourd'hui dans la très grande majorité des pays développés, constitue le meilleur moyen pour aboutir à une situation où les communautés, déracinées, auront le sentiment que le libéralisme leur dérobe une part de leur patrimoine non matériel, surtout si un libéralisme mal régulé ne leur apporte pas cette richesse matérielle qu'il était censé leur assurer.

Nous assistons trop souvent aujourd'hui au sacrifice du patrimoine national non matériel sur l'autel de l'universalisme matériel. Une problématique aggravée par une politique économique de défense de l'environnement inadaptée, qui pénalise le bien-être matériel des classes moyennes. En ayant le sentiment que le libéralisme les a dépouillées de leur patrimoine non matériel, sans même réellement apporter la richesse matérielle qu'il promettait, les communautés finiront par s'opposer au modèle économico-sociétal qu'on leur propose, autrement dit au libéralisme.

Bibliographie

Aristote, *Politique*, trad. Jules Barthélemy-Saint-Hilaire, Paris, Librairie philosophique de Ladrange, 1874.

Aristote, *Œuvres : Éthiques, Politique, Rhétorique, Poétique, Métaphysique*, trad. du grec ancien, Richard Bodéüs (dir.), Paris, Gallimard, « Bibliothèque de la Pléiade », 2014.

Aristote, *La Politique*, trad. du grec ancien, Jules Tricot, Paris, Vrin, 2005 (1re éd. 1962).

Aristote *Politique, Livre I et II*, t. I, trad. du grec ancien par Jean Aubonnet, Paris, Les Belles Lettres, « Collection des universités de France » (réimpr. 1968, deuxième tirage, revu et corrigé) (1re éd. 1960).

Aristote, *Politique, Livre III et IV*, t. II, Première partie, trad. du grec ancien par Jean Aubonnet, Paris, Les Belles Lettres, « Collection des universités de France », 1971.

Aristote, *Politique, Livre V et VI*, t. II, Deuxième partie, trad. du grec ancien par Jean Aubonnet, Paris, Les Belles Lettres, « Collection des universités de France », 1973.

Aristote, *Politique, Livre VII*, t. III, Première partie, trad. du grec ancien par Jean Aubonnet, Paris, Les Belles Lettres, « Collection des universités de France », 2002 (1re éd. 1986).

Aristote, *Politique, Livre VIII et Index*, t. III, Seconde partie, trad. du grec ancien par Jean Aubonnet et Jacques Jouanna (dir.), Paris, Les Belles Lettres, « Collection des universités de France », 2002 (1re éd. 1989).

Eugen von Böhm-Bawerk, *Histoire critique des théories de l'intérêt du capital*, 2 tomes, Paris, V. Giard & E. Brière, « Bibliothèque internationale d'économie politique », 1903.

Eugen von Böhm-Bawerk, *La Théorie positive du capital*, Paris, Marcel Giard, « Bibliothèque internationale d'économie politique », 1929.

Eugen von Böhm-Bawerk, « Une nouvelle théorie sur le capital », *Revue d'économie politique*, mars-avril 1889, 3 (2), p. 97-124.

Milton Friedman, *Inflation et systèmes monétaires*, Paris, Calmann-Lévy, 1985.

William S. Jevons, *The Theory of Political Economy*, New York, Augustus M. Kelley, 5e éd. 1965 (1re éd. 1871).

John Maynard Keynes, *Théorie générale de l'emploi, de l'intérêt et de la monnaie*, Paris, Payot, 1969 (1re éd. 1936).

John Maynard Keynes, *Les Conséquences économiques de la paix*, Bruxelles, UltraLetters, « Politique et Société », 2017 (1re éd. 1919).

John Maynard Keynes, *Tract on Monetary Reform* (1923), trad. de Paul Franck, *La Réforme monétaire*, Paris, Éditions du Sagittaire, 1924.

John Maynard Keynes, *Treatise on Money* (1930), trad. Marc Laudet, *Un traité sur la monnaie*, Paris, Classiques Garnier, 2019.

Paul R. Krugman, Maurice Obstfeld, Marc J. Melitz, *International Economics. Theory and Policy*, Londres, Pearson, 2000, 5e éd. (1re éd. 1998).

Karl Marx, *Œuvres*, Paris, Gallimard, « Bibliothèque de la Pléiade », 1968.

Arthur Cecil Pigou, *The Economics of Welfare*, Londres, Macmillan, 1920.

Jean-Baptiste Say, *Œuvres complètes de Jean-Baptiste Say*, Claude Mouchot (dir.), Paris, Economica, 2006.

Léon Walras, *Éléments d'économie politique pure, ou Théorie de la richesse sociale*, 1874.

Xénophon, *Cyropédie*, 3 vol., trad. Marcel Bizos, Paris, Les Belles Lettres, 1971-1978.

Xénophon, *Œuvres complètes*, t. 1, trad. Pierre Chambry, Paris, Garnier-Flammarion, 1967.

Table

PARTIE 2

La sphère financière

LIVRE II

LE SYSTÈME ENTREPRENEURIAL

PARTIE 1

Un fonctionnement patrimonial

DU MÊME AUTEUR
CHEZ ODILE JACOB

Désordres dans le capitalisme mondial, avec Michel Aglietta, 2007.

Cet ouvrage a été composé
en Electra et en Whitney
par FACOMPO
à Lisieux (Calvados)

N° d'édition : 7381-5780-X – N° d'impression : 102170199
Dépôt légal : novembre 2021

Imprimé en France par Présence Graphique